Daniel Schäffner

Blocktransaktionen an der deutschen Aktienbörse

GABLER EDITION WISSENSCHAFT

Daniel Schäffner

Blocktransaktionen an der deutschen Aktienbörse

Eine empirische Analyse

Mit einem Geleitwort von Prof. Dr. Wolfgang Gerke

Deutscher Universitäts-Verlag

Bibliografische Information Der Deutschen Bibliothek
Die Deutsche Bibliothek verzeichnet diese Publikation in der Deutschen Nationalbibliografie; detaillierte bibliografische Daten sind im Internet über <http://dnb.ddb.de> abrufbar.

Dissertation Universität Erlangen-Nürnberg, 2002

n2

1. Auflage Oktober 2003

Lektorat: Brigitte Siegel / Jutta Hinrichsen

Der Deutsche Universitäts-Verlag ist ein Unternehmen der Fachverlagsgruppe BertelsmannSpringer.
www.duv.de

Umschlaggestaltung: Regine Zimmer, Dipl.-Designerin, Frankfurt/Main

Gedruckt auf säurefreiem und chlorfrei gebleichtem Papier

ISBN-13:978-3-8244-7837-8 e-ISBN-13:978-3-322-81519-4
DOI: 10.1007/978-3-322-81519-4

Geleitwort

An den Kapitalmärkten vollzieht sich eine zunehmende Institutionalisierung. Große Pensionsfonds, wie in den USA zum Beispiel Calpers, verwalten derartig umfangreiche Anlagevolumina, dass es ihnen schwer fällt, große Werte aus dem Dow Jones nicht in ihr Portfolio aufzunehmen. Bei Nebenwerten lohnt sich für sie eine Auseinandersetzung mit der Bonität des Unternehmens kaum, da sie aufgrund des geringen umlaufenden Materials in Relation zu ihrem großen Anlagevolumen nur sehr kleine Beträge in diesen Aktien anlegen. Bei diesen Werten erhalten ihre Kauf- und Verkaufsorders schnell die Eigenschaft von großen Blocktransaktionen. In effizienten Märkten stellen derartige Blockorders keine Behinderung der Anlagedispositionen institutioneller Anleger dar. Üben die Blockorder aber nachhaltige Kursreaktionen aus, so hat dies gewichtige Folgen für die optimale Gestaltung der Marktmikrostruktur der Börsen, für die Anlagepolitik der institutionellen Anleger und für den Einsatz von Handelsagenten für Orderoptimierungen. Der Autor untersucht für den Deutschen Markt mit einer empirischen Studie die Kurswirkungen von Blocktransaktionen und diskutiert deren inhaltliche Ursachen. Die Studie erhält hierdurch hohe wissenschaftliche und praktische Relevanz.

Die praktische Relevanz der Studie schlägt sich in der Entwicklung eines Agentensystems für den Aktienhandel nieder. Dabei können Blockorder durch den Agenten einerseits in bezug auf ihre Kurswirkungen optimierend abgegeben werden, andererseits können die Erkenntnisse aus der empirischen Studie benutzt werden, um allgemeine Agentensysteme gegen die Kurswirkungen von Blockorders abzuschirmen.

Kernstück der Arbeit von Herrn Schäffner bildet die empirische Untersuchung der Kursreaktionen auf Blocktransaktionen im deutschen Aktienmarkt. Der Autor kann in seiner Untersuchung auf einen exklusiven Datensatz des BAWe zurückgreifen, wodurch er auch über zusätzliche außerbörsliche Meldungen verfügt, die aus dem Datenmaterial der Deutschen Börse AG nicht zu entnehmen sind. Ergebnisse dieser sehr sorgfältigen Testaufbereitung sind für den deutschen Börsenmarkt neue Erkenntnisse über die Kurswirkungen von relativ großvolumigen Transaktionen, wobei die relative Größe vom Handelsvolumen im jeweiligen Marktsegment abhängt. Der Autor kann belegen, dass auch im deutschen Markt Blocktransaktionen beim Aktienkauf einen stärkeren totalen Preiseffekt auslösen als bei Verkaufstransaktionen. Dieses Ergebnis gilt für alle börslichen Transaktionen in DAX, MDAX, NEMAX und SMAX Werten, sowie für die außerbörslichen Stichproben mit Ausnahme der

SMAX Werte. Der totale Preiseffekt der Blocktransaktion sinkt bei steigender Liquidität des Marktsegments. Dies ist keine triviale Erkenntnis, da Blocktransaktionen nicht absolut, sondern relativ zum Marktsegment definiert wurden.

Besonderer Dank gebührt der Deutschen Forschungsgemeinschaft, die mit diesem Projekt den Lehrstuhl für Bank- und Börsenwesen der Universität Erlangen-Nürnberg gefördert hat.

Professor Dr. Wolfgang Gerke

Vorwort

Die verstärkte Akkumulierung des Aktienkapitals bei institutionellen Anlegern führt auch am deutschen Kapitalmarkt zu einer vermehrten Ausführung sogenannter Blocktransaktionen. Dadurch wird es immer wichtiger, die Wirkungen derartiger Transaktionen auf die Kurse der entsprechenden Aktien systematisch zu erfassen und sich mit der praktischen Bedeutung dieser Preiseffekte für den Aktienhandel kritisch auseinander zu setzten.

Die vorliegende Arbeit entstand während meiner Tätigkeit als wissenschaftlicher Mitarbeiter am Lehrstuhl für Bank- und Börsenwesen der Universität Erlangen-Nürnberg. Sie wurde im Herbst 2002 von der wirtschafts- und sozialwissenschaftlichen Fakultät der Universität als Dissertation angenommen.

Bis zur endgültigen Formulierung der Endversion bewegte ich mich im Spannungsfeld zweier lehrreicher Zitate. Zunächst war mein wissenschaftliches Arbeiten geprägt von Oscar Wildes Worten „Wer nicht auf seine Weise denkt, denkt überhaupt nicht". Zum Ende der Fertigstellung musste ich mich jedoch immer mehr auf Friedrich Schiller zurückbesinnen und seinen weisen Ausspruch „Wer gar zu viel bedenkt, wird wenig leisten". Auf dieser schwierigen Wegstrecke wurde ich von vielen Personen unterstützt, denen ich zu Dank verpflichtet bin. Mein erster Dank gilt Professor Wolfgang Gerke, der als Lehrstuhlinhaber und Betreuer entscheidend zum Gelingen des Promotionsvorhabens beigetragen hat. Er hat mich in meiner gesamten Arbeit stets gefördert und mir eine interessante und abwechslungsreiche Tätigkeit in Forschung, Lehre und im Rahmen von Praxisprojekten ermöglicht. Danken möchte ich auch Professor Wolfgang Harbrecht, der freundlicherweise die Erstellung des Zweitgutachtens übernahm.

Dank schulde ich auch allen derzeitigen und ehemaligen Assistentenkollegen und wissenschaftlichen Hilfskräften. Sie sorgten für eine besonders positive und offene Atmosphäre am Lehrstuhl und konnten über so manchen Tiefpunkt in der „heißen Phase" meiner Dissertation hinweghelfen. Teile des Werkes kritisch gelesen haben Dr. Stefan Arneth, Carlo Beck, Felix Breuer, Jörg Fleischer, Gabriele Herbst, Daniela Kiehn und Patrick Kugler. Sie haben ihren Anteil zum Gelingen der Arbeit beigetragen. Mein privater Dank gilt vor allem meinen Eltern und meiner Freundin Anja, die mich besonders in der Endphase der Promotion verständnisvoll und geduldig unterstützt haben.

Daniel Schäffner

Inhaltsverzeichnis

Abbildungsverzeichnis

Tabellenverzeichnis

Abkürzungsverzeichnis

Abb.	Abbildung
AG	Aktiengesellschaft
AMEX	American Stock Exchange
APT	Arbitrage Pricing Theory
AR	abnormale Rendite
ASE	Australian Stock Exchange
ATS	Alternative-Trading-Systems
AUSD	Australischer Dollar
Aufl.	Auflage
BAWe	Bundesaufsichtsamt für den Wertpapierhandel
Bd.	Band
BÖGA	Börsengeschäftsabwicklungssystem
bspw.	beispielsweise
bzw.	beziehungsweise
ca.	circa
CAC	Cotation Assistée en Continu
CAPM	Capital Asset Pricing Model
CAR	Kumulierte abnormale Rendite
c. p.	ceteris paribus
d. h.	das heißt
DAX	Deutscher Aktienindex
Diss.	Dissertation
DJIA-Index	Dow Jones Industrial Average - Index
et al.	et alii
etc.	et cetera
f.	folgende
FAZ-Index	Aktienindex der Frankfurter Allgemeinen Zeitung
FIBV	Fédération Internationale des Bourses de Valeurs
FTSE 100	Financial Times Stock Exchange 100-Aktienindex
FWB	Frankfurter Wertpapierbörse
GLD	Gleitender Durchschnitt
GLS	Generalized Least Squares
Habil.	Habilitationsschrift
Hrsg.	Herausgeber
IBIS	Integriertes Börsenhandels- und Informationssystem
Jg.	Jahrgang
Koeff.	Koeffizient
KWG	Kreditwesengesetz

LSE	London Stock Exchange
MDAX	Mid-Cap Deutscher Aktienindex
Min.	Minuten
Mio.	Millionen
MSE	Mean Standard Error
NASDAQ	The National Association of Securities Dealers
NBS	Normal Block Size
NEMAX	Neuer-Markt-Index
NMS	Normal Market Share
No.	Number
Nr.	Nummer
NYSE	New York Stock Exchange
OECD	Organization of Economic Cooperation and Development
OLS	Ordinary least squares
o. O.	ohne Ortsangabe
o. S.	ohne Seitenangabe
o. V.	ohne Verfasserangabe
PTS	Proprietäres Transaktionssystem
S.	Seite
SEAQ	Stock Exchange Automated Quotations
SEAQ-I	Stock Exchange Automated Quotations International
SMAX	Small Cap Exchange
s. o.	siehe oben
sog.	sogenannt(e)
SSE	Sydney Stock Exchange
S&P	Standard & Poor's
Stabw.	Standardabweichung
Tab.	Tabelle
u.a.	unter anderem
USD	US-Dollar
u. U.	unter Umständen
v. a.	vor allem
vgl.	Vergleiche
Vol.	Volume
WKN	Wertpapierkennummer
WpHG	Wertpapierhandelsgesetz
XETRA	Exchange Electronic Trading
zugl.	zugleich
z. T.	zum Teil

1 Einleitung

1.1 Problemstellung

Beim Vorliegen eines vollkommenen Kapitalmarktes mit einer großen Anzahl von Käufern auf der einen und vielen Verkäufern auf der anderen Marktseite, die beide über den gleichen Informationsstand verfügen, ändert sich der Kurs einer Aktie erst beim Eintreffen neuer Informationen. In diesem theoretischen Modell hat das Volumen einer einzelnen Transaktion keinen Einfluss auf den Aktienkurs. Es findet sich jederzeit eine Vielzahl von Marktteilnehmern, die dazu bereit ist, das angebotene Volumen zu einem Kurs, der nahe am aktuellen Marktkurs liegt, aufzunehmen.

Die Annahmen eines vollkommenen Kapitalmarktes sind an realen Börsenmärkten aus vielerlei Hinsicht nicht gegeben. Mit der Messung dieser Abweichungen von dem theoretischen Ideal eines vollkommenen Marktes beschäftigt sich ein großer Zweig der empirischen Kapitalmarktforschung. Dahingehend werden in dieser Arbeit die Auswirkungen großer Transaktionen - sogenannter Blocktransaktionen - auf den Kurs der zugrundeliegenden Aktie untersucht.

In der täglichen Börsenberichterstattung ist häufig von einem großen Kauf- oder Verkaufsauftrag zu lesen, der als Grund für starke Kursbewegungen bei der betreffenden Aktie im Laufe eines Handelstages genannt wird.[1] Damit wird großen Orders, die am Markt zur Ausführung gelangen, von Marktbeobachtern eine Kurswirkung auf den entsprechenden Aktientitel zugesprochen, die sich über einen längeren Zeitraum erstrecken kann. Auch große außerbörsliche Transaktionen, die öffentlich bekannt werden, üben Marktberichten zufolge eine starke Kurswirkung aus.[2]

Das angesprochene Thema wirft zunächst die Frage auf, nach welchen Kriterien sich die Größe einer Blocktransaktion bestimmen lässt bzw. welche Ansätze zur Identifizierung eines „Blocks" als praktikabel erscheinen. Ferner stellt sich die Frage nach der Wirkungsdauer einer Blocktransaktion am Markt. Der Preiseffekt, der durch eine Blocktransaktion ausgelöst wird, kann lediglich sehr kurzfristiger Natur sein. Denkbar ist aber auch eine längerfristige Marktreaktion, wenn der Blocktransaktion ein gewisser Informationsgehalt zugesprochen wird, d.h. unter der Annahme, dass eine

[1] Die Abwicklung großer Kauftransaktionen wird mit einem steigenden Aktienkurs in Verbindung gebracht, eine Verkaufstransaktion hingegen mit einem schwächeren Kurs.

[2] Als Beispiel sei hier der außerbörsliche Verkauf von 44 Mio. Aktien der Deutschen Telekom durch die Deutsche Bank am 7.8.2001 genannt, der auch an den Folgetagen noch zu fallenden Kursen geführt hat.

Transaktion, die eine bestimmte Größe aufweist, von einem besser informierten Marktteilnehmer stammt. Das Ziel von Marktteilnehmern, die derartige Blocktransaktionen ausführen, besteht darin, diese nachteiligen Preiseffekte zu verhindern, unabhängig davon ob sie besser informiert sind oder nicht.

Eine Folge dieser möglichen Preiseffekte besteht darin, dass uninformierte Anleger, die ein großes Auftragsvolumen am Aktienmarkt unterbringen wollen, ihren Gesamtauftrag in mehrere kleinere Orders aufteilen, um der Gefahr eines zu hohen Preisabschlages (bei einem Verkauf) oder Preisaufschlags (bei einem Kauf) zu entgehen. Dabei ist es für den Auftraggeber mit großen Schwierigkeiten verbunden, die Höhe der zusätzlichen Transaktionskosten, die aufgrund der Preiseffekte entstehen, in ihrer Höhe abzuschätzen. Die Zeitdauer, bis der komplette Auftrag ausgeführt ist, kann ebenfalls nur schwer kalkuliert werden. Ein Anleger, der einen größeren Auftrag am Markt platzieren will, durchläuft demzufolge einen mehrstufigen Entscheidungsprozess im Rahmen einer Entscheidung unter Ungewissheit. Insofern kann die detaillierte empirische Analyse der Preiswirkungen von Blocktransaktionen auch als Wissensbasis für ein intelligentes Agentensystem verwendet werden, das Wertpapierdienstleister bei der Unterbringung großer Aufträge am Aktienmarkt unterstützt.

Das verstärkte Interesse für die Thematik der Blocktransaktionen ist vor allem im Zusammenhang mit der steigenden Institutionalisierung des Anlageprozesses zu sehen, also der vermehrten Konzentration des gehandelten Aktienkapitals bei institutionellen Investoren. Diese Entwicklung hat tendenziell eine höhere durchschnittliche Auftragsgröße und damit auch ein höheres durchschnittliches börsliches Transaktionsvolumen zur Folge. Dadurch kann eine kleine Transaktion – gemessen am Portfoliowert eines institutionellen Anlegers - im Verhältnis zum täglich umlaufenden Aktienvolumen bereits als Blocktransaktion bezeichnet werden.

Diese Entwicklung beinhaltet enorme Herausforderungen für die etablierten Börsen um diese Handelsvolumina, die zu einer erhöhten Liquidität und fairen Preisbildung am Gesamtmarkt beitragen, möglichst weiterhin in ihren elektronischen Handelsystemen oder auf dem Börsenparkett zu halten. Die Forderung, für den deutschen Aktienmarkt ein integriertes Blockhandelssystem zu schaffen, wird allerdings nicht erst in den letzten Jahren der zunehmenden Institutionalisierung des Anlageprozesses erhoben.[3] Von entscheidender Bedeutung ist dabei auch, inwieweit der Blockhandel an einer Börse reguliert wird. Der Wettbewerb mit dem außerbörslichem Handel und den internationalen Börsen um diese großen Handelsvolumina ist schon seit langem entbrannt. Als Hauptgrund für den hohen Anteil des außerbörslichen

[3] Vgl. Gerke (1992), S. 1, der bereits frühzeitig die Integration einer Blockhandelsfaszilität in ein Elektronisches Handelssystem (EHS) für den deutschen Markt gefordert hat.

Handels am Blockhandel wird häufig die fehlende Markttransparenz dieses Marktsegments gesehen .

Das Ziel der vorliegenden Untersuchung besteht im empirischen Nachweis von Kurseffekten im Umfeld von Blocktransaktionen, die in unterschiedlichen Segmenten des deutschen Aktienmarktes ausgeführt werden. Der verwendete Datensatz ermöglicht es, ergänzend die Wirkung außerbörslicher Blocktransaktionen zu betrachten. In einem zweiten Schritt werden die empirischen Ergebnisse als Ausgangsbasis für die Ausgestaltung eines Agentensystems zur Entscheidungsunterstützung für Wertpapierdienstleistungsunternehmen verwendet. Im Rahmen der vorliegenden Arbeit wird die Wissensbasis zur Ausgestaltung eines derartigen Systems generiert.[4]

Im Rahmen der empirischen Analyse werden ausschließlich bereits ausgeführte Transaktionen untersucht. Die Wirkung eingestellter Blockorders in das Orderbuch kann lediglich rekursiv anhand der Betrachtung des Kursverlaufes *vor* einem Block interpretiert werden. Durch die Betrachtung *beider* Seiten der Blocktransaktion wird ein genauer Einblick in das Verhältnis von Angebot und Nachfrage beim Zustandekommen eines Blocks ermöglicht.

1.2 Aufbau der Arbeit

In *Kapitel 2* wird das theoretische Fundament für die weiteren Kapitel gelegt. Nach einer Festlegung der verwendeten Begriffe werden Hypothesen angeführt, die in der theoretischen Literatur verbreitet sind, um unabhängig von der Ausgestaltung der Marktmikrostruktur Aussagen über die kurz- und langfristigen Preiswirkungen von Blocktransaktionen auf Aktienkurse treffen zu können. Daraufhin wird das grundsätzliche Prinzip eines Softwareagentensystems vorgestellt, welches zur optimalen Entscheidungsfindung im Umfeld von Blocktransaktionen eingesetzt werden kann.

Bei der Darstellung von Effizienzfaktoren für Börsenmärkte wird als besonders relevante Einflussgröße die Markttransparenz herausgegriffen. Darauffolgend werden grundsätzliche Probleme, die mit der Erteilung einer großen Order an der Börse verbunden sind, exemplarisch dargestellt.

---

[4] Das Projekt wurde von der Deutschen Forschungsgemeinschaft im Rahmen der DFG-Forschergruppe „Effiziente elektronische Koordination in der Dienstleistungswirtschaft" gefördert.

Vor der ausführlichen Analyse theoretischer Modelle, die Auswirkungen von Blocktransaktionen bei unterschiedlichen Marktstrukturen zum Thema haben, werden wichtige Organisationsformen des Blockhandels vorgestellt. Infolge der späteren empirischen Studie steht dabei die Darstellung der deutschen Marktstruktur im Vordergrund. Es wird sowohl auf den börslichen Handel als auch auf Charakteristika des außerbörslichen Handels eingegangen, da beide Marktsegmente später als Untersuchungsgegenstand dienen. Im Ausland haben sich spezielle Marktstrukturen bzw. Blockhandelseinrichtungen etabliert, auf denen teilweise auch hohe Volumina deutscher Aktien gehandelt werden.

Danach werden mit den institutionellen Investoren die wichtigsten Akteure im Blockhandel dargestellt. Die Handelsmotivation und das durchschnittliche Handelsvolumen für diese Marktteilnehmer werden beleuchtet. Zahlenangaben aus Befragungen über die durchschnittlichen Transaktionsvolumina dieser Anlegergruppe stellen erste Anhaltspunkte für die ungefähre Höhe der Transaktionsvolumina institutioneller Investoren. Bezüglich der Handelsmotivation dieser Marktteilnehmer ist insbesondere von Interesse, ob in gewissem Maße auch der Orderstrom anderer institutioneller Anleger als relevante Information eingestuft wird.

Kapitel 3 gibt einen Literaturüberblick über wichtige empirische Studien, die sich mit der Marktwirkung von Blocktransaktionen befassen. Ihr Ursprung reicht bis zum Anfang der 70er Jahre zurück, wobei vornehmlich auf Daten US-amerikanischer Börsenmärkte Bezug genommen wird. Der Untersuchungsschwerpunkt liegt dabei auf der Messung kurz- und langfristiger Kurseffekte von Blocktransaktionen. Die vorgestellten Studien unterscheiden sich stark hinsichtlich ihrer Datenbasis, der angewandten Blockdefinitionen, der Methodik und damit auch in ihren erzielten Ergebnissen, weshalb eine detaillierte Darstellung erfolgt. Die Methodik der besprochenen Untersuchungen bildet die Basis für die eigene empirische Studie im folgenden Kapitel.

In *Kapitel 4* wird die Kurswirkung von Blocktransaktionen an allen deutschen Börsenplätzen einschließlich des XETRA-Handelssystems anhand von Intraday-Daten untersucht. Zusätzlich wird die Marktwirkung außerbörslicher Blocktransaktionen als separate Stichprobe betrachtet. Als Datenbasis dienen Wertpapiergeschäfte, die dem Bundesaufsichtsamt für Wertpapierhandel (BAWe) täglich gemeldet werden. Dieser Datensatz enthält sämtliche mit einer Transaktion verbundenen Geschäftsvorfälle sowie zusätzlich auch außerbörsliche Transaktionen.

Für die Analyse der Kursbewegungen kommen im wesentlichen drei Untersuchungsmethoden zum Einsatz. Zunächst werden die Preiseffekte von Blocktransaktionen im Rahmen einer Ereignisstudie für jedes der vier Marktsegmente getrennt untersucht. Den Schwerpunkt bildet dabei die Messung kurz- und langfristiger Preiseffekte auf der Basis abnormaler Renditen. Daraufhin wird eine partielle Korrelationsanalyse durchgeführt, die wesentliche Einflussfaktoren auf die Kurswirkungen der börslichen Blocktransaktionen identifizieren und näher quantifizieren soll. Zuletzt erfolgt eine Analyse der kurz- und langfristigen Preiseffekte in Abhängigkeit vom Volumen der Blocks.

Im Rahmen des letzten Unterkapitels erfolgt die praktische Umsetzung der Ergebnisse in der Umgebung eines Softwareagenten. Es wird beispielhaft die Vorgehensweise beschrieben, wie Informationen aus der empirischen Untersuchung als Grundlage für die Entwicklung eines Softwareagenten im Wertpapierhandel umgesetzt werden können. Dabei besteht der methodischer Ansatz in der Durchführung von Handelsstrategien, die auf dem vermuteten Informationsgehalt von Blocktransaktionen beruhen und auf die Erzielung von Überrenditen ausgerichtet sind. Die daraus gewonnenen Ergebnisse dienen gleichzeitig dazu, die Resultate der vorangegangenen Ereignisstudie zu ergänzen.

Die Zusammenfassung der Untersuchungsergebnisse und eine Schlussbetrachtung schließen die Arbeit ab.

2 Theoretische Grundlagen

In diesem Kapitel wird die theoretische Basis für die spätere empirische Untersuchung und die damit verbundenen Fragestellungen gelegt. Dazu ist es notwendig, zunächst die zentralen Begrifflichkeiten „Blocktransaktion" und „Agentensystem" zu definieren.

Im Umfeld einer Blocktransaktion sind unterschiedliche Kursbewegungen denkbar, die in der theoretischen Literatur als Hypothesen bezeichnet werden. Teilweise wird dabei von einem informationseffizienten Markt ausgegangen, in anderen Fällen hingegen werden gewisse Abweichungen von diesem theoretischen Konstrukt vorgenommen.

Die Kurswirkung von Blocktransaktionen ist zusätzlich abhängig von der Ausgestaltung der zugrundeliegenden Marktstruktur. Deshalb werden in diesem Kapitel ebenfalls wichtige Organisationsformen des Blockhandels dargestellt, was auch dem besseren Verständnis der späteren empirischen Studie dienen soll. Es werden ebenso Marktstrukturen vorgestellt, die für die Darstellung bisheriger Studien und theoretischen Modelle des Blockhandels bei unterschiedlichen Marktstrukturen von Bedeutung sind. Die bestehenden Organisationsformen müssen dabei im Zusammenhang mit den Anforderungen und Bedürfnissen institutioneller Investoren an die Ausgestaltung des Blockhandels gesehen werden.

2.1 Begriffsfestlegungen

Für die Festlegung, ab welcher Größendimension von einem „Block" gesprochen werden kann, existiert eine Vielzahl unterschiedlicher Definitionen, die vor allem im Laufe empirischer Studien zur Thematik der Blocktransaktionen entstanden sind (Vgl. Kapitel 3). Am eindeutigsten, aber für empirische Aussagen wenig geeignet, ist die Definitionsfestlegung der New York Stock Exchange (NYSE), die an der gehandelten Stückzahl ansetzt. Dort wird jede Transaktion über 10.000 oder mehr Aktien als „Block" klassifiziert. Als Maßstab für einen Block kann ebenfalls das Größenverhältnis einer Transaktion zu den ausstehenden Aktien der AG gewählt werden. Für empirische Fragestellungen hingegen scheint die Definition als „im Verhältnis zu den normalen börslichen Tagesumsätzen große Transaktion" am geeignetsten und sinnvollsten zu sein.[5] Diese Definition beinhaltet den Umsatz als Bezugsgröße. Der Begriff „normal" muss im einzelnen allerdings noch näher spezifiziert werden. So werden an der London Stock Exchange (LSE) jedem Aktientitel unterschiedliche „normal market shares" (NMS) zugeordnet, die sich aus dem Durchschnitt eines bestimmten Umsatzzeitraumes in der Vergangenheit ergeben (Vgl. dazu auch Kapitel 2.5.4). In empirischen Studien[6] werden hauptsächlich folgende Definitionsansätze[7] für Blocktransaktionen verwendet:

- Größte Käufe und Verkäufe pro Monat.[8]
- Transaktionen, die in der gesamten Betrachtungsperiode nach ihrem Volumen zu den jeweils 1% größten zählen.
- Die größten Transaktionen im Verhältnis zur Marktkapitalisierung.
- Die größten Transaktionen im Verhältnis zum durchschnittlichen Handelsvolumen über einen bestimmten Zeitraum. Von dieser Maßzahl werden geeignete Vielfache gebildet.

Bei der erstgenannten Definition handelt es sich um eine absolute Begriffsfestlegung, bei der keine Vergleichsgrößen zur Auswahl von Blocktransaktionen herangezogen werden. Die Blocks werden hier lediglich nach dem Monat ihres Auftretens zugeordnet. Die anderen Kriterien verwenden relative Bezugsgrößen, was für die Belange einer empirischen Studie als geeignet erscheint.[9] Die dritte Definition verwendet mit der Marktkapitalisierung eine Bezugsgröße, die sich nicht an dem börslichen Handelsvolumen orientiert. Somit erscheint dieses Kriterium für eine Einteilung der Blocktransaktionen als wenig zweckmäßig. Das zweite und das vierte Auswahlkriterium orientieren sich stark am aktuellen Handelsvolumen, weshalb sie auch in der späteren empirischen Studie zur Anwendung kommen.

Des weiteren muss zwischen den häufig gebrauchten Termini *Blockorder* und *Blocktransaktion* unterschieden werden. Der Begriff Blockorder bezeichnet die Vorphase einer Blocktransaktion. Hier besteht ein Transaktionswunsch bezüglich einer bestimmten Aktie, der ein hohes Volumen beinhaltet und ein entsprechender Auftrag wird in das Orderbuch eingestellt. Aufgrund ihrer Größe wird diese Blockorder jedoch meist in mehreren Dimensionen aufgeteilt (Vgl. Kapitel 2.5.1.4). Selbst wenn keine Aufteilung erfolgt, sondern der Auftrag als Market- oder Limitorder in das

[5] Vgl. z.B. Gerke/Rasch (1992), S. 1.
[6] Vgl. für eine Übersicht der empirischen Studien Kapitel 3.
[7] Die aufgezählten Definitionen spiegeln lediglich die in der Empirie am häufigsten angewandten Kriterien wider. Für einen Überblick aller Definitionen vgl. die Darstellung bisheriger Studien in Kapitel 2.8.
[8] Z.B. die 40 größten Käufe und Verkäufe je Aktie.
[9] Vgl. Hansch/Neuberger (1995), S. 448.

Orderbuch eingestellt wird, besteht die Möglichkeit, dass es anschließend entweder zu einer vollständigen oder teilweisen Ausführung kommt.[10]

Bei einer teilweisen Ausführung kann die Blockorder erst nach und nach abgearbeitet werden und ist dadurch empirisch nicht mehr in der ursprünglichen Größe als solche erkennbar. D.h. identifizierte *Blocktransaktionen* stellen nur einen Bruchteil der zuvor in das Orderbuch eingestellten Blockorders dar. Diese wiederum sind nur als ein Teil der ursprünglichen Transaktionswünsche zu betrachten. Als Blockorder wird im weiteren Verlauf ein Auftrag definiert, der im Orderbuch steht und ein hohes Volumen beinhaltet.

In dieser Arbeit wird der Schwerpunkt der Untersuchung auf Blocktransaktionen gelegt, die an einer Börse abgewickelt werden. Wird der Begriff der Blocktransaktion im folgenden nicht in einem speziellen Kontext gebraucht, so gelten die jeweiligen Aussagen sowohl für börsliche als auch für außerbörsliche Blocktransaktionen. Soweit es für das Verständnis der ausgeführten Blocktransaktionen notwendig ist, wird im theoretischen Teil auch auf die Thematik der Blockorders eingegangen.

Im Umfeld des Begriffes Blocktransaktion ist auch der Terminus des *Pakethandels* angesiedelt. Bei einem Aktienpaket handelt es sich im allgemeinen um einen größeren Nominalbetrag einer AG, der sich bei einem einzelnen Aktionär befindet.[11] Meist werden solche Pakete gehandelt, wenn sich der Käufer einen strategischen Einfluss auf die betroffene Gesellschaft sichern möchte. Jeder Pakethandel kann damit auch als Spezialfall einer Blocktransaktion bezeichnet werden. Diese Aktienpakete werden praktisch ausnahmslos außerhalb der Börse gehandelt.[12] Die Folge einer solchen Transaktion ist eine erhebliche Verschiebung der Eigentumsverhältnisse einer AG.[13] In der vorliegenden Arbeit werden derartige Pakettransaktionen, wie z.B. der Aufkauf eines Unternehmens, nicht explizit betrachtet. Die Begriffe „Block" und „Blocktransaktion" werden als Synonyme verwendet, es sei denn es wird ausdrücklich von Blockorders gesprochen.

---

10 Eine Teilausführung ist im fortlaufenden Handel wahrscheinlicher als bei einer periodischen Auktion, weil im letztgenannten Fall die Kauf- und Verkaufsaufträge über einen längeren Zeitraum gesammelt werden und damit zu einem festgesetzten Zeitpunkt ein höheres Volumen umgesetzt wird als im fortlaufenden Handel.

11 Als Begriff mit einer ähnlichen Bedeutung wird verschiedentlich die Bezeichnung „Blockaktionär" für einen Anteilseigner benutzt, der mindestens einen Anteil von 5% an der AG besitzt. Vgl. Fischer, Ch. (2000), S. 176. An anderer Stelle wird diese Terminus für Aktionäre verwendet, die aufgrund ihrer Beteiligungshöhe die vollständige Kontrolle über ein Unternehmen innehaben. Vgl. Deutsche Bank Research (2001), S. 6.

12 Vgl. Jansen (2000), S. 151; Röhrl (1996), S. 66.

13 Vgl. Röhrl (1996), S. 66, FN 35.

2.2 Hypothesen über das Kursverhalten im Umfeld von Blocktransaktionen

Die vier im folgenden vorgestellten Hypothesen werden in der kapitalmarkttheoretischen Literatur häufig zitiert und diskutiert. Sie gehen teilweise von konträren Modellannahmen aus und postulieren dadurch unterschiedliche kurz- bzw. langfristige Wirkungen, die von Blocktransaktionen auf die Aktienkurse ausgehen. Aufgrund ihrer insgesamt guten empirischen Überprüfbarkeit werden sie auch als Grundlage für die Testhypothesen im empirischen Teil dieser Arbeit verwendet (vgl. Kapitel 4).

2.2.1 Substitutions-Hypothese

Die Substitutions-Hypothese setzt die Existenz eines vollkommenen Kapitalmarktes voraus. Unter dieser Annahme weisen Nachfragekurven von Aktien einen flachen Verlauf auf.[14] Die Substitutions-Hypothese wurde im Zusammenhang mit Blocktransaktionen zum ersten Mal bei **Scholes (1972)**[15] erwähnt und an anderer Stelle als „competitive market"-Hypothese[16] bezeichnet. Ihre Grundaussage lautet, dass Anleger eine Aktie ausschließlich nach ihrem Risiko-Rendite Verhältnis bewerten. Unter diesen Voraussetzungen können Aktien als fast perfekte Substitute betrachtet werden.[17] Der Begriff des Substitutionseffektes stammt ursprünglich aus der mikroökonomischen Theorie des Haushalts.[18] Dort wird durch die sogenannte Kreuzpreiselastizität ausgedrückt, um wie viel Prozent die Nachfrage nach einem Gut zu- oder abnimmt, wenn der Preis eines anderen Gutes um ein Prozent erhöht oder gesenkt wird. Bei substituiven Gütern nimmt die Kreuzpreiselastizität ausschließlich positive Werte an. Übertragen auf den Kapitalmarkt impliziert das Vorliegen perfekter Substitute, dass Aktien oder - allgemeiner formuliert - ein Portefeuille aus risikobehafte-

---

[14] Vgl. Wurgler/Zhuravskaya (1999), S. 2. In einem vollkommenen Kapitalmarkt sind folgende Annahmen erfüllt: 1. Risikoaverse Marktteilnehmer, die den Erwartungsnutzen ihres Vermögens maximieren. 2. Preisnehmerschaft der Marktteilnehmer und homogene Erwartungen bzgl. der erwarteten Renditen, die eine Normalverteilung aufweisen. 3. Existenz einer risikolosen Kapitalanlage- und Kreditaufnahmemöglichkeit 4. Beliebige Teilbarkeit der gehandelten Wertpapiere 5. Es bestehen keine Friktionen oder Transaktionskosten, ebenso sind Informationen für alle Marktteilnehmer kostenlos verfügbar, was als Bedingung für einen informationseffizienten Kapitalmarkt zu sehen ist. 6. Es bestehen keine Steuern oder sonstigen Restriktionen, die den Wertpapierhandel beschränken. Vgl. zu diesen Annahmen Copeland/Weston (1992), S. 194.

[15] Scholes (1972), S. 182. „The market will price assets such that the expected rates of return on assets of similar risk are equal. If any particular asset should be selling to yield a higher expected return due solely to the increase in the quantity of shares outstanding ...investors seeing these profit opportunities would soon arbitrage them away."

[16] Vgl. Ball/Finn (1989), S. 398.

[17] Vgl. Brealey/Myers (2000), S. 375.

[18] Vgl. z.B. Neumann (1995), S. 119-124. In der volkswirtschaftlichen Theorie des Unternehmens findet der Substitutionsbegriff ebenfalls Verwendung. Vgl. dazu Harbrecht (1972), S. 12 - 16.

ten Assets ausschließlich nach der Höhe ihres zukünftigen Einkommensstroms bewertet werden. Um ein gewünschtes Einkommen zu erhalten, können Investoren unterschiedliche Asset-Kombinationen wählen, die untereinander substituierbar sind.

Die Annahme, dass Wertpapiere sich wie perfekte Substitute verhalten, bildet die Grundlage vieler kapitalmarkttheoretischen Gleichgewichtsmodelle, wie die Arbitrage Pricing Theory (APT), die Black-Scholes-Formel zur Optionspreisbewertung und das Capital Asset Pricing Model (CAPM).[19] Im angenommenen Gleichgewichtszustand eines vollkommenen Marktes treten alle Marktteilnehmer als Preisnehmer auf und alle Assets, die das gleiche Risiko und einen identischen Erwartungswert aufweisen, werden vom Markt in der gleichen Höhe bewertet. Falls die Bewertung der Assets zu einem bestimmten Zeitpunkt nicht mehr konsistent sein sollte, kommt es aufgrund von Arbitragebewegungen zu sofortigen Preisanpassungen, die das Ausgangsgleichgewicht wiederherstellen. Dies geschieht durch den Kauf der unterbewerteten Aktie bei gleichzeitigem Leerverkauf des perfekten Substituts bzw. vice versa im Falle einer Überbewertung. Dabei handelt es sich um eine Arbitrage ohne Nettokapitaleinsatz, die einen Gewinn in Höhe der risikolosen Rendite erwirtschaftet. Wenn Marktteilnehmer, die untereinander in vollständiger Konkurrenz stehen, diese Arbitragegelegenheit ausnutzen, führt dies in letzter Konsequenz zu einer vollkommen unelastischen und damit flachen Nachfragekurve für die entsprechende Aktie.

Unter diesen Voraussetzungen wäre z.B. bei der Abwicklung eines großen Verkaufsblocks kein Anreiz für die Marktgegenseite in Form eines Preisabschlages auf den aktuellen Aktienkurs notwendig, bzw. die Höhe dieses Anreizes würde nahe bei Null liegen. Der Kauf bzw. Verkauf einer großen Anzahl von Aktien hätte dann keinerlei Einfluss auf den aktuellen Marktpreis.[20]

2.2.2 Preisdruck-Hypothese

Diese Hypothese nimmt eine konträre Position zur Substitutions-Hypothese ein. Sie geht davon aus, dass Wertpapiere keine perfekten Substitute darstellen und deshalb die Höhe des Transaktionsvolumens einen wichtigen Einfluss auf die Preisfindung einer Aktie nimmt.[21] In der Literatur wird insbesondere im Zusammenhang mit der

[19] Vgl. Loderer/Cooney/Van Drunen (1991), S. 621 und Ball/Finn (1989), S. 398. Zu den Ursprüngen des CAPM vgl. Sharpe (1963), (1964) und Treynor (1961). Die APT wurde von Ross (1976) begründet. Zur Optionspreistheorie vgl. Black/Scholes (1972), (1973).

[20] Vgl. Harris/Gurel (1986), S. 815.

[21] Vgl. Ball/Finn (1989), S. 398.

Ausgabe neuer Aktien häufig mit dieser Hypothese argumentiert.[22] Abweichend von der Fiktion eines vollkommenen Kapitalmarktes wird bei der Preisdruck-Hypothese („price-pressure" Hypothese) die Existenz von Liquiditätskosten (Sofortigkeitskosten) und unelastischen Nachfragekurven vorausgesetzt.[23] Würden Arbitrageure sich unter diesen Bedingungen in einer unter- oder überbewerteten Aktie engagieren und die Gegenposition in einem nicht perfekten Substitut einnehmen, gingen sie das Risiko ein, dass die beiden entgegengesetzten Cash Flows sich nicht ausgleichen und einen negativen Saldo ergeben.[24]

Bei Gültigkeit dieser Hypothese kann eine relativ große Verkaufstransaktion nur durchgeführt werden, wenn der Verkäufer bereit ist, einen Abschlag (auch „sweetener" genannt) auf den aktuellen Aktienkurs[25] zu akzeptieren. Dieser Abschlag resultiert aus der negativen Steigung der Nachfragekurve, wodurch sich ein Nachfrageüberschuss bildet. Für eine höhere Verkaufsmenge muss sich deshalb *kurzfristig* ein niedrigerer Gleichgewichtspreis einstellen.[26] Der gleiche Effekt, nur in entgegengesetzter Richtung, wirkt auf den Käufer einer Blocktransaktion ein, der auf eine Angebotskurve mit positiver Steigung trifft und durch seine Transaktion einen Angebotsüberschuss herbeiführt. Nach einer kurzfristigen Kursbewegung, die durch die Blocktransaktion verursacht wird, gelangt die Aktie wieder zurück zu ihrem Gleichgewichtskurs. Die Preisdruck-Hypothese impliziert einen direkt proportionalen Zusammenhang zwischen dem Volumen der Blocktransaktion und der damit verbundenen prozentualen Kursveränderung. D.h. je größer z.B. eine Verkaufstransaktion ausfällt, umso stärker sinkt der Kurs im Vergleich zum vorherigen Aktienkurs und umso größer ist auch die erwartete Rendite, die sich direkt nach Ausführung der Blocktransaktion einstellt.

---

[22] Vgl. die frühen Nennungen bei Duran (1959) oder Vickers (1968), die diese Thematik im Rahmen einer optimalen Kapitalstruktur behandeln. Als Begründung für die Gültigkeit der Preisdruck-Hypothese werden von den Autoren unvollkommene Kapitalmärkte und insbesondere die Existenz einer nicht vollkommen elastischen Nachfragekurve für Aktien angeführt.

[23] Vgl. Holthausen/Leftwich/Mayers (1987), S. 239. Die Preisdruck-Hypothese wird auch als „segmented market"-Hypothese bezeichnet. Vgl. Ball/Finn (1989), S. 398.

[24] Vgl. Wurgler/Zhuravskaya (1999), S. 2. Die Autoren testen empirisch die Arbitragemöglichkeiten anhand von Indexaufnahmen in den S&P 500 Index.

[25] Dies gilt nur unter der Annahme, dass dieser Aktienkurs nicht ebenfalls bei einem hohen Handelsvolumen zustande gekommen ist.

[26] Betrachtet man die Neuausgabe von Aktien ebenfalls als Blocktransaktion, kann mit dieser Hypothese auch die Notwendigkeit eines Underpricing begründet werden. Vgl. Scholes (1972), S. 180. Vgl. zum Underpricing-Phänomen die Studie von Gerke/Fleischer (2002), S. 828-829.

2.2.3 Informations-Hypothese

Wie bereits bei der Substitutions-Hypothese, wird hier ebenfalls von einem informationseffizienten[27] Markt nach Fama ausgegangen. Der Unterschied liegt darin begründet, dass jeder Blocktransaktion ein gewisser Informationsgehalt zugesprochen wird.[28] So unterscheidet **Scholes (1972)**[29] mehrere Motive für die Durchführung großer Verkaufstransaktionen. Ein solcher Verkauf kann konsumbedingt sein oder ein Investor beabsichtigt, sein Wertpapierportfolio umzuschichten. Darüber hinaus besteht die Möglichkeit, dass der betreffende Anleger adverse Informationen über die Zukunftsaussichten des Unternehmens besitzt, wobei es sich in diesem Fall offensichtlich um negative Informationen handelt. Wären diese Informationen hingegen allen Marktteilnehmern zugänglich, würde der Kurs der Aktie sofort sinken.

Analog dazu verläuft die Argumentation bei der Durchführung einer großen Kauftransaktion, außer dass das Konsummotiv hier ausgeklammert werden kann und der Aktienkurs bei der Durchführung der Blocktransaktion steigt anstatt zu fallen. Da die Informationsbeschaffungskosten in einem effizienten Markt hoch sind und viele Marktteilnehmer um Informationen konkurrieren, wird davon ausgegangen, dass die Auftraggeber von Blocktransaktionen tendenziell mehr Informationen besitzen als solche mit kleinen Transaktionen.[30] Niedrige Handelsvolumina enthalten demnach eher Transaktionen, die aufgrund von Portfolioumstrukturierungen durchgeführt werden und nur mit einer geringeren Wahrscheinlichkeit informationsbedingte Transaktionen. Das gleiche gilt vice versa für große Transaktionsvolumina.

Bei der Ausführung eines Verkaufsblocks ist demnach ein abwärts gerichtetes Preisverhalten des Aktienkurses zu erwarten. Das Ausmaß der Kursreduktion beinhaltet den erwarteten Informationsgehalt der Blocktransaktion. Die Informations-Hypothese setzt allerdings nicht zwingend einen proportionalen Zusammenhang zwischen der Größe einer Blocktransaktion und deren Informationsgehalt voraus. Genau so gut könnte es sein, dass jeder Transaktion, die von den Marktteilnehmern als Block wahrgenommen wird, der gleiche Informationsgehalt beigemessen wird.[31]

---

[27] Gemeint ist in diesem Fall die mittelstrenge Form der Informationseffizienz.

[28] Vgl. zu formalen Modellen, die eine Verbindung zwischen Informationen und Ordervolumina herstellen auch Gammill (1985), Easley/O'Hara (1987) und Seppi (1990). Das Modell von Easley/O'Hara (1987) wird in Kapitel 2.7.1 dargestellt.

[29] Vgl. Scholes (1972), S. 183.

[30] Vgl. Scholes (1972), S. 183.

[31] Vgl. Scholes (1972), S. 184.

Im Gegensatz zur Preisdruck-Hypothese, wo ein Kursabschlag (gefolgt von einer Gegenbewegung) als Kaufanreiz fungiert, um die Blocktransaktion durchzuführen, unterstellt die Informations-Hypothese eine *dauerhafte* Kursveränderung der Aktie.

2.2.4 „Short run liquidity costs"-Hypothese

Diese Hypothese setzt keinen vollkommen informationseffizienten Markt voraus. Vielmehr wir davon ausgegangen, dass selbst dann Kosten für die sofortige Durchführung einer Blocktransaktion entstehen, wenn genügend Käufer bzw. Verkäufer am Markt vorhanden sind.[32] Somit müssen zusätzliche Transaktionskosten entrichtet werden, um die Marktgegenseite ausfindig zu machen.[33] Werden diese Kosten dem Initiator der Blocktransaktion nicht gesondert in Rechnung gestellt, weicht der Kurs der entsprechenden Aktie von seinem Gleichgewichtskurs ab, um den Intermediär für seinen Sofortigkeitsservice zu entlohnen. Das Wertpapier wird somit im Falle eines Kaufes (Verkaufes) vom Auftraggeber zu einem niedrigeren (höheren) Kurs als dem Gleichgewichtskurs an den Intermediär (z.B. ein Blockhändler) weitergegeben. Die Wirkung auf den Marktpreis lässt sich damit als kurzfristige Kursbewegung außerhalb des Gleichgewichtspreises (der für kleine Transaktionen gilt) beschreiben, der alsbald wieder zum Gleichgewichtskurs zurückkehrt.[34] Die Gültigkeit dieser Hypothese impliziert damit kurzfristige Preisrückschläge („reversals") im Umfeld der Blocktransaktion. Dadurch ist die „short run liquidity costs"-Hypothese hinsichtlich ihrer Marktwirkungen schwer von der Preisdruck-Hypothese zu unterscheiden.[35] Um die beschriebenen kurzfristigen Effekte bei einer empirischen Betrachtung auszuschließen, wurden z.B. in der empirischen Studie von **Ball/Finn (1989)** Transaktionen aus der Stichprobe entfernt, bei denen Börsenmakler einen derartigen Sofortigkeitsservice bereitgestellt hatten.[36]

---

[32] Vgl. Ball/Finn (1989), S. 399.

[33] Die Kosten für den Sofortigkeitsservice des Intermediärs beinhaltet: 1. Die Kommunikation unter den Investoren, um deren Handelsbereitschaft festzustellen, 2. evtl. die Aufnahme der Wertpapiere in den Eigenbestand, wenn sich auf der Gegenseite kein Marktteilnehmer befindet, 3. Abrechnen der Transaktion. Vgl. dazu Kraus/Stoll (1972), S. 571.

[34] Vgl. Kraus/Stoll (1972), S. 571.

[35] Vgl. Ball/Finn (1989), S. 399.

[36] Vgl. Ball/Finn (1989), S. 400. Eine detaillierte Beschreibung dieser Studie findet sich in Kapitel 3.2.

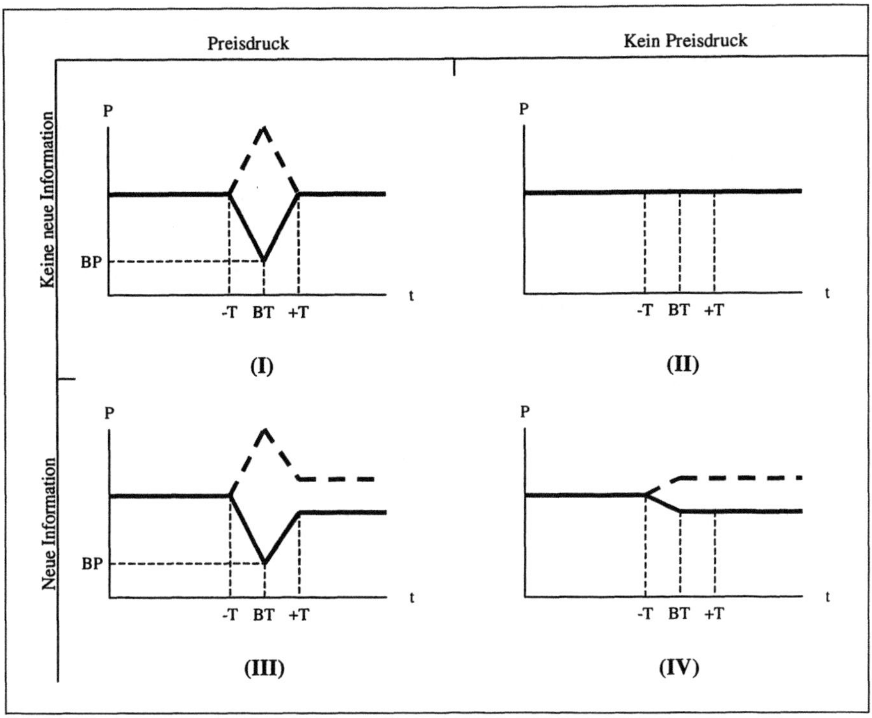

Abbildung 2-1 Zusammenfassung der Hypothesen zur möglichen Kurswirkung einer Blocktransaktion[37]

Abbildung 2-1 fasst die besprochenen Hypothesen schematisch zusammen. Zum Zeitpunkt BT wird jeweils eine Blocktransaktion zum Kurs BP ausgeführt. Die Zeitpunkte T-1 und T+1 stehen für die unmittelbar vorangehende bzw. unmittelbar darauffolgende Transaktion. Diese stellen jeweils keine Blocktransaktionen dar. Die durchgehenden Linien haben schematischen Charakter. Sie verdeutlichen die möglichen Kursverläufe, die zeitlich um einen Verkaufsblock (durchgezogene Linie) bzw. Kaufblock (gestrichelte Linie) herum angesiedelt sind.

Somit können in dieser Matrix insgesamt vier Fälle unterschieden werden, die von den beiden Faktoren abhängen, ob durch die Blocktransaktion selbst eine *neue Information* in den Markt gelangt (Fälle III und IV) und ob mit dem Block ein *Preisdruck* verbunden ist (Fälle I und III).[38] In Fall I ist lediglich eine temporäre Kursreaktion feststellbar, bei Fall III liegt hingegen eine Kombination der beiden Effekte vor, d.h.

[37] Quelle: Eigene Darstellung, angelehnt an Copeland/Weston (1992), S. 371.

[38] Die Grafiken I und III gelten analog für den Fall der „short run liquidity costs"-Hypothese.

hier beinhaltet die Kursbewegung eine permanente und eine temporäre Komponente. Die angeführten Begriffe „permanent" und „temporär" werden bei empirischen Studien in ihrer zeitlichen Dimension sehr unterschiedlich definiert. Je nachdem, welche Art von Kursdaten Verwendung finden, kann ein langfristiger Effekt den Zeitraum bis zum nächsten Handelstag umfassen (bei täglichen Kursen) oder lediglich bis einige Transaktionen nach der Blocktransaktion andauern (bei Intraday-Daten), wie auch in der späteren empirischen Studie in Kapitel 4.

Für empirische Untersuchungen ist die besagte Unterscheidung von temporären und permanenten Preiseffekten von großer Bedeutung. Der gesamte Preiseffekt („totaler Preiseffekt") bildet die Summe der beiden Effekte ab (in Fall III der Abbildung 2-1 z.B. die Bewegung von –T nach BT) und liefert Anhaltspunkte für die Höhe der impliziten Transaktionskosten, die mit einer Blocktransaktion verbunden sind. Eine gebräuchliche Definition bezeichnet den temporären Preiseffekt als Gegenbewegung („price rebound") des Aktienkurses, die unmittelbar auf die Blocktransaktion folgt. Als permanenter Preiseffekt wird häufig die Kursänderung von dem Gleichgewichtspreis vor der Blocktransaktion bis zu dem Gleichgewichtspreis danach bezeichnet.[39] Bei empirischen Untersuchungen werden die genannten Zeitspannen jeweils noch genauer angegeben. Die theoretische Erklärung für temporäre Preiseffekte kann mit dem Vorliegen von Liquiditätskosten (vgl. die „Short run liquidity costs"-Hypothese) begründet werden, die entstehen, sobald es mit Kosten verbunden ist, potentielle Käufer oder Verkäufer für einen Block zu finden. Permanente Preiseffekte hingegen werden mit dem Vorliegen nicht vollkommen elastischer Angebots- bzw. Nachfragekurven und/oder Informationseffekten begründet. Sind keine direkten Substitute für eine bestimmte Aktie vorhanden, bewirkt dies einen permanenten Preiseffekt, dessen Ausmaß abhängig von der Blockgröße ist. Beinhaltet eine Blocktransaktion Informationen über die Zukunftsaussichten der gehandelten Unternehmensanteile, so bewirkt dies ebenso einen permanenten Preiseffekt, der u.a. von der Identität des Blockkäufers bzw. -verkäufers abhängt.[40] Eine Abhängigkeit zwischen der Blockgröße und der Höhe des Informationseffektes herzustellen erscheint hingegen nicht als naheliegend (vgl. Kapitel 2.2.3.)

Im Zusammenhang mit den genannten Preiseffekten wurde als Erklärung auch das Vorliegen von nach unten geneigten Nachfragekurven (bzw. eine nicht unendliche Preiselastizität der Nachfrage) am Aktienmarkt angesprochen. Diese können sich aus einer Vielzahl von Gründen einstellen. In den bisherigen empirische Studien, die sich mit dem Nachweis fallender Nachfragekurven am Aktienmarkt beschäftigen, konn-

[39] Vgl. z.B. Holthausen/Leftwich/Mayers (1990), S. 72.

[40] Vgl. z.B. Scholes (1972), S. 200-201, der diesen Zusammenhang damit begründet, dass bestimmte Personengruppen mit größerer Wahrscheinlichkeit private Informationen besitzen als andere.

ten die Effekte, die mit dem Preisdruck-, dem Informationseffekt und der Steigung der Nachfragekurve verbunden sind, nicht gesichert voneinander abgegrenzt werden. Deshalb musste die oft diskutierte Frage, ob eindeutig abwärts gerichtete Nachfragekurven bei Wertpapieren vorliegen bisher unbeantwortet bleiben und soll auch in dieser Arbeit nicht weiter verfolgt werden. [41]

2.3 Die Bedeutung von Blocktransaktionen für die Modellierung eines Agentensystems

Der Einsatz von Agentensystemen in der Finanzwirtschaft umfasst Fragestellungen, die an der Schnittstelle zwischen dem finanzwirtschaftlichen Bereich und dem Wissensgebiet der Wirtschaftsinformatik angesiedelt sind. Bei einem Agentensystem (auch intelligentes Informationssystem genannt) handelt es sich um eine selbständig agierende, lernende und zur Interaktion fähige Softwareeinheit.[42]

Das Ziel der umfangreichen empirischen Untersuchungen dieser Arbeit ist es, die Wissensbasis für einen Softwareagenten zur Verfügung zu stellen und darauf aufbauend Handelsanweisungen zu geben, die in Programmanweisungen umgesetzt werden können. Dieser Agent soll zunächst ermöglichen, Orderstrategien für Wertpapierdienstleister unter der Berücksichtigung individueller Kundenpräferenzen zu optimieren. Auf Basis der empirischen Untersuchung können die Einflussfaktoren für die Ausführung einer solchen Blocktransaktion abgeschätzt und deren Abhängigkeit voneinander untersucht werden. Die Order wird schließlich unter Berücksichtigung der Kundenpräferenzen so spezifiziert, dass die erwarteten Transaktionskosten minimiert werden bzw. der erwartete realisierbare Preis optimiert wird. Aus den ermittelten Daten können die Kosten unterschiedlicher Orderstrategien (Stückelung der Order) prognostiziert und deren relative Vorteilhaftigkeit bestimmt werden.

Das Agentensystem soll, aufbauend auf theoretischen Modellen und den empirischen Ergebnisse, einen Algorithmus zur optimalen Spezifizierung von Aufträgen entwickeln. Hierzu werden von dem System Analysen des historischen Orderflusses sowie der daraus resultierenden Kurse durchgeführt und der wahrscheinliche zukünftige Kursverlauf prognostiziert. Für die Umsetzung dieses Vorhabens sind besonders die kurzfristigen Preiseffekte von Interesse, die unmittelbar durch eine Blocktransaktion hervorgerufen werden können. Geht mit der Ausführung eines Blocks ein solcher kurzfristiger Preiseffekt einher, kann dies auf eine geringe Liquidi-

[41] Vgl. Kaul/Mehrotra/Morck (1999), S. 5. Vgl. zu einer Diskussion dieser Hypothese der fallenden Steigung von Nachfragekurven am Aktienmarkt und einen Literaturüberblick bei Loderer/Cooney/Van Drunen (1991).

[42] Vgl. Hu/Wellman (1998), S. 2.

tät zurückgeführt werden. Der Kursabschlag (bzw. -aufschlag) wird somit direkt durch die Blocktransaktion verursacht und schlägt sich in impliziten Transaktionskosten nieder. Auf die ausgewerteten Größen greift das Agentensystem zurück, um dem Auftraggeber der Blockorder eine optimale Aufteilung vorzuschlagen. Hierzu hat das System in seiner endgültigen Ausgestaltung Zugriff auf eine Datenbank mit historischen Daten von Blocktransaktionen, die automatisch aktualisiert und ausgewertet wird.

Ebenso kann mit Hilfe der empirischen Auswertung ein Agentensystem auf der Basis von Blocktransaktionen für Market-Maker und Betreuer entwickelt werden, um die Stellung von Bid-Ask-Spreads zu unterstütztén. Für die Designated Sponsors verkörpert das Risiko, mit besser informierten Marktteilnehmern zu handeln, eine Kostengröße. Stellt sich nach einer Transaktion ein neues Kursniveau ein, kann dies auf den Informationsgehalt der Blocktransaktion zurückgeführt werden. Mit den in der Untersuchung ermittelten langfristigen Kurseffekten kann für unterschiedliche Werte auf das Ausmaß des Informationsgehalts und somit auf das Risiko geschlossen werden, mit Insidern zu handeln. Im Vergleich zur bisherigen Situation erhalten Market-Maker mit dem Einsatz eines solchen Systems statistisch fundierte Informationen, die es ermöglichen, langfristige Kurseffekte, die mit einer Blocktransaktion verbunden sein können, auf ihre Wirkung hin abzuschätzen.

Genauere Handlungsanweisungen für eine optimale Orderplatzierung und Hinweise für eine Anwendung der empirischen Ergebnisse bei Designated Sponsors werden in Kapitel 4.6 gegeben.

2.4 Effizienzfaktoren und Zielkriterien für Wertpapiermärkte

Um Preiswirkungen, die von Blocktransaktionen auf den betreffenden Aktienkurs ausgehen, bewerten zu können, sind geeignete Kriterien notwendig. In diesem Zusammenhang lässt sich die Qualität eines Wertpapiermarktes prinzipiell danach beurteilen, wie gut die beiden Funktionen „Gewährleistung einer Handelsmöglichkeit" und „Preisfindung" erfüllt sind.[43] Diese Anforderungen werden auch als *Liquidität* und *Informationseffizienz* eines Marktes bezeichnet.[44]

Des weiteren ist besonders bei Blocktransaktionen die Ausgestaltung der *Markttransparenz* als wichtiger Einflussfaktor anzuführen. Die genannten Kriterien werden auch

---

43 Vgl. Theissen (1998), S. 45.

44 Die *Bewertungseffizienz* als weiteres, häufig angeführtes Qualitätskriterium stellt explizite Anforderungen an das Preisniveau eines Wertpapiers. Vgl. dazu Tobin (1984), S. 2. Sie wird an dieser Stelle aufgrund ihres subjektiven Charakters und der fehlenden direkten empirischen Überprüfbarkeit nicht aufgeführt.

häufig als Effizienzfaktoren bezeichnet und stellen die Unterziele bei der Gestaltung von Wertpapiermärkten dar. Als Oberziel oder Zielkriterium kann dagegen die Minimierung von Transaktionskosten gesehen werden.[45] Die Beziehung zwischen den (impliziten) Transaktionskosten und der Markttransparenz wird am Schluss dieses Unterkapitels erläutert.

2.4.1 Liquidität

Der Liquiditätsbegriff wird in der finanzwirtschaftlichen Literatur mit unterschiedlichen Definitionen belegt. Als Dimensionen für einen liquiden Markt werden häufig *Markttiefe, Marktbreite, Erneuerungskraft* und *Sofortigkeit* genannt.[46]

- Ein *tiefer Markt* liegt vor, wenn in der Nähe des aktuellen Marktpreises eine große Anzahl von Kauf- und Verkaufsaufträgen vorliegt, so dass ein hohes Transaktionsinteresse besteht, zum aktuellen Gleichgewichtskurs zu handeln.
- Ein *breiter Markt* liegt vor, wenn die Aufträge an der Orderbuchspitze mit einem hohen Volumen unterlegt sind. Dadurch können auch große Orders ohne stärkere Preisausschläge ausgeführt werden.
- Die *Erneuerungskraft* zeigt sich in der Fähigkeit eines Marktes, nach Abweichungen des Kurses vom Gleichgewichtspreis, die nicht auf neuen Informationen basieren, möglichst schnell wieder zu diesem Gleichgewichtspreis zurückzukehren. In einem Markt mit ausgeprägter Erneuerungskraft besitzen Preisveränderungen aufgrund von Orderungleichgewichten damit lediglich temporären Charakter.
- Eine hohe *Sofortigkeit* ist gegeben, wenn die Zeitspanne bis zur Ausführung einer Order möglichst kurz ist.

Für die Messung der Liquiditätswirkung von Blocktransaktionen am Aktienmarkt sind insbesondere die Dimensionen „Marktbreite" und „Erneuerungskraft" von Interesse. Diese lassen sich auf direktem Wege lediglich anhand von Orderbuchdaten ermitteln. Auf indirektem Wege ist es aber auch möglich, für die Abwicklung von Blocktransaktionen zumindest Tendenzaussagen für diese beiden Dimensionen zu treffen.

---

[45] Vgl. Picot/Bortenlänger/Röhrl (1996), S. 21.
[46] Vgl. zu dieser Einteilung Schwartz (1991), S. 126-127 und Gerke/Rapp (1992).

2.4.2 Informationseffizienz

Ein Wertpapiermarkt wird nach der verbreiteten Definition von **Fama (1970)** als informationseffizient bezeichnet, wenn die gehandelten Preise sämtliche zur Verfügung stehenden Informationen jederzeit wiederspiegeln.[47] Je nach Umfang der verfügbaren Informationen werden drei Effizienzstufen unterschieden.

Auf der untersten Stufe wird ein Wertpapiermarkt als *schwach informationseffizient* bezeichnet, wenn die Auswertung historischer Kurse und Renditen nicht zu systematischen Überrenditen führt, da alle diesbezüglichen Informationen bereits in den gegenwärtigen Preisen verarbeitet sind. Ist ein Markt *mittelstreng informationseffizient*, sind dagegen zusätzlich alle öffentlich verfügbaren Informationen in den Preisen enthalten, so dass nur Insiderinformationen profitabel genutzt werden können. Spiegeln die aktuellen Preise alle existierenden Informationen und damit auch die genannten Insiderinformationen wider, spricht man von einem *streng informationseffizienten* Markt.

Weist die Durchführung eines Blocks einen Informationsgehalt auf und wird dies als bewertungsrelevantes Ereignis wahrgenommen, so ist beim Vorliegen eines informationseffizienten Marktes im mittelstrengen Sinne mit einer schnellen und dauerhaften Reaktion des Aktienkurses auf die Blocktransaktion zu rechnen.[48] Als geeignete Methode zur Überprüfung der mittelstrengen Effizienzform führt **Fama (1991)** das Verfahren der Ereignisstudie an, das auch in Kapitel 4.4 der empirischen Studie verwendet wird.[49]

2.4.3 Markttransparenz

Unter dem umfassenden Begriff der Markttransparenz versteht man die Möglichkeit der Marktteilnehmer, Informationen über den Handelsablauf zu beobachten.[50] Der Handel an einer Börse erzeugt eine Vielzahl unterschiedlicher Informationen, wie z.B. Volumina und Limits noch gültiger Orders, Preise und Volumina aktueller Transaktionen sowie die Identität der Akteure. Darunter fallen somit auch Informationen über eine vorliegende Blockorder oder den Ausführungskurs einer Blocktransaktion. Mit zunehmender Sichtbarkeit dieser handelsrelevanten Informationen

[47] Vgl. Fama (1970), S. 383. Daneben existieren in der Literatur weitere Definitionsansätze, vgl. z.B. Beaver (1981), Le Roy (1976), Rubinstein (1975).
[48] Vgl. Oerke (1999), S. 49.
[49] Vgl. Fama (1991), S. 1576ff. Der Autor führt Tests zur Prognostizierbarkeit zukünftiger Renditen (tests of return predictability) an, um die schwache Effizienzform zu untersuchen. Tests zur Ausnutzbarkeit von Insiderwissen (tests for private information) werden als Verfahren zur Evaluierung der strengen Informationseffizienz eingesetzt.
[50] Vgl. O'Hara (1995), S. 252.

steigt ebenfalls die Markttransparenz an, die weiter in die Transparenz *vor* und *nach* einem Handelsabschluss (Pre- und Post-Trade Transparenz) unterteilt wird.[51] Die zuerst erwähnte Pre-Trade Transparenz umfasst sowohl die *Transparenz des Orderbuches*, d.h. die Offenlegung der Ordermenge mit den entsprechenden Limits für alle Marktteilnehmer als auch die *Identität* des Auftraggebers.[52]

Mit der *Orderbuchtransparenz* wird die Ausgestaltung der zentralen Sammelstelle aller Aufträge an einer Börse angesprochen. Je nach Transparenzgrad lassen sich hier „offene" und „geschlossene" Orderbücher unterscheiden.[53] Im Fall des geschlossenen Orderbuches ist dessen Inhalt entweder dem preisermittelnden Intermediär (z.B. einem Kursmakler an der Parkettbörse) zugänglich oder niemandem bekannt. Die erstgenannte Konstellation bedeutet für den Intermediär einen Informationsvorsprung vor allen anderen Marktteilnehmern. Dagegen sind beim Handel mit einem offenen Orderbuch die Handelsinformationen für alle Marktteilnehmer verfügbar. Dies kann z.B. durch ein automatisiertes Informationssystem wie das XETRA-System bewerkstelligt werden. Die Vor- und Nachteile der beiden Orderbuchvarianten werden in der Literatur z. T. kontrovers diskutiert.[54] So spricht für ein offenes Orderbuch die größere Markttransparenz. Alle Marktteilnehmer können sich dadurch gleichberechtigt an den aktuell vorliegenden Kauf- und Verkaufsaufträgen orientieren, ohne dass lediglich einige wenige Akteure ihre Privilegien der Orderbucheinsicht gezielt für deren Eigenhandel ausnutzen können. Als nachteilige Konsequenzen des offenen Orderbuches werden mögliche Marktüberreaktionen genannt und der fehlende Schutz bei der Unterbringung von Blocktransaktionen vor opportunistischen Reaktionen der anderen Marktseite.[55]

Eine wichtige Rolle spielt damit die Unterscheidung, ob Informationen über den Handelsprozess allen Marktteilnehmern zugänglich sind (homogene Markttransparenz) oder nur einige privilegierte Marktteilnehmer den Zugang zu diesen Informationen erhalten. Am Beispiel der Orderbuchtransparenz lässt sich anführen, dass hier für den deutschen Aktienmarkt auf den Parkettbörsen und dem elektronischen Handelssystem XETRA Unterschiede bestehen (vgl. auch Kapitel 2.5.1.) Auf den Parkettbörsen hat ausschließlich der jeweilige Kursmakler Einsicht in das gesamte Orderbuch (monopolistisches Orderbuchprivileg). Im XETRA-System hatten zum Zeitpunkt der empirischen Untersuchung rund 400 XETRA-Teilnehmer, darunter vorwiegend Kreditinstitute, Einsicht in das Orderbuch.[56] Alle institutionellen Anleger,

---

[51] Vgl. zu dieser Einteilung z.B. Pagano/Röell (1996), S. 580.
[52] Vgl. Syha (1998), S. 6-7.
[53] Vgl. Gerke (1997), S. 99.
[54] Eine ausführliche Darstellung der Vor- und Nachteile beider Varianten liefert z.B. Glosten (1994).
[55] Vgl. die folgenden Ausführungen zum Market Impact.
[56] Vgl. Deutsche Börse AG (1999), o. S.

die im Rahmen von Blockorders als Hauptakteure gelten, können in XETRA somit als gleichbehandelt betrachtet werden.

Die *Identität* als zweiter Teilaspekt der Pre-Trade Transparenz betrifft die Anonymität des Akteurs, der eine Order einstellt. Bei Offenlegung der Identität können die anderen Marktteilnehmer u. U. besser einschätzen, ob es sich bei einem zugrundeliegenden Block um einen informationsinduzierten Transaktionswunsch handelt. Ein Merkmal für die Wahrscheinlichkeit informationsinduzierten Handelns kann bei einem institutionellen Anleger wie einem Investmentfonds z.B. dessen Anlagestil sein.[57]

Im Rahmen der Post-Trade Transparenz wird unterschieden, ob die getätigten Umsätze und Kurse von Blocks sofort oder erst nach dem Ablauf einer gewissen Zeitspanne (bzw. überhaupt nicht) offiziell bekannt gegeben werden. Bei einer eingeschränkten Post-Trade Transparenz für Blocktransaktionen geht es um die Frage, welche Auswirkungen diese Nichtveröffentlichung bzw. zeitverzögerte Veröffentlichung von Kursen und Volumina auf den Preis der betreffenden Aktie hat und ob sich dadurch ein adverser Informationseffekt verhindern lässt.[58]

Market Impact einer Blockorder am Beispiel eines offenen Orderbuches

An existierenden Aktienmärkten besteht die Schwierigkeit bei der Ausführung einer Blocktransaktion - unabhängig von der jeweiligen Marktorganisation - darin, dass eine gewisse Zeitspanne benötigt wird, bis der oder die Handelspartner auf der Marktgegenseite ausfindig gemacht wurden.[59] Damit werden die Annahmen eines vollkommenen Marktes in Form der Substitutions-Hypothese verlassen. Die Ausführung einer Blocktransaktion ist demnach auch mit einem Einfluss auf den Aktienkurs verbunden, dem sogenannten Market Impact.[60] Für den Begriff der damit verbundenen Market Impact Kosten lässt sich in der Literatur allerdings keine einheitliche Definition finden.[61] Der Market Impact wird im folgenden als Mengen-Preis Effekt bezeichnet, der mit einer Blocktransaktion verbunden ist und der zu einer Verschiebung des Gleichgewichtspreises führt.[62] Die Höhe dieses Effektes beinhaltet den Abstand zwischen dem Kurs einer Blocktransaktion und dem (hypothetischen) Kurs, der sich im Markt bilden würde, wenn der Effekt nicht eingetreten wäre.[63] Dieser

[57] Vgl. die Studie von Chan/Lakonishok (1993).
[58] Vgl. dazu die Studie von Gemmill (1996), die in Kapitel 3 vorgestellt wird.
[59] Vgl. Hansch/Neuberger (1995), S. 436.
[60] Der Market Impact wird im weiteren Verlauf der Arbeit auch gleichbedeutend als „Preiseffekt" bezeichnet.
[61] Vgl. z.B. Chan/Lakonishok (1995), S. 1172. Die Autoren sprechen die Problematik an, eine geeignete Benchmark zur Messung der Market Impact Kosten zu ermitteln.
[62] Vgl. Röhrl (1996), S. 32.
[63] Vgl. Röhrl (1996), S. 35

Kurs wird in der Literatur auch als „fair market price“[64] oder als „unpertubed price“[65] bezeichnet. Neben den Kommissionskosten und dem Bid Ask-Spread stellt der Market Impact die wichtigste Kostengröße bei der Durchführung einer Blocktransaktion dar. Er wird in der Literatur auch als „sweetener“ bezeichnet, der notwendig ist, damit die Marktgegenseite bereit ist, den Block auszuführen.[66]

Sobald von einer Blockorder bzw. Blocktransaktion Kenntnis erlangt wird, muss bei den Akteuren mit strategischem Verhalten gerechnet werden, das sich in unterschiedlichen Reaktionen widerspiegelt. Das Ergebnis dieses Verhaltens schlägt sich im Market Impact einer Blockorder bzw. Blocktransaktion nieder und lässt sich schematisch in mehrere Komponenten aufteilen (Vgl. Tabelle 2-1). Besonders starke Reaktionen im Vorfeld einer Blockorder lassen sich bei einem offenen Orderbuch feststellen, weshalb dieser Fall nachstehend ausführlich erläutert wird.

Tabelle 2-1: Komponenten des Market Impact bei einem Verkaufsblock[67]

Ursache (in chronologischer Reihenfolge)	**Art des Market Impact**
Front-Running des Maklers bzw. Händlers	Vorgelagerte Abwertungstendenz
Vermuteter Insiderhandel	Mitlaufen derselben Marktseite
Kostenlose Option bei einer limitierten Order	Option kommt ins Geld
Zeitpriorität der Limitorders wird übersprungen	Adverse Preisspirale auf derselben Marktseite
Heruntersetzen der Kauflimite bzw. Stornierung von Kauforders	Adverse Preisspirale auf der Marktgegenseite
Antizipation der Glattstellung	Sinkender Preis auf der Marktgegenseite

Die einzelnen Komponenten des Market Impact werden am Beispiel einer limitierten Verkaufsblockorder in einem offenen Orderbuch dargestellt.[68] Die Beschreibung der jeweiligen Ursachen für den Market Impact erfolgt dabei in chronologischer Reihenfolge.

---

[64] Vgl. Collins/Fabozzi (1991), S. 30.
[65] Vgl. Keim/Madhavan (1997), S. 52.
[66] Die Bezeichnung stammt von Schwartz (1991), S. 125.
[67] Quelle: Tabelle angelehnt an Röhrl (1996), S. 37.
[68] Diese Annahmen werden getroffen, um exemplarisch alle Effekte darzustellen, die im Vorfeld der Ausführung einer Blocktransaktion entstehen können.

Die Kenntnis von einer großen Order kann von den übrigen Marktteilnehmern bereits vor dem Einstellen in das Orderbuch durch den Tatbestand des sogenannten *Front-Running*[69] ausgenutzt werden. Ein Händler könnte im vorliegenden Fall durch einen Leerverkauf Aktien verkaufen, die er noch gar nicht besitzt und diese zu einem niedrigeren Kurs wieder zurückkaufen, nachdem aufgrund der Blocktransaktion der Aktienkurs entsprechend gefallen ist. Der Blockverkäufer erleidet durch diese Transaktion einen Verlust in Höhe der Kursreduktion, die durch Ausführung des Front-Running-Auftrages zustande gekommen ist, multipliziert mit dem Volumen des Blocks.[70]

Bei der zweiten Komponente des *vermuteten Insiderhandels* befürchten die Marktteilnehmer, dass sich hinter der Blockorder ein Insider verbirgt, der aufgrund privater Informationen handelt (adverser Informationseffekt)[71]. Als Folge dieser Annahme antizipieren die Akteure die Einpreisung der (im vorliegenden Fall negativen) privaten Information, indem Sie selbst Verkaufsaufträge in den Markt geben. Durch den verstärken Verkaufsdruck kann sich die Ausführung der Blockorder am Markt zeitlich verzögern.

Eine Blockorder wird meist nicht sofort ausgeführt und bleibt solange am Markt bestehen, bis sie auf eine gleichgroße Order auf der anderen Marktseite trifft oder mit mehreren kleineren Einzelorders auf der anderen Marktseite gematcht wird. Das Risiko einer Kursveränderung bis zum Zeitpunkt der endgültigen Transaktion wird meist dadurch zu minimieren versucht, dass ein Blockverkäufer seine Order zu einem Kurs limitiert, unter dem er nicht mehr bereit ist zu verkaufen. Beim Eintreffen positiver kursrelevanter Informationen nach Einstellen der limitierten Blockorder bewegt sich der Kurs durch die verstärkte Nachfrage nach oben. In diesem Umfeld stellt die limitierte Blockorder eine *kostenlose Option* (free-trading-option) dar, weil sie der anderen Marktseite eine Handelsmöglichkeit verschafft, für die sie nichts bezahlen muss.[72] Prinzipiell gilt dieses Phänomen für jede Limitorder, bei einer Blockorder besteht die besondere Problematik, dass hier ein adverser Informationseffekt vorliegt und die Order voraussichtlich längere Zeit im Orderbuch verbleibt. Dadurch entsteht eine Option mit verhältnismäßig langer Restlaufzeit und einem hohen Volumen an „verschenkten" Kontrakten. Der Auftraggeber der Blockorder nimmt die Position eines Stillhalters ein. Wenn der aktuelle Aktienkurs das gesetzte Limit erreicht und die Option sich somit im Geld befindet, muss er die Aktie zum vorher bestimmten

[69] Unter Front-Running wird das Durchführen von Eigengeschäften verstanden, die in Kenntnis eines vorliegenden Kundenauftrags erfolgen und somit negative Auswirkungen für den Auftraggeber haben können. Vgl. Gerke/Oerke (1998), S. 4.

[70] Vgl. Keim/Madhavan (1994), S. 19.

[71] Vgl. dazu die Aussagen der Informationshypothese in Kapitel 2.2.3.

[72] Vgl. Stoll (1992), S. 84-87.

Ausübungspreis (=Limitkurs) an den Optionskäufer (Akteur auf der Marktgegenseite) veräußern. Insbesondere institutionelle Anleger vermeiden daher die Erteilung von Limitorders bei großen Blockaufträgen.[73] Des weiteren beeinflusst auch die Volatilität den Wert dieser Option, d.h. in einem sehr volatilen Marktumfeld, z.B. kurz vor der Ankündigung wichtiger Unternehmensdaten, werden bei großvolumigen Aufträgen tendenziell weniger Limitorders aufgegeben.

Marktteilnehmer, die von der Existenz einer großen Verkaufsorder wissen und diese Aktie ebenfalls verkaufen wollen, befürchten meist eine bevorstehende Abwärtsbewegung des Kurses, sobald die Blockorder ausgeführt wird.[74] Sie versuchen, diesem drohenden Kursrückgang zuvorzukommen, was aufgrund der *Zeitpriorität limitierter Orders* erschwert wird. Die Marktteilnehmer auf der gleichen Marktseite müssen demnach zeitlich früher erteilte Limitorders unterbieten, um ihre Transaktionen durchführen zu können. Je mehr Marktteilnehmer versuchen, mit ihren Orders einem erwarteten Kursrückgang auf diese Weise zuvorzukommen (Antizipation), umso eher tritt eine Selbstverstärkung des Abwärtstrends ein.

Auch durch Reaktionen auf der Marktgegenseite kann es zu einer entsprechenden Abwärtsbewegung des Aktienkurses kommen. Aufgrund des beschriebenen Phänomens der „free-trading-option" wird der Verkaufsdruck sogar noch erhöht, wenn die *Limite auf der Käuferseite reduziert* werden.[75] Dies kann eine weitere Abwertungstendenz auf der Verkäuferseite auslösen, was zu einer gegenseitigen Verstärkung dieser beiden Effekte[76] führt. Dadurch sinkt die Wahrscheinlichkeit, dass die Blockorder vollständig und zu dem gewünschten Limit durchgeführt wird, weiter ab.

Der letztgenannte Effekt in Tabelle 2-1 tritt erst kurz *nach* der Durchführung einer Blocktransaktion auf. Hier kommt es vornehmlich in Händlermärkten wiederum zu einem Antizipationsverhalten bei den unmittelbar beteiligten Akteuren, da viele Blocktransaktionen zunächst zwischen den Liquiditätsanbietern (wie z.B. Blockhändlern) umgeschlagen werden. Andere Marktteilnehmer gehen mit einer hohen Wahrscheinlichkeit davon aus, dass dieser Käufer der Blockorder versuchen wird, seine Position unmittelbar durch einen Weiterverkauf glattzustellen. Durch die *Antizipation dieser Glattstellung* kann es in begrenztem Ausmaß wiederum zu den bereits beschriebenen Einzeleffekten kommen.

---

[73] Vgl. Madhavan/Cheng (1997), S. 201

[74] Dabei muss die Annahme getroffen werden, dass der Aktienkurs nach der Blocktransaktion nicht nach kurzer Zeit wieder zum anfänglichen Gleichgewichtskurs zurückkehrt, sondern dass ein permanenter Preiseffekt vorliegt, der auf informationsbasiertem Handeln beruht.

[75] Dies kann durch Limitänderungen der bestehenden Orders oder durch Eingabe neuer, zusätzlicher Order mit einem attraktiveren Limit geschehen.

[76] Gemeint ist die adverse Preisspirale auf derselben Marktseite und auf der Marktgegenseite.

Die angeführten Ursachen stellen lediglich sehr wahrscheinliche Reaktionen von Marktteilnehmern im Umfeld einer Blockorder dar. Es müssen nicht zwangsläufig alle genannten Effekte auftreten. Ein Auftreten der beschriebenen Reaktionen auf der Marktgegenseite lässt sich allerdings mit hoher Wahrscheinlichkeit beobachten. Dies konnte bereits empirisch nachgewiesen werden. Eine wichtige Studie zu diesem Aspekt stammt von **Schmidt/Küster Simić (1998)** und wird im folgenden kurz vorgestellt.

Die genannten Autoren untersuchen das Bietverhalten nach dem Einstellen umfangreicher Aufträge (Blockorders) in ein offenes Orderbuch. Die ausgewerteten Daten beinhalten das Einstellen unlimitierter und limitierter Gebote im Orderbuch des IBIS-Systems[77]. Verglichen wird u. a. das Bietverhalten nach Einstellen einer umfangreichen Order mit dem Verhalten bei nicht umfangreichen Orders. Dies wird anhand von auftretenden Folgegeboten untersucht, unter Berücksichtigung der Attraktivität des jeweiligen Gebots.[78] Eine Order, die gemessen an ihrer Stückzahl mindestens zu den 10% größten gehört, wird als umfangreiches Gebot klassifiziert.[79] Als Ergebnis stellen die Autoren fest, dass bei attraktiven und großen Limitorders, die auf der Geldseite platziert werden, umfangreiche limitierte Nachfrage auftritt, welche die Erfolgsaussichten dieser Order beeinträchtigt. Je höher die Stückzahl eines attraktiven Geldgebotes ausfällt, umso weniger wahrscheinlich sind unlimitierte Folgegebote auf der Nachfrageseite. Insgesamt müssen Auftraggeber großer und attraktiver Orders demnach mit nachteiligen Folgegeboten rechnen, welche eine erhöhte Abschlussunsicherheit für die eingestellten Aufträge bewirken.[80]

Nach Meinung der Autoren treten diese Effekte auf, weil die Handelsteilnehmer das Orderbuch laufend beobachten und auf neu eingestellte Orders reagieren. Demnach können die festgestellten Reaktionen hauptsächlich auf das Verhalten von Händlern und institutionellen Anlegern zurückgeführt werden, die in der Lage sind, ständig das Orderbuch zu verfolgen. Die Autoren leiten aus den Erkenntnissen die Hypothese ab, dass zwei unterschiedliche Gruppen von Marktteilnehmern existieren. Eine Gruppe hält große und attraktive Geldgebote für informationsmotiviert, (dies spie-

[77] Das elektronische IBIS-Handelssystem stellt den Vorläufer des XETRA-Systems dar.

[78] Ein Folgegebot wird von den Autoren definiert als erstes Gebot, das nach der betrachteten Order in das offene Orderbuch eingestellt wird. Ein Folgegebot ist dann am attraktivsten, wenn es an die Spitze des Orderbuches gestellt wird.

[79] Es wird ausschließlich die Reaktion auf Kauforders (Geldgebote) betrachtet. Innerhalb der umfangreichen Orders wird weiter zwischen den 5% und den 1% größten Geboten differenziert. Als Beispiel für die Dimensionen großer Orders in der Stichprobe sei angeführt, dass die 1% größten Geldgebote in der Siemens Aktie ein Durchschnittsvolumen von rund 2,2 Mio. € aufweisen.

[80] Wenn es sich bei den Auftraggebern der Order nicht um besser informierte Marktteilnehmer handelt, erscheint die Forderung nach dem Schutz vor Folgegeboten als begründet. Vgl. Schmidt/Küster Simić (1998), S. 27. Falls ein Marktteilnehmer diese Befürchtung hegt und sich trotzdem für eine Limitorder entscheidet, muss ein stärkerer möglicher Kursvorteil zur Kompensation des Nachteils der Abschlussunsicherheit angesetzt werden als bei einem geschlossenen Orderbuch.

gelt sich im abnehmenden Anteil unlimitierter Briefgebote wieder) die andere Gruppe möchte eine größere Stückzahl der entsprechenden Aktie verkaufen und beobachtet zunächst lediglich das Marktgeschehen. Die Ergebnisse der Studie können zusätzliche Hinweise auf Orderbuchbewegungen im Vorfeld einer Blocktransaktion und in Abhängigkeit von der Attraktivität einer Limitorder liefern. Es muss bei der Interpretation der Ergebnisse allerdings beachtet werden, dass im untersuchten IBIS-System fast ausschließlich Institutionelle handeln und in der Stichprobe ausschließlich liquide DAX-Unternehmen enthalten sind.[81]

Aus den obigen Ausführungen wird deutlich, welche wichtige Rolle die Ausgestaltung der Orderbuchtransparenz bei der Abwicklung von Blockorders einnimmt. Damit verbunden sind auch Auswirkungen auf die Preiseffekte daraus hervorgehender Blocktransaktionen. Im folgenden Unterkapitel soll deshalb der Zusammenhang zwischen dem Effizienzfaktor „Markttransparenz" und dem Oberziel „minimale Transaktionskosten" erläutert werden.

2.4.4 Zusammenhang zwischen Markttransparenz und Transaktionskosten

Zwischen dem Oberziel[82] „Minimierung der (impliziten) Transaktionskosten" (bzw. des Market Impact) und der Markttransparenz, besteht bei der Ausgestaltung von Börsen eine teilweise konfligierende Beziehung. In diesem Zusammenhang wurde in der Literatur bereits vielfältig untersucht, in wiefern unterschiedliche Ausgestaltungen der Markttransparenz die Konkurrenz und damit den Wettbewerb zwischen Märkten beeinflussen.[83] Der Wettbewerb kann dabei sowohl zwischen etablierten Börsen als auch zwischen Börsen und außerbörslichen Systemen bestehen.[84]

Den Wettbewerb zwischen börslichem und außerbörslichem Handel untersuchen **Bloomfield/O'Hara (2000)** im Rahmen von zwei Kapitalmarktexperimenten. Dabei wird der Zusammenhang zwischen Markttransparenz und Transaktionskosten (gemessen an der Höhe der Geld-Brief-Spanne) an einem Händlermarkt näher beleuchtet. In dem Experiment können Händler mit unterschiedlichen Handelsmotiven ihre Transaktionen an einer transparenten Börse oder an einem intransparenten Parallelmarkt durchführen.[85] Die Händler am intransparenten Markt stellen in den ersten

---

[81] Zum Zeitpunkt der Studie galt in IBIS ein Mindestabschluss von 100 Stück.

[82] Vgl. Vgl. Picot/Bortenlänger/Röhrl (1996), S. 21.

[83] Vgl. z.B. Pagano/Roell (1996), Madhavan (1996).

[84] Vgl. z.B. Bloomfield/O'Hara (2000), S. 426.

[85] Als Marktteilnehmer treten liquiditätsmotivierte und informationsmotivierte Händler auf. Im transparenten Marktsegment wurden die Umsatz- und Kursdaten sofort, auf dem intransparenten Segment hingegen gar nicht veröffentlicht.

Handelsrunden aggressivere An- und Verkaufskurse als am transparenten Markt. Vor allem informierte Händler bezahlen eine Prämie dafür, um ihre Transaktionen auf dem weniger transparenten Markt geheim halten zu können. Bei freier Wahl des Transparenzgrades tendieren die Marktteilnehmer von sich aus im Laufe der Handelsrunden zu einer abnehmenden Transparenz des Handelsgeschehens.

In Abbildung 2-2 wird der Zusammenhang zwischen den beiden genannten Parametern schematisch dargestellt. Betrachtet werden dabei alle Marktteilnehmer an einem Börsenmarkt und deren aggregierte (impliziten) Transaktionskosten. In der Nähe des Pfeils auf der x-Achse liegt ein vollkommen transparenter Markt vor. An diesem Punkt erreichen die Transaktionskosten in Form des Market Impact allerdings nicht ihr Minimum. Viele Marktteilnehmer mit großen Auftragsvolumina bleiben dem Markt fern und führen dadurch zu einer verringerten Liquidität und höheren Transaktionskosten als beim Tiefstpunkt der Kurve.

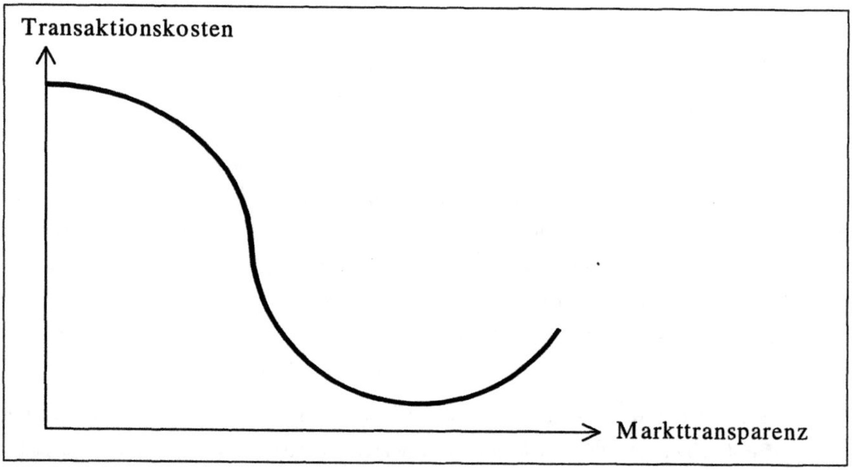

Abbildung 2-2: Schematischer Zusammenhang zwischen Markttransparenz und Transaktionskosten auf Gesamtmarktebene[86]

Sie befürchten bei der Ausführung ihrer Blocktransaktionen aufgrund adverser Informationseffekte einen hohen Market Impact und wandern tendenziell zu anderen Märkten mit weniger transparenten Strukturen ab.

[86] Quelle: Vgl. Picot/Bortenlänger/Röhrl (1996), S. 25.

Marktteilnehmer mit kleinen Auftragsvolumina sind dagegen eher bereit, ihre Transaktionswünsche offenzulegen, da sie z.B. kein Front-Running befürchten müssen. Dadurch können sie in einem transparenten Markt ihre Orders relativ schnell und zu einem für sie günstigen Kurs ausführen.[87] Betrachtet man als anderes Extrem die Konstellation eines vollkommen intransparenten Marktes (Ursprungspunkt der Abbildung 2-2), so steigen hier die allgemeinen Suchkosten für die Geschäftsabwicklung rapide an und sowohl Auftraggeber mit kleinen als auch solche mit großen Volumina ziehen sich von einem derartigen Markt zurück.

Je nach Interessenlage der Marktteilnehmer sind somit unterschiedliche Transparenzgrade erwünscht, die u.a. stark von der durchschnittlichen Ordergröße der Investoren abhängen. Der Kurvenverlauf in Abbildung 2-2 kann demnach nicht dahingehend interpretiert werden, als sei ein optimaler Transparenzgrad für den Gesamtmarkt direkt ermittelbar. Vielmehr soll der grundsätzliche Zusammenhang zwischen den beiden Parametern Transaktionskosten und Markttransparenz aufgezeigt werden und die damit einhergehende Problematik unterschiedlicher Präferenzen bei den einzelnen Marktteilnehmern.

2.5 Organisationsformen des Blockhandels

In diesem Unterkapitel werden unterschiedliche Organisationsformen für die Durchführung von Blocktransaktionen und deren wesentliche Charakteristika dargestellt. Der übergeordnete Begriff der „Organisationsform" findet deshalb Verwendung, weil ein großer Teil der Blocktransaktionen nicht über eine Börse sondern im außerbörslichen Handel durchgeführt wird. Der Schwerpunkt der Darstellung liegt in der Beschreibung der deutschen Marktstrukturen zur Vorbereitung auf die spätere empirische Studie in Kapitel 4. Der börsliche Wertpapierhandel an deutschen Kassamärkten verteilt sich räumlich gesehen auf insgesamt acht Präsenzbörsen und das elektronische XETRA-Handelssystem.[88] Beispielhaft für eine Präsenzbörse wird im folgenden der Handel an der Frankfurter Parkettbörse geschildert.[89]

Die beiden international wichtigsten Börsenplätze für den Blockhandel, die New York Stock Exchange (NYSE) und die London Stock Exchange (LSE), werden ergänzend erläutert. Hier dient die Beschreibung der jeweiligen Marktstrukturen zur Vor-

---

[87] Vgl. Harris (1995), S. 277.

[88] Die acht Präsenzbörsen sind Berlin, Bremen, Düsseldorf, Frankfurt, Hannover, Hamburg, München und Stuttgart. Vgl. auch Tabelle 4-10 mit Angaben zur Verteilung der Handelsaktivität auf die einzelnen Regionalbörsen.

[89] Bei den genannten Regionalbörsen handelt es sich ebenfalls um Präsenzbörsen mit einem ähnlichem Handelsablauf.

bereitung auf die modelltheoretischen Analysen in Kapitel 2.7 und hinführend zu den empirischen Studien in Kapitel 3, die vorzugsweise den Blockhandel an den beiden letztgenannten Börsen untersuchen.

2.5.1 Blockhandel an der deutschen Aktienbörse

2.5.1.1 Handel auf dem Frankfurter Parkett

Im Parketthandel (Präsenzhandel) werden Aufträge mit Hilfe von Kursmaklern ausgeführt, die für die Geschäftsabwicklung verantwortlich zeichnen. Gegebenenfalls kaufen oder verkaufen sie die von ihnen betreuten Papiere auf eigene Rechnung, um für einen Ausgleich zwischen Angebot und Nachfrage zu sorgen (Ausgleich von Auftragsspitzen). Für ihre Dienstleistung berechnen sie die Courtage. Die Kursermittlung erfolgt in einem geschlossenen Orderbuch, das nur der jeweilige Kursmakler einsehen kann.[90] Der Handel erfolgt entweder in Form der Einheitskursermittlung oder als fortlaufende Notierung.[91] Bei der Einheitskursermittlung wird das Meistausführungsprinzip zugrunde gelegt, d.h. es wird der Kurs festgelegt, zu dem unter Berücksichtigung aller Kauf- und Verkaufsaufträgen der höchste Umsatz zustande kommt.

Für weniger liquide Wertpapiere wird einmal börsentäglich (ca. um 12 Uhr) ein Kassakurs nach dem Einheitskursverfahren berechnet. Der fortlaufende Handel ist als kontinuierliche Auktion organisiert. Hier werden die eintreffenden Aufträge bei identischer Kursvorstellung der beiden Handelsseiten mit bestehenden Orders zusammengeführt. Der fortlaufende Handel beginnt mit einer Eröffnungsauktion in dem ein Einheitskurs festgelegt wird, gefolgt von einer Unterbrechung im Rahmen der Mittagsauktion und endet mit der Schlussauktion. Für eine Ausführung im fortlaufenden Handel sind bestimmte Mindestschlussgrößen Voraussetzung. Zum Zeitpunkt der empirischen Untersuchung in Kapitel 4 waren im amtlichen Handel 50 Stück oder ein Vielfaches vorgegeben, im Neuen Markt hingegen lag der Mindestschluss bei einer Aktie.[92] Am Frankfurter Parkett kann eine Blocktransaktion somit im fortlaufenden Handel oder während der drei Auktionen zur Ausführung gelangen.

[90] Vgl. Gerke (1997), S. 99.
[91] Vgl. Gerke/Bank (1998), S. 279.
[92] Die Mindestschlussgrößen an den Regionalbörsen sind uneinheitlich geregelt, liegen aber meist bei einer Aktie.

2.5.1.2 Funktionsweise des XETRA-Systems

Zum Zeitpunkt der empirischen Studie wurde das elektronische Handelssystem XETRA in der Version Release 3 eingesetzt.[93] Seine wichtigsten Besonderheiten werden im folgenden dargestellt. Dabei wird nicht näher auf spezielle Schutzmechanismen zur Erhöhung der Preiskontinuität in Auktionen und dem fortlaufenden Handel eingegangen.[94] Im letzten Abschnitt wird zusätzlich auf Änderungen, die sich mit der neuen Version Release 5 inzwischen ergeben haben, kurz hingewiesen.

Im XETRA-System findet der Handel ohne die Zwischenschaltung amtlicher Kursmakler in einem elektronischen Handelssystem statt. Der Aktienhandel erfolgt fortlaufend oder in Auktionen. Der fortlaufende Handel beginnt mit einer Eröffnungsauktion und kann durch eine oder mehrere Auktionen innerhalb des Handelstages unterbrochen werden. Im fortlaufenden Handel können Aktien erst ab einer bestimmten Mindeststückzahl gehandelt werden.[95] Die höhere Mindeststückelung führt dazu, dass im fortlaufenden XETRA-Handel automatisch größere Transaktionen getätigt werden als auf dem Frankfurter Parkett. Während der Auktionsphasen erfolgt die Preisermittlung nach dem Meistausführungsprinzip, wobei die Aufträge nach Preis-Zeitpriorität ausgeführt werden.[96] Im Rahmen der Vorhandelsphase erhalten die Marktteilnehmer keinen Einblick in das Orderbuch. Im fortlaufenden Handel ist das Orderbuch für alle Teilnehmer offen, d.h. es werden die Auftragslimite und kumulierten Ordervolumina je Limit angezeigt. Während der Aufrufphase der Auktion ist das Orderbuch teilweise geschlossen, d.h. es wird lediglich ein indikativer Auktionspreis oder das beste Geld- und/oder Brieflimit angezeigt. Der Handelstag endet mit einer Schlussauktion. Eine wichtige Besonderheit des XETRA-Systems für Blockhändler ist die Anonymität bei der Auftragsabwicklung, d.h. es ist nicht erkennbar, welcher Marktteilnehmer eine bestimmte Order eingegeben hat.

Bei den Auftragszusätzen in XETRA besteht die Möglichkeit, eine Order nur für die Eröffnungsauktion, Schlussauktion oder für alle Auktionen, die innerhalb eines Tages stattfinden, ausführen zu lassen. Zusätzlich findet seit der Einführung von XETRA Release 3 ein Handel der Designated Sponsors (vormals Betreuer) ausschließlich im Rahmen des XETRA-Systems statt. Das Element der Designated Sponsors wurde außer auf Titel des Neuen Marktes zusätzlich auf Werte des MDAX und

---

93 XETRA Release 3 wurde am 12. Oktober 1998 eingeführt Vgl. Deutsche Börse AG (1998), S. 4.

94 Diese bestehen in Form von Volatilitätsunterbrechungen und Market-Order-Unterbrechungen. Vgl. dazu ausführlich Deutsche Börse AG (1998), S. 24-27.

95 Diese liegt z.B. für Titel aus dem DAX und dem MDAX bei 100 Stück. Die Werte des Neuen Marktes können dagegen bereits ab einer Aktie gehandelt werden. Vgl. Bosch (2001), S. 37.

96 Aufträge mit dem gleichen Limit werden hingegen auf dem Parkett nicht zwangsläufig nach der Zeitprioritätsregel ausgeführt. Vgl. Francioni (1998), S. 55.

des SMAX ausgedehnt.[97] Durch das Stellen von Quotes (Geld-Brief-Spannen) sollen die Designated Sponsors den übrigen Marktteilnehmern Liquidität zuführen, indem sie zu einer Verbesserung der Transaktionsmöglichkeiten beitragen.

Zusätzlich ist es innerhalb des XETRA-Systems auch möglich, außerbörsliche Direktgeschäfte zwischen zwei Handelspartnern abzuschließen. Diese werden dann im Rahmen von XETRA ausgeführt. Das XETRA-System dient dabei aber lediglich zur Geschäftsanbahnung und -abwicklung in einem bilateralen Suchmarkt.[98]

Erst mit der Einführung von XETRA Release 5, das im Oktober 2000 den Betrieb aufgenommen hat, wird mit dem speziellen Ordertyp der Iceberg Order den Marktteilnehmern die Möglichkeit gegeben, eine große Order unter Vermeidung von adversen Informationseffekten in den Markt zu geben. Bei dieser Auftragsvariante kann eine Blockorder in das Orderbuch eingestellt werden, ohne dass das dahinterstehende Gesamtvolumen für die anderen Marktteilnehmer sichtbar wird.[99] Eine Iceberg Order muss ein bestimmtes Limit, das Gesamtvolumen des Auftrags und den sichtbaren Anteil des Gesamtauftrages („peak volume") enthalten. Für DAX-Werte beträgt die Mindestordergrösse z.B. 10.000 Stück bei einem minimalen Peak von jeweils 1.000 Stück. Kommt es zu einer Ausführung des offengelegten Teilauftrages, wird ein weiterer Peak mit einem neuen Zeitstempel in das Orderbuch gegeben, bis die gesamte Iceberg Order abgearbeitet ist. Diese Orderform ist nur für den jeweiligen Handelstag gültig.[100] Für die tägliche Händlerpraxis erweist sich die Iceberg Order allerdings als relativ unflexibel. Erst durch zusätzliche Softwareanwendungen unabhängiger Anbieter wird es ermöglicht, automatisch gesteuerte Limitanpassungen durchzuführen und zusätzlich manuelle Teilausführungen vorzunehmen.[101]

Im XETRA-System besteht für den Auftraggeber einer Blocktransaktion somit die Wahl zwischen unterschiedlichen Ausgestaltungen der Orderbuchtransparenz (je nachdem ob der fortlaufende Handel oder die periodischen Auktionen gewählt werden) und die zusätzliche Option einer Iceberg Order als spezieller Auftragsform.

---

[97] Vgl. Bosch (2001), S. 157.
[98] Vgl. Deutsche Börse AG (2001d), S. 16.
[99] Vgl. Deutsche Börse AG (2001d), S. 14.
[100] Vgl. Deutsche Börse AG (2001d), S. 14.
[101] Vgl. Plenum Systems (2002), o. S.

2.5.1.3 Das Blockhandelssegment XETRA XXL

Im März 2001 wurde von der Deutschen Börse AG im Rahmen von XETRA Release 5.0 ein spezielles Marktsegment zur Durchführung des Blockhandels auf der Basis des bestehenden XETRA-Handelssystems eingeführt.[102] Damit wird der Forderung nachgekommen, die Voraussetzungen für die Abwicklung von Blocktransaktionen innerhalb des elektronischen Handelssystems zu schaffen und eine Abwanderung des Handelsvolumens in deutschen Aktien an ausländische Börsen bzw. den außerbörslichen Handel zu verhindern.[103] Die Umsetzung von XETRA XXL ist hauptsächlich als Antwort auf die immer stärker werdende Konkurrenz durch den letztgenannten außerbörslichen Handel zu werten. Mit dem neuen System ist die Deutsche Börse AG die erste europäische Börse, die ein spezielles Segment für den vollelektronischen Blockhandel anbietet.[104] Das Marktmodell von XETRA XXL ist als Crossing-System[105] konzipiert und eng in das XETRA-Marktmodell eingebunden. Es weist aber einige Besonderheiten auf. Die wichtigsten Unterschiede zum regulären XETRA-Handel werden im folgenden kurz erläutert und diskutiert:[106]

1. Gehandelt werden ausschließlich DAX 30 und MDAX-Werte. Bei den DAX 30-Werten liegen die Mindestabschlussgrössen zwischen drei Mio. und sieben Mio. €, für die MDAX-Werte reicht die Spanne von 0,5 Mio. bis 1 Mio. €. Das kleinste Ausführungsvolumen für die Teilausführung einer Order liegt bei 25% der Mindestordergröße.[107]
2. Der Handel findet in mehreren Auktionen statt, die über den gesamten Handelstag verteilt sind. Derzeit werden insgesamt drei Auktionen je Handelstag durchgeführt (10 Uhr, 14 Uhr und 17 Uhr).[108]
3. Bei der Ausführung der Orders besteht eine Volumen/Zeit-Priorität. Diese Prioritätsregelung soll dafür sorgen, dass es möglichst nicht zu Teilausführungen der Blockorders kommt.

---

102 Vgl. Deutsche Börse AG (2001a)
103 Vgl. Gerke/Rasch (1992b), S. 193.
104 Vgl. Deutsche Börse AG (2001), o. S.
105 Vgl. die Erläuterung diese Begriffes in Kapitel 2.5.2.
106 Vgl. zu den Besonderheiten des XETRA-XXL-Marktmodells Deutsche Börse AG (2001a), S. 3 - 4. Stand der Beschreibung des Marktmodells: 22.2.2001.
107 Vgl. Deutsche Börse AG (2001b), S. 17.
108 Die Zeitangaben sind als ungefähr zu verstehen, da bei DAX- und MDAX-Werten die Auktionen zu unterschiedlichen Zeitpunkten stattfinden.

4. Der Ausführungspreis wird durch den aktuellen Mittelkurs (Kurs zwischen bestem Geld- und Briefkurs) im regulären XETRA-Handel vorgegeben. Ein indikativer Mittelkurs wird bereits während der Auktionsphase angezeigt. Die Aufrufphase vor der Auktion hat eine zufällige Länge von maximal fünf Minuten.
5. Die möglichen Auftragsarten beschränken sich auf Market- und Limitorders mit Tagesgültigkeit. Da sich der Ausführungspreis am Mittelkurs des regulären XETRA-Handels orientiert, haben die angegebenen Limite keine Preisfindungsfunktion sondern dienen lediglich als Ausführungsbedingungen.
6. Während des Handels bleibt das Orderbuch für dieses Segment vollständig geschlossen. Erst am Ende des Handelstages wird die Identität der anderen Handelsseite im Rahmen der Schlussnote veröffentlicht. Die Marktteilnehmer erhalten direkt nach der Durchführung ihrer Transaktion eine Bestätigung über das jeweilige Volumen und den Ausführungskurs. Das geschlossene Orderbuch und die verzögerte Umsatzpublizität dienen dazu, die Anonymität der Marktteilnehmer zu wahren und einen Market Impact aufgrund des hohen Volumens zu vermeiden.
7. Es finden keine Volatilitätsunterbrechungen oder Unterbrechungen von Market-Orders in der Auktion statt.
8. Als Schutzmechanismen für die Ausführung von Orders dient die Festlegung eine maximalen Spreads. Dieser darf im regulären XETRA-Handel nicht überschritten werden, damit der XETRA-Mittelkurs als Referenzpreis angesetzt werden kann. Zudem muss der Mittelkurs eine vorher definierte Zeitnähe aufweisen. Sind diese beiden Bedingungen nicht erfüllt, werden die Blockorders in der betreffenden Auktion nicht gematcht. Die Ausführung zum Mittelkurs führt dazu, dass eine Blocktransaktion in XETRA XXL mit niedrigeren Transaktionskosten verbunden ist als im regulären XETRA-Handel.

Aus der Gesamtmarktperspektive ist es als positiv zu werten, dass ein offizieller und regulärer Börsenkurs als Referenzpreis für die Blocktransaktion herangezogen wird. Problematisch erscheint allerdings die Tatsache, dass die eingestellten Blockaufträge keinen eigenen Beitrag zur Preisfindung leisten und auch nicht die Möglichkeit besteht, mehrere kleinere Orders aus dem regulären XETRA-Handel mit den Blockorders zusammenzuführen.

Lediglich rund die Hälfte der XETRA-Teilnehmer war kurz nach Handelsstart parallel an das XETRA-XXL-System angeschlossen und selbst einige Wochen nach der

Einführung des neuen Systems war die Marktakzeptanz immer noch niedrig und es wurde kein einziges Geschäft darüber abgewickelt.[109] Kritisiert wird von den Marktteilnehmern, dass die Auktionen lediglich dreimal täglich stattfinden, weil Auftraggeber eines Blocks eher bereit seien, im Gegenzug für eine sofortige Ausführung auch marktentfernte Preise in Kauf zu nehmen.[110] An eine Anhebung der Mindestvolumina zur Belebung des Handels ist von Seiten der Deutschen Börse AG allerdings nicht gedacht, weil darin die Gefahr gesehen wird, dass Liquidität aus dem regulären XETRA-System abwandert.[111] Die Makler hegen teilweise die Befürchtungen, das neue System könne den Anteil der interessewahrenden Orders[112] stark reduzieren.[113] Fraglich ist auch, ob zwischen XETRA XXL und der Iceberg-Faszilität im regulären XETRA-Handel nicht eine Konkurrenzbeziehung besteht und aus diesem Grund in XETRA XXL nur ein geringes Handelsinteresse festzustellen ist.

2.5.1.4 Aufteilungsmöglichkeiten einer börslichen Blockorder

Hat ein Marktteilnehmer die Entscheidung getroffen, einen großen Kauf- oder Verkaufsauftrag an einer deutschen Börse auszuführen, ohne dabei einen größeren Market Impact in Kauf nehmen zu wollen, stehen ihm mehrere Möglichkeiten offen, um diese Blockorder aufzuteilen. Dabei soll davon ausgegangen werden, dass der Auftraggeber eine möglichst zeitnahe Ausführung der Transaktion wünscht und deshalb lediglich eine Aufteilung des Blocks im fortlaufenden Börsenhandel betrachtet wird. In Abbildung 2-3 werden die Aufteilungsmöglichkeiten, die mit der Aufgabe einer Blockorder (BO) bzw. der Ausführung einer Blocktransaktion (BT) verbunden sind, schematisch am Beispiel einer Verkaufsorder dargestellt, die ein institutioneller Investor im fortlaufenden Handel am Markt unterbringen will.[114]

---

[109] Vgl. Trost (2001), o. S. Für viele DAX-Werte besteht nach Händlerangaben auf XETRA eine ausreichende Liquidität, was einen Handel auf dem neuen System nicht als notwendig erscheinen lässt.

[110] Vgl. Denzin (2001), o. S.

[111] Vgl. Trost (2001), o. S.

[112] Beim Vorliegen einer interessewahrenden Order wird ein Kreditinstitut angewiesen, einen meist großvolumigen Auftrag so auszuführen, dass dabei ein möglichst geringer Market Impact entsteht. Dabei kann, je nach Marktlage, eine mehrfache Aufteilung dieser Order in mehrere kleine Orders erfolgen. Vgl. dazu auch Kap. 4.2.

[113] Vgl. Denzin (2001), o. S.

[114] Die geschilderten Möglichkeiten der Orderaufteilung gelten prinzipiell auch für die Einheitskursfeststellung. Allerdings ist aufgrund der wesentlich höheren Handelsvolumina besonders während der Mittagsauktion oder der Schlussauktion auf XETRA eine Aufteilung wenig gebräuchlich. Hier muss vielmehr die Überlegung getroffen werden, ob eine Order allmählich im kontinuierlichen Handel untergebracht werden soll, oder ob stattdessen, evtl. zu einem späteren Zeitpunkt, eine Ausführung der gesamten Blockorder im Rahmen der Einheitsnotierung erfolgen soll.

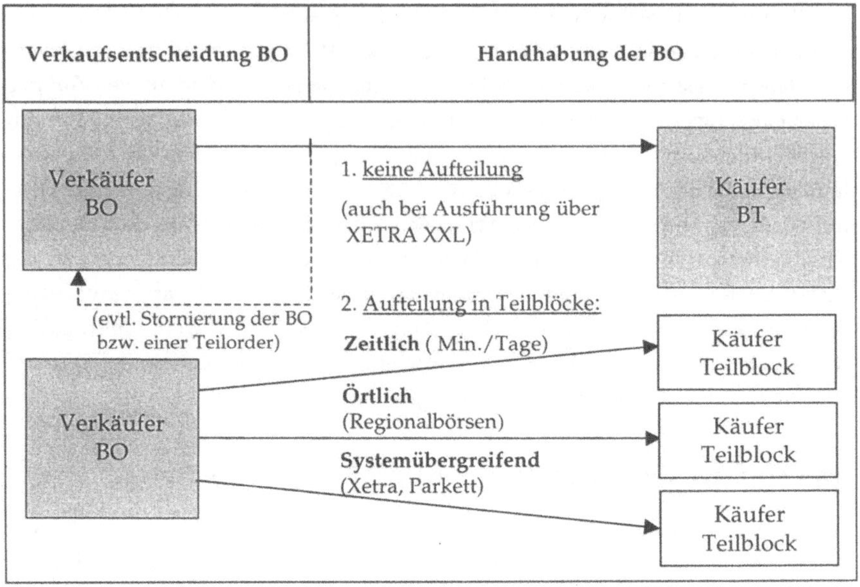

Abbildung 2-3: Aufteilungsmöglichkeiten einer börslichen Blocktransaktion im fortlaufenden Handel am Beispiel eines Verkaufes[115]

Nachdem sich der Entscheidungsträger dazu entschlossen hat, den Block zu verkaufen, bestimmt daraufhin meist die Handelsabteilung des Kreditinstituts oder der Fondsgesellschaft darüber, ob der Auftrag als ganzes ausgeführt oder in mehreren unterschiedlichen Dimensionen aufgeteilt werden soll. Meist wird die letztere Entscheidung getroffen, wenn der vermutete Market Impact eines großen Einzelauftrags als zu hoch bzw. die Ausführungsdauer als zu lange eingeschätzt wird. Zu beachten ist, dass die gebräuchliche Strategie, eine große Order in mehrere gleichgroße Teilaufträge aufzuteilen, lediglich unter bestimmten Annahmen zu einem besseren Ergebnis verhilft als eine Ausführung des gesamten Blocks. So muss der Market Impact eine lineare Funktion der Ordergröße darstellen, einen *permanenten* Preiseffekt auslösen und die Kurse müssen einem Random Walk Prozess folgen.[116] In die endgültige Entscheidung müssen auch immer die fixen Ausführungskosten jedes Auftrags miteinbezogen werden, worauf an dieser Stelle aber nicht näher eingegangen werden soll (Vgl. dazu die Ausführungen in Kapitel 4.6).

In Abbildung 2-3 ist oben die Ausführung einer Blockorder in einem einzigen Auftrag schematisch dargestellt. Darunter sind verschiedene Aufteilungsmöglichkeiten

[115] Quelle: Eigene Darstellung.
[116] Vgl. Bertsimas/Lo (1998), S. 43.

abgebildet. Die erste Möglichkeit besteht im zeitlichen Splitten des Transaktionswunsches auf mehrere Stunden oder sogar Tage (siehe Abbildung 2-3). Des weiteren kann eine Blockorder auf mehrere Regionalbörsen aufgeteilt werden, sofern eine Aktie an diesen nationalen Börsen gehandelt wird. Eine weitere verbreitete Methode besteht in der Aufteilung am gleichen Börsenplatz aber auf verschiedene Handelssysteme, wie das XETRA-System und das Frankfurter Parkett, um insgesamt einen besseren Durchschnittspreis zu erhalten.[117] Die geschilderten Aufteilungsmöglichkeiten können auch kombiniert eingesetzt werden. Z.B. lässt sich eine große Order in kleinere Aufträge über den Tag verteilen und gleichzeitig über XETRA und das Frankfurter Parkett in den Markt geben. In seltenen Fällen kann auch der Fall eintreten, dass eine eingestellte Limitorder wieder von dem Auftraggeber gelöscht wird.[118]

Das Aufteilen eines großen Transaktionswunsches in mehrere kleinere Teilblocks ist bei Aktien mit niedrigerer Marktkapitalisierung tendenziell häufiger der Fall.[119] Falls es sich bei der ursprünglichen Blockorder auf der linken Seite der Abbildung 2-3 um einen sehr großen Block handelt ist es durchaus denkbar, dass bei einer Aufteilung in nur wenige Teilaufträge diese wiederum aufgrund ihrer Größe immer noch als (kleinerer) Block wahrgenommen werden.

Darüber hinaus ist ebenso die Aufteilung einer Blockorder auf in- und ausländische Börsen denkbar. Eine solche Vorgehensweise ist lediglich bei großen Standardwerten möglich, die an mehreren internationalen Börsen gelistet sind. Sie ist zudem im Fall der beiden wichtigsten Börsen in New York (NYSE) und London (LSE) mit einer größeren Ausführungsunsicherheit behaftet, die bei der strategischen Aufteilung einer Order berücksichtigt werden muss.[120]

Durch die Vielzahl an Möglichkeiten, eine Order aufzuteilen, wird es quasi unmöglich, die Gesamtheit aller Blockaufträge ausschließlich anhand von Transaktionsdaten zu identifizieren. Auch wenn eine Blockorder nicht aufgeteilt und damit in voller Höhe in das Orderbuch eingestellt wird, besteht je nach Marktkonfiguration die Möglichkeit, dass mehrere Teilausführungen erfolgen und der Block nur langsam abgearbeitet werden kann. Je größer eine Order im Verhältnis zu durchschnittlich großen Börsenaufträgen ist, desto wahrscheinlicher erfolgen auch Teilausführungen. Eine im Anfangszustand große Order lässt sich somit am Ende des Abwicklungsprozesses möglicherweise nicht mehr als Blocktransaktion identifizieren.

---

[117] Vgl. Pagano/Steil (1996), S. 18

[118] Vgl. dazu Chan/Lakonishok (1995), S. 1150.

[119] Vgl. Chan/Lakonishok (1995), S. 1164. Vgl. zu dieser Aussage auch die Umfrageergebnisse in Kapitel 2.6.2.

[120] In beiden Fällen besteht für deutsche Anleger ein Währungsrisiko und zudem kann an den US-amerikanischen Börsen aufgrund der Handelszeitverschiebung nicht immer eine zeitnahe Ausführung der Blocktransaktion gewährleistet werden.

In einem elektronischen Handelssystem wie XETRA mit automatischem Matching erscheint die Teilausführung eines Blocks wahrscheinlicher als bei einem maklergestützten Parketthandel, da hier der Makler als Kontrahent zwischen Käufer und Verkäufer hinzutritt. Diese Aussagen gelten lediglich für eine Ausführung im fortlaufen Handel. Bei der Einheitskursfeststellung ist eine Teilausführung in beiden Fällen hingegen gleich wahrscheinlich.

2.5.2 Außerbörslicher Blockhandel

Alle Blocktransaktionen, die nicht über eine Börse abgewickelt werden, finden im Rahmen des außerbörslichen Handels statt.[121] Zuverlässige Zahlenangaben über die umgesetzten Volumina liegen für diese Organisationsform des Blockhandels in Deutschland nicht vor.[122] Es kann lediglich gesagt werden, dass die gehandelten Durchschnittsvolumina hier deutlich höher liegen als bei börslichen Transaktionen, da in diesem Segment hauptsächlich institutionelle Anleger als Marktteilnehmer auftreten.

Im Regelfall nimmt der Auftraggeber im außerbörslichen Blockhandel den direkten Kontakt mit der potentiellen Marktgegenseite auf.[123] Investmentbanken treten hier aber auch als Market Maker auf, die Blocks zu einem festen Kurs in ihren Bestand nehmen.[124] Eine reine Vermittlung von Blocktransaktionen bieten dagegen kleinere Wertpapierhandelshäuser und Makler an, wobei hier das Kursänderungsrisiko bis zur endgültigen Abwicklung der Blocktransaktion beim Auftraggeber verbleibt.[125] Der Vorteil dieser Art der Geschäftsabwicklung besteht darin, dass für den Initator der Transaktion adverse Preiseffekte vermieden werden können Charakteristisch für die beiden genannten Formen des außerbörslichen Blockhandels ist die Unterbringung sehr großer Blocks (meist auch Pakete), die von einem einzelnen Anleger gehalten werden. Als jüngstes Beispiel sei an dieser Stelle eine Transaktion der Siemens AG über 40 Mio. Infineon-Aktien vom 8.1.2002 genannt.[126] Trotz der Inanspruch-

---

121 Diese Aufteilung wird ebenso im Rahmen der späteren empirischen Studie in Kapitel 4 getroffen. Für eine ausführliche Definition des außerbörslichen Handels vgl. Stenzel (1995), S. 32 – 35.

122 Vgl. Deutsche Börse AG (1999), S. 30. Angaben zu Volumina und Struktur der handelnden Akteure werden meist aus Wettbewerbsgründen von den Anbietern geheimgehalten.

123 Vgl. Stenzel (1995), S. 45.

124 Im Falle eines Verkaufsblocks wird dabei ein Kursabschlag, bei Kaufblocks ein Kursaufschlag in Höhe von 1%-10% auf den aktuellen Aktienkurs berechnet. Vgl. Lee (1991), S. 65.

125 Vgl. Stenzel (1995), S. 46.

126 Vor Beginn des Börsenhandels wurden außerbörslich 40 Mio. Infineon-Aktien von Goldman Sachs im Wert von ca. 1 Mrd. € an institutionelle Investoren verkauft. Das Volumen entspricht mehr als dem 10-fachen des Tagesumsatzes an der Börse. Vgl. o.V. (2002), S. 17.

nahme von Intermediären ist die Suche nach geeigneten Handelspartnern in diesem wenig organisierten Markt allerdings zeit- und kostenintensiv.[127]

Deshalb wurde mithilfe sogenannter Alternativer Handelssysteme (Alternative-Trading-Systems, ATS) eine weitere außerbörsliche Handelsmöglichkeit mit höherem Organisationsgrad geschaffen. Diese Systeme sind als Oberbegriff für unterschiedliche Typen alternativer Handelsplattformen zu verstehen, an denen Wertpapiere gehandelt werden.[128] Eigentümer dieser ATS sind vor allem Broker und Investmentbanken.[129] Der Begriff der ATS lässt sich in mehrere Untergruppen aufteilen, wobei an den US-amerikanischen Kapitalmärkten eine andere Begriffsfestlegung existiert als in Deutschland bzw. Europa.[130]

In dieser Arbeit wird die deutsche Begriffsfestlegung verwendet. Für den Blockhandel sind aus dem gesamten Bereich der ATS lediglich die Proprietary Trading Systems (PTS) relevant. Dabei handelt es sich um elektronische Systeme, die einen anonymen Wertpapierhandel zwischen meist professionellen Teilnehmern nach festgelegten Regeln ermöglichen.[131] PTS stellen ebenso wie traditionelle Börsen lediglich einen Handelsplatz zur Verfügung ohne selbst Finanzierungs- oder Risikoträgerfunktionen wahrzunehmen.[132]

In den USA besitzen die PTS bereits einen hohen Anteil am gesamten Wertpapierhandel. Dort beträgt der Anteil von PTS wie „Instinet" und „Island" am Handel mit Aktien, die an der NASDAQ gelistet sind rund 20% des dortigen Handelsvolumens.[133] Dieser Umsatzanteil fällt an europäischen Kapitalmärkten wesentlich geringer aus, da hier die modernen elektronischen Handelsplattformen mit relativ niedrigen Transaktionskosten im starken Wettbewerb zu den PTS stehen.[134] Der einzige größere Anbieter auf dem deutschen Markt ist bislang Instinet. In ganz Europa hat sich dieses System auf den Blockhandel institutioneller Anleger spezialisiert.[135] Die eingegebenen Auftragsvolumina sind auf dieser Handelsplattform von anderen Händlern einsehbar, die Anonymität der Marktteilnehmer bleibt hingegen gewahrt.[136] Die Gefahr eines adversen Informationseffektes bei der Eingabe einer Blockorder ist somit ebenfalls gegeben. Instinet bietet aber zusätzlich die Möglich-

---

127 Vgl. Gerke, W. (1991), S. 1.
128 Vgl. Deutsche Börse AG (1999c), S. 4.
129 Vgl. Deutsche Börse AG (1999c), S. 9.
130 In Deutschland wird dieser Begriff in Bulletin Boards (BB), Electronic Communication Networks (ECN), und Proprietary Transaction Systems (PTS) eingeteilt. Vgl. Deutsche Börse AG (1999c), S. 22
131 Damit entspricht diese Definition weitestgehend der Begriffsbestimmung von Electronic Communication Networks (ECN) in den USA.
132 Vgl. Gruber/Grünbichler (2000), S. 769.
133 Vgl. Bloomfield/O'Hara (2000), S. 426.
134 Vgl. Deutsche Börse AG (1999c), S. 2 - 3.
135 Vgl. Deutsche Börse AG (1999d), S. 30.
136 Vgl. Clemons/Weber (1998), S. 46.

keit, eine Blockorder gleichzeitig auf mehrere internationale Börsen aufzuteilen oder alternativ den Kontakt zu institutionellen Investoren an allen wichtigen internationalen Finanzzentren herzustellen.[137] PTS werden in Deutschland nicht von der Wertpapieraufsicht überwacht, da sie nicht den Status einer eingetragenen Börse besitzen.[138] Die Mehrzahl der PTS sind als Call Märkte konzipiert, d.h. es wird in periodischen Auktionen der Markträumungspreis ermittelt, zu dem der höchste Umsatz erzielt werden kann.[139]

Das elektronische Handelssystem Tradepoint erlaubt sowohl den Brokern bzw. Dealern und den institutionellen Investoren direkt und anonym untereinander zu handeln. In diesem System findet der Handel bei liquiden Aktien in einer kontinuierlichen Auktion statt, bei weniger liquiden Titeln im Rahmen einer Call-Auktion. Als weitere Organisationsform im Rahmen der ATS können noch sogenannte Crossing Systeme angeführt werden, die keine eigene Preisfeststellung durchführen, d.h. die vorliegenden Aufträge werden zu festgelegten Zeitpunkten auf der Basis eines regulären Börsenpreises ausgeführt.[140] In diese Kategorie kann auch das von der Deutschen Börse betriebene Handelssystem XETRA XXL eingeordnet werden.

Die Vorteile der PTS werden in der computerunterstützten Abwicklung komplizierter Handelsstrategien gesehen wie z.B. dem sogenannten Basket-Handel, der die Umschichtung ganzer Portfolios umfasst.[141] Außerdem bieten diese Systeme z.T. niedrigere Transaktionskosten und eine längere Handelszeit als die traditionellen Börsen.[142] Mögliche Nachteile der PTS sind darin zu sehen, dass sie zu einer weiteren Marktfragmentierung beitragen. Investoren können große Transaktionen nicht immer zum bestmöglichen Preis abschließen, da die Suche nach dem optimalen Preis bei mehreren parallel bestehenden Märkten wiederum mit erhöhten Kosten verbunden ist.[143]

2.5.3 Blockhandel am Upstairs Market und Downstairs Market der New York Stock Exchange

An der New York Stock Exchange (NYSE) als wichtigstem Börsenplatz der Welt stehen zwei unterschiedliche Möglichkeiten zur Verfügung, eine Blockorder am Markt zu platzieren. Zunächst kann die Order direkt über den *Downstairs Market*

---

[137] Vgl. Instinet (1999), S. 1

[138] Vgl. Gruber/Grünbichler (2000), S. 773.

[139] Vgl. Gruber/Grünbichler (2000), S. 771.

[140] Vgl. Deutsche Börse AG (1999c), S. 4-5. Als Abrechungskurs wird dabei die Mitte der aktuellen Geld-Brief Spanne oder der entsprechende Tageschlusskurs festgelegt.

[141] Vgl. Deutsche Börse AG (1999), S. 30.

[142] Vgl. Gruber/Grünbichler (2000), S. 773

[143] Vgl. Deutsche Börse AG (1999), S. 16.

ausgeführt werden. In diesem Marktsegment findet ein kontinuierlicher Auktionshandel auf dem Parkett und eine Einheitskursnotierung zu den Eröffnungszeitpunkten und den „after-hours sessions" statt.[144] Bisher lag am Downstairs Market, analog zum Frankfurter Parkett, ein geschlossenes Orderbuch vor. Seit dem Jahr 2002 ist es Marktteilnehmern auch möglich, gegen eine Gebühr die limitierten Kauf- und Verkaufsaufträge im Orderbuch der jeweiligen Specialists einzusehen.[145]

Die zweite Möglichkeit besteht darin, eine Blockorder an den dafür spezialisierten *Upstairs Market* zu geben, wo ein Blockbroker das Ausführen großer Aktienaufträge erleichtert, indem er die Marktgegenseite ausfindig macht. Etwa 40% des Handelsvolumens wird derzeit über den Upstairs Market ausgeführt.[146] Die aufgegebenen Blockorders tauchen nicht in den Limit-Orderbüchern auf, da sie direkt von Parketthändlern und Specialists ausgeführt werden. Dieses Marktsegment ist als Suchmarkt charakterisiert, d.h. die Preisbildung erfolgt auf dem Verhandlungsweg.

Der typische Handelsablauf am Upstairs Market gestaltet sich wie folgt. Ein institutioneller Investor verhandelt mit einer Maklerfirma (brokerage firm) oder einem Blockhändler. Dabei wird festgelegt, ob die Blocktransaktion sofort und zu einem bereits zuvor festgelegten Kurs oder über einen längeren Zeithorizont (möglich sind dabei bis zu mehrere Wochen)[147] ausgeführt werden soll. Im letztgenannten Fall steht der Ausführungskurs erst fest, sobald die gesamte Blocktransaktion durchgeführt wurde. Bei der sofortigen Ausführung des Blocks nimmt der Blockhändler die Marktgegenseite ein und kontaktiert einen Parketthändler an der NYSE, der die Maklerfirma auf der Kauf- und Verkaufseite des Crossing-Geschäftes vertritt.[148] Der Parketthändler nennt einen Kurs („crossing price"), zu dem er bereit ist, die Blocktransaktion durchzuführen. Bevor das Crossing-Geschäft getätigt werden kann, muss der Parketthändler alle Orders ausführen, die sich im Limitorderbuch des Specialists befinden oder von den anderen Parketthändlern zum Zeitpunkt des Crossings vorliegen. Dabei werden die Aufträge der Marktteilnehmer berücksichtigt, die zum „crossing price" kaufen (verkaufen) wollen und höher (niedriger) limitierte Aufträge. Der vereinbarte Kurs eines Blockhändlers wird für verkäuferinitiierte (käuferinitiierte) Blocks meist über (unter) dem aktuellen (Briefkurs) Geldkurs festgelegt. Durch diese Regelung kommt auf dem Upstairs Market der gleiche Aktienkurs zustande

144 Vgl. z.B. Madhavan/ Cheng (1997), S. 176.

145 Vgl. o.V. (2002), S. 22. Die Specialists können - vergleichbar zu den amtlichen Kursmaklern an der deutschen Börse - mit eigenem Kapital Marktungleichgewichte egalisieren. Limitierte Aufträge machen ca. 80% aller Orders an der NYSE aus.

146 Vgl. o.V. (2002), S. 22.

147 Vgl. z.B. Holthausen/Leftwich/Mayers (1987), S. 265.

148 Die Blockhändler gehen in der Regel nur auf Verkaufsorders ein. Das Einnehmen einer short-Position wird nur selten praktiziert, da liquiditätsmotivierte Transaktion nur bei Verkäufern eines Blocks auftreten Vgl. Holthausen/Leftwich/Mayers (1987), S. 265, Fußnote Nr.1.

wie am Downstairs Market und die Preis- und Zeitpriorität der Aufträge im Orderbuch bleibt bestehen.

2.5.4 Blockhandel an der London Stock Exchange

In Europa ist die London Stock Exchange (LSE), gemessen an ihrer Marktkapitalisierung und den gehandelten Volumina, die größte europäische Börse.[149] Bereits Mitte der 80er Jahre kam es an der LSE zu einer Umstellung auf das elektronische SEAQ-System, das dem Handelssystem der amerikanischen Nasdaq nachempfunden wurde. Die bisherige Struktur eines Händlermarktes (Dealership Market) mit Market Makern wurde allerdings beibehalten. An dem Segment SEAQ International (SEAQ-I) werden Aktien gehandelt, die nicht an der Londoner Börse beheimatet sind (sogenannte „non-UK-stocks").

Im Vergleich zu anderen europäischen Börsen ist der Anteil deutscher Aktien, der an SEAQ-I gehandelt wird, relativ gering. Im Vergleich zur Heimatbörse Frankfurt betrug der Umsatzanteil von SEAQ-I für DAX – Aktien Anfang 1995 lediglich rund 8%.[150] Als Grund für den Rückgang des SEAQ-I-Anteils im Verhältnis zu dem gehandelten Volumen an den jeweiligen europäischen Heimatbörsen in den letzten Jahren wird die Einführung neuer elektronischer Handelssysteme in Kontinentaleuropa genannt. Für jede Aktie stellen konkurrierende Market Maker an der LSE feste Quotes (Geld und Brief-Kurse). Der Hauptgrund für den regen Handel institutioneller Anleger an der LSE liegt in der Bereitstellung von Immediacy durch die Market Maker. Im Vergleich zu den kontinentaleuropäischen Börsen mit ihrer auktionsbasierten Marktstruktur kann somit auch bei sehr großen Blocktransaktionen eine sofortige Abwicklung garantiert werden.[151]

An der LSE bemisst sich das Vorliegen eines Blocks als Vielfaches der sogenannten „normal market size" (NMS).[152] Eine Transaktion in inländischen Aktien gilt demnach als Blocktransaktion, wenn mindestens das 75-fache der NMS umgesetzt wird (bei Aktien mit einer NMS von 2000 oder einer höheren Stückzahl) bzw. bei einer Transaktionsgröße, die mindestens das 50-fache der NMS beträgt (für Aktien mit einer NMS von 500 bis 1000 Stück). Die letztgenannte Definition gilt auch für den

---

[149] Vgl. Micheler (2000), S. 994.

[150] Vgl. Pagano/Steil (1996), S. 10.

[151] Vgl. Pagano/Steil (1996), S. 5.

[152] Die NMS bezeichnet für jede Aktie eine unterschiedliche durchschnittliche Stückzahl, die von der LSE in bestimmten Abständen festgelegt wird.

Handel mit internationalen Aktien.[153] Im Rahmen der Post-Trade Transparenz gelten differenzierte Veröffentlichungszeiträume für die genannten Blocktransaktionen. D.h. je nach Höhe der NMS gilt eine verspätete Veröffentlichungspflicht, gestaffelt von zwei Stunden bis zu fünf Tage nach Ausführung des Blocks.

Trotz der teilweise abnehmenden Bedeutung des Handels an der LSE im Vergleich zu den Volumina an den ausländischen Heimatmärkten, stellen die dortigen Market Maker immer noch die Hauptquelle für die Bereitstellung von Immediacy dar. Dies gilt sowohl bei der Durchführung von Blocktransaktionen als auch im Rahmen des zunehmenden Programmhandels.[154] Seit Oktober 1997 ist an der LSE ebenfalls das auktionsbasierte Handelssystem SETS (The Stock Exchange Electronic Trading System) für die Werte des FTSE 100 und des FTSE Eurotop 300 in Betrieb. Für die vollautomatisierte Ausführung von Blocktransaktionen auf einem elektronischen Handelssystem existiert seit Mai 2000 zusätzlich ein Crossing-System (SEAQ Crosses), dass in die Organisation der LSE eingebunden ist und große Parallelität zu der Marktstruktur von XETRA XXL aufweist. Auf diesem werden Aktien des FTSE-250-Index zu drei Auktionsterminen gehandelt.[155]

2.6 Institutionelle Investoren und börslicher Blockhandel

Die Gesamtheit aller Blocktransaktionen setzt sich aus Blocks institutioneller und privater Anleger zusammen, da nicht völlig ausgeschlossen werden kann, dass eine Transaktion am Aktienmarkt, die als Block identifiziert wird, bspw. von einem vermögenden Privatanleger getätigt wird. Betrachtet man allerdings die großen Aktienbestände, die von institutionellen Anlegern verwaltet werden, (s. Kapitel 2.6.1) so ist dieser Anlegergruppe aufgrund des hohen potentiellen Handelsvolumens der weitaus größte Anteil an den durchgeführten Blocktransaktionen zuzuordnen.[156] Infolgedessen wird in diesem Unterkapitel das Anlageverhalten dieser wichtigen Marktteilnehmer näher beleuchtet. Die eingehendere Betrachtung Institutioneller ist auch für einige der in Kapitel 3 vorgestellten Studien von Interesse, die explizit Transaktionen dieser Anlegergruppe untersuchen.

Die im folgenden dargestellten Befragungsergebnisse beziehen sich meist auf Börsentransaktionen Institutioneller, weil auf diesem Gebiet bereits zahlreiche vergleichen-

[153] Vgl. London Stock Exchange (2001), o. S. Für den Handel mit europäische Aktien können von der Börse auch niedrigere Vielfache der NMS festgesetzt werden.

[154] Vgl. Pagano/Steil (1996), S. 9. Unter Programmhandel wird die gleichzeitige Ausführung mehrerer Aktienaufträge in der Form eines Portefeuilles verstanden

[155] Vgl. London Stock Exchange (2001), o. S.

[156] Vgl. Chakravarty, (2001), S. 294.

de Studien vorliegen. Sie sollen für die spätere empirische Untersuchung eine Orientierung bezüglich Handelsmotivation und durchschnittlichem Transaktionsvolumen institutioneller Investoren geben.

Auf die vieldiskutierte Thematik des sogenannten Herdenverhaltens (herding) wird an dieser Stelle nicht näher eingegangen.[157] Diese Thematik wird erst später, im Rahmen der Umsetzung einer Handelsstrategie, aufgegriffen.[158]

2.6.1 Begriff und Relevanz institutioneller Investoren

Die Gruppe der institutionellen Anleger kann aufgrund ihrer hohen Anlagevolumina als Hauptakteur bei der Ausführung von Blocktransaktionen betrachtet werden. Zu diesem Kreis können am deutschen Aktienmarkt private Versicherungen, Kapitalanlagegesellschaften, Kreditinstitute, Pensionskassen bzw. Pensionsfonds, nicht finanzielle Unternehmen, Stiftungen und öffentliche Haushalte gezählt werden.[159]

Nicht bei allen genannten Institutionen erscheint jedoch die Durchführung von Blocktransaktionen am Aktienmarkt von hoher Relevanz. Als maßgeblich Beteiligte kommen von den genannten Institutionen insbesondere die privaten Versicherungen, Kapitalanlagegesellschaften, Kreditinstitute, Pensionskassen und Pensionsfonds in Frage.[160] Im Rahmen der wachsenden Institutionalisierung[161] des Investmentprozesses ist gleichzeitig eine Zunahme des Anteils der genannten Institutionen am börslichen Handelsvolumen festzustellen[162] Der Trend einer zunehmenden Delegation von privatem Sparkapital an professionelle Kapitalsammelstellen vollzieht sich auch auf der Ebene institutioneller Anleger, die zunehmend Spezialfondsanteile zeichnen, statt eine direkte Anlage ihrer Wertpapiere zu tätigen.[163] In Deutschland hat sich diese Entwicklung insbesondere seit Anfang der 90er Jahre immer mehr

157 Dieser Begriff beschreibt ein zeitweise von den Fundamentaldaten losgelöstes, gleichgerichtetes Anlegerverhalten. (Vgl. zu dieser Definition Deutsche Bundesbank (2001), S. 55.) Eine mögliche Folge ist eine Verstärkung des allgemeinen Markttrends infolge prozyklischer Tendenzen. Die Problematik bei der Untersuchung von Herdenverhalten besteht darin, dass bei der empirischen Untersuchung anhand von Kapitalmarktdaten nicht exakt zwischen scheinbarem und absichtlichem Herdenverhalten bei institutionellen Investoren differenziert werden kann. So liefert der Nachweis von Korrelationen bei den Handelsaktivitäten Institutioneller keine hinreichenden Beweise für das Vorliegen von Herdenverhalten. Einen Überblick empirischer Studien zur Herding-Thematik liefert Wermers (1999), S. 581-586.

158 Vgl. Kapitel 4.5.4.

159 Vgl. zu dieser Definition und der Abgrenzungsproblematik des Begriffes Steiger (2000), S. 27-28.

160 Diese Eingrenzung entspricht damit der gewählten Definition für „institutionelle Anleger" der Deutschen Bundesbank (1997), S. 29 bzw. der OECD (1997), S. 15. zuzüglich der Gruppe der Kreditinstitute, weil diese immer stärker auch im Wertpapiereigenhandel aktiv sind und dort z.T. große Handelsvolumina umsetzen.

161 Zur Definition des Begriffes vgl. Steiger (1998), S. 2. Der Begriff der Institutionalisierung umfasst an dieser Stelle nicht das bereits geschilderte Eigengeschäft der Kreditinstitute.

162 Schwartz/Shapiro (1990), S. 1 schätzen, dass 70% des Handels an der NYSE auf der Aktivität von institutionellen Marktteilnehmern beruht.

163 Vgl. Deutsche Bundesbank (2001), S. 46.

beschleunigt.[164] Der Vermögenszuwachs des von institutionellen Investoren verwalteten Vermögens betrug hier von 1990 bis 1998 rund 150% (gerechnet in USD).[165] Vergleicht man die Entwicklung des Aktienanteils, der von privaten Haushalten gehalten wird mit dem der Investmentfonds so zeigt sich für die erstgenannte Anlegergruppe in den Jahren 1991 bis 1999 nahezu eine Verdreifachung, wohingegen der Anteil der privaten Haushalte kontinuierlich rückläufig war.[166] Dies verdeutlicht die Konzentration des Aktienbesitzes weg von Privatanlegern hin zu Publikumsfonds.[167]

Zu beachten ist bei diesen Angaben, dass sich am deutschen Aktienmarkt ein hoher Anteil des Grundkapitals im Festbesitz befindet, was zu einer verringerten Liquidität am Sekundärmarkt führt.[168] Diese Arbeit legt den Fokus auf das börsliche Handelsvolumen, das im Zusammenhang mit dem Streubesitz (free float) einer Aktie steht. Die tatsächlichen Beteiligungsverhältnisse institutioneller Anleger werden hingegen nicht betrachtet.[169] Zumindest für den US-amerikanischen Aktienmarkt liegen dahingehend empirische Erkenntnisse vor, die zeigen, dass die Marktwirkung von Blocktransaktionen unabhängig von der Höhe des Besitzanteils institutioneller Investoren bei den einzelnen Aktientiteln ist.[170]

2.6.2 Untersuchungen zum Transaktionsverhalten institutioneller Investoren

Der Nachteil einer ausschließlich empirischen Analyse von Blocktransaktionen besteht darin, dass das Verhalten und die Handelsmotivation individueller Marktteilnehmer nicht isoliert betrachtet werden können.[171] Um dieses Defizit auszugleichen, werden an dieser Stelle Ergebnisse aus bisherigen Befragungen Institutioneller angeführt. Könnte man anhand dieser Umfragen z.B. feststellen, dass ein institutioneller Anleger der Beobachtung des Transaktionsverhaltens anderer institutioneller Marktteilnehmer große Bedeutung beimisst, so wäre eine wichtige Voraussetzung für das Vorliegen von Preiseffekten gegeben. Dieses Ergebnis könnte des weiteren mit dem vermuteten Informationsgehalt von Blocktransaktionen in Verbindung gebracht werden.

---

[164] Vgl. Deutsche Bundesbank (2001), S. 45.
[165] Vgl. OECD (2000), S. 20.
[166] Vgl. Deutsches Aktieninstitut (2000), S. 08.1-3.
[167] Vgl. für einen europäischen Vergleich dieser Tendenzen Gerke (2001), S. 5 – 12.
[168] So erhält Steiger (2000) bei seiner Befragung einen Festbesitzanteil von 26% für DAX-Werte bis hin zu 59% für Aktien des Neuen Marktes.
[169] Aus diesem Grund werden detaillierte Angaben über die Aufteilung der Portfolios institutioneller Anleger an dieser Stelle nicht weiter angeführt, da sie keinen direkten Schluss bezüglich ihrer Handelsaktivität an deutschen Börsen zulassen. Vgl. zu einem internationalen Vergleich der Portfoliostruktur institutioneller Anleger die Angaben in OECD (2000).
[170] Vgl. dazu die Ergebnisse der Studie von La Plante/Muscarella (1997), S. 108.
[171] Eine Ausnahme bildet z.B. die Untersuchung von Chan/Lakonishok (1993). Vgl. dazu Kap. 3.

Die im folgenden dargestellten Studien werden thematisch geordnet. Wichtige Befragungen, die vor allem das Anlageverhalten europäischer und speziell deutscher institutioneller Anleger beschreiben, sind **Schiereck(1995)**[172], **Schwartz/Steil (1996)**[173], **Steiger (2000)**[174] sowie **Deutsche Bundesbank (2001)**[175]. Die genannten Studien verwenden z.T. deckungsgleiche Fragenstellungen mit unterschiedlichen thematischen Schwerpunkten. Um einen direkten Bezug zur empirischen Untersuchung am deutschen Aktienmarkt herzustellen, werden insbesondere Antworten deutscher Institutioneller berücksichtigt. Deshalb stehen bei identischen Fragestellungen die Studien **Steiger (2000)** und **Deutsche Bundesbank (2001)** im Vordergrund. In den folgenden Abschnitten werden die wichtigsten Aussagen zu den abgefragten Themen beschrieben.

Aussagen der Studien zu grundsätzlichen Kriterien bei der Aktienauswahl

Der Großteil der von institutionellen Investoren gehaltenen Aktien wird in Standardwerte, also Aktientitel mit hoher Marktkapitalisierung, investiert.[176] Dies hat für die Stichprobe der späteren empirischen Studie zur Folge, dass eine gewisse Mindestgröße bei der Marktkapitalisierung der ausgewählten Aktien getroffen werden sollte. Damit könnten die Aktien der Stichprobe auch als potentielles Anlageobjekt für einen institutionellen Investor in Frage kommen; ein gehäuftes Auftreten von Blocktransaktionen kann somit erwartet werden.

Aussagen der Studien über die gehandelten Transaktionsvolumina

Steiger (2000) ermittelt ein durchschnittliches Transaktionsvolumen, das mit abnehmender Marktkapitalisierung in den einzelnen Börsensegmenten ebenfalls sinkt. So wird für Werte des DAX 30 ein durchschnittliches Volumen von rund 3 Mio. €, im

---

[172] Der Autor untersucht die Börsenplatzentscheidungen institutioneller Investoren beim Handel mit international notierten deutschen Aktien. Der Autor stellt eine Zielstruktur für die Wahl des Börsenplatzes anhand verschiedener Kriterien auf. In diesem Zusammenhang ermittelt er anhand einer Umfrage unter 255 (59 letztlich ausgewertet) Kreditinstituten deren Bewertung der zur Auswahl stehenden alternativen Börsen. Unter den Befragten der ausgewerteten Antworten sind überwiegend deutsche Banken mit Sitz an der Frankfurter Wertpapierbörse. Verglichen wurde dabei der Handel in deutschen Aktientiteln am Frankfurter Parkett, in IBIS, Paris, London (SEAQ I) und Zürich.

[173] Die Autoren werten Antworten von 59 institutionellen Investoren mit Sitz in europäischen Ländern aus. Die Fragen stammen aus einer Umfrage, die bereits bei institutionellen Anlegern aus den USA durchgeführt wurde, wobei im Ergebnis interessante Unterschiede festgestellt werden können. Vgl. zur US-Studie Economides/Schwartz (1995).

[174] Vgl. Steiger (2000), der 127 bedeutende institutionelle Investoren aus dem In- und Ausland u. a. nach deren Anlagepolitik befragt. Davon nahmen 75 Institutionen an der Befragung teil, darunter 80% aus dem Inland.

[175] In dieser repräsentativen Befragung im Auftrag der Deutschen Bundesbank werden 278 Fondsmanager aus Investmentgesellschaften mit Sitz in Deutschland nach ihrem Anlageverhalten befragt. Die befragten Personen verwalten zum Zeitpunkt der Studie mit ca. 400 Mrd. Euro rund 70% aller Aktien – und gemischten Wertpapierfonds.

[176] Vgl. Deutsche Bundesbank (2001), S. 57.

MDAX von 1,3 Mio. € und bei sonstigen deutschen Aktien von 0,9 Mio. € angegeben. Die Größenangaben beziehen sich nicht nur auf börsliche sondern auch auf außerbörsliche Geschäfte, was bei der Interpretation der Zahlen berücksichtigt werden muss. Da diese Befragung überwiegend deutsche institutionelle Investoren enthält, die für den deutschen Aktienmarkt eine große Rolle spielen, kann von einer hohen Übertragbarkeit auf das Transaktionsverhalten institutioneller Investoren ausgegangen werden. Die genannten Volumina dienen damit als wichtige Referenzwerte.[177]

Ergänzend sei noch auf die empirische Studie von **Schmidt/Schleef (2001)** hingewiesen, die für das Jahr 1997 börsliche Transaktionsdaten in DAX-Werten von institutionellen Anlegern[178] deutscher Provenienz auswerten. Das durchschnittliche Volumen der ausgeführten interessewahrenden Aufträge liegt bei rund 400.000 €.[179] Diese im Vergleich zu **Steiger (2000)** wesentlich niedrigeren Werte lassen aufgrund der nicht repräsentativen Stichprobe jedoch keine allgemeingültigen Aussagen zu.[180]

Aussagen der Studien über die Handelsmotivation

Nach den Ergebnissen bei **Steiger (2000)** ziehen institutionelle Investoren für eine Anlageentscheidung am häufigsten firmenspezifische Fundamentaldaten heran. Diese Aussagen werden von **Schwartz/Steil (1996)** und **Deutsche Bundesbank (2001)** bestätigt.[181] Von den elf vorgegebenen Einflussfaktoren wird der Liquiditätsbedarf lediglich an drittletzter Stelle genannt.[182] Sogenannte „Handelsinformationen", also das Wissen um Aufträge, die in den Markt gegeben werden, finden sich erst an zweitletzter Stelle.[183] Nach **Steiger (2000)** und **Schwartz/Steil (1996)** wird von Handelsinformationen im Durchschnitt „selten"[184] Gebrauch gemacht. Im weitesten Sinn lässt sich unter diese Thematik auch die gezielte Beobachtung und anschließende Reaktion auf Blocktransaktionen oder –orders anderer Marktteilnehmer einordnen. Folgt man diesen Ergebnissen, so ist nicht vollständig auszuschließen, dass auch

---

177 Zu beachten ist allerdings, dass der Autor ausschließlich die größten institutionellen Anleger befragt und dadurch auch die tatsächlichen Durchschnittswerte für alle Institutionellen, die am deutschen Markt Transaktionen tätigen, tendenziell niedriger liegen.

178 Dabei handelt es sich um 715 ausgeführte Transaktionen, die von zwei KAGs und zwei Versicherungsgesellschaften von Januar bis November 1997 getätigt wurden.

179 Die Studie enthält lediglich Größenangaben für die Gruppe der interessewahrenden Orders.

180 Verteilt man die gesamten Orders für die DAX-Werte über den Untersuchungszeitraum, so wurde je Institution im Durchschnitt 16 Orders pro Monat durchgeführt, was eher auf kleinere Institutionen schließen lässt. Für eine genauere Aussage müssten zusätzlich die Anlagestile der beiden KAGs mitberücksichtigt werden.

181 Bei der Umfrage im Auftrag der Deutschen Bundesbank (2001) spielen Gewinnprognosen und damit firmenspezifische Fundamentaldaten eine größere Rolle als gesamtwirtschaftliche Vorhersagen. Die Ergebnisse der Umfrage Deutsche Bundesbank (2001) decken sich stark mit denen von Steiger (2001) und Schwartz/Steil (1996).

182 Vgl. Steiger (2000), S. 168.

183 Vgl. auch die Ergebnisse bei Deutsche Bundesbank (2001) ,wo die Beobachtung von Transaktionen anderer Marktteilnehmer zwar nicht als völlig unwichtig eingestuft wird, aber trotzdem nehmen diese Informationen, von der Bedeutsamkeit her betrachtet, nur den vorletzten Rang ein.

184 Die Antwortskala reichte bei dieser Frage von der Kategorie „sehr häufig" bis „nie" bzw. „sehr selten".

das Wissen um eine große vorliegende Order bzw. durchgeführte Transaktion einen Einfluss auf das Transaktionsverhalten anderer Institutioneller und damit auch auf den Kurs der betreffenden Aktie haben kann. Es erscheint somit durchaus möglich, dass die Befragten entweder einen Informationsgehalt hinter bestimmten Transaktionen vermuten oder das Wissen über einen bevorstehenden Block in bestimmten Fällen für kurzfristige Transaktionen ausnutzen. Auch die Befragungsergebnisse bei **Deutsche Bundesbank (2001)** legen nahe, dass zumindest die notwendige Voraussetzung für das Transaktionsverhalten von Fondsmanagern gegeben ist, ihre Anlagestrategie zeitweise an den Handelsaktivitäten anderer institutioneller Marktteilnehmer auszurichten.[185]

Aussagen der Studien über die Nachfrage nach Immediacy

Die Frage nach Gründen für die Präferenz einer sofortigen Abwicklung (Immediacy) ermöglicht eine detailliertere Betrachtung der mit einer Blocktransaktion verbundenen Liquiditätseffekte. Bei **Steiger (2000)** wird als wichtigster Anlass für einen sofortigen Geschäftsabschluss ein Liquiditätsbedarf genannt. Es folgen die Reaktion auf firmenspezifische und gesamtmarktbezogene Informationen als zweit- und drittwichtigste Anlässe.[186] Demnach basiert die Nachfrage nach Immediacy hauptsächlich auf Informationskategorien, die bereits weiter oben als Einflussfaktoren im Rahmen einer Anlageentscheidung genannt werden. Ein sofortiger Geschäftsabschluss scheint somit zu einem großen Teil aufgrund neuer Informationen erwünscht. Der zeitliche Zusammenhang zwischen Information und Reaktion des Anlegers wird anhand dieser Aussagen allerdings nicht deutlich.

Bei der Befragung von **Schwartz/Steil (1996)** wird die Bedeutung von Immediacy konkretisiert. Die Mehrheit der institutionellen Marktteilnehmer versteht bei Standardaktien unter einer sofortigen Ausführung einen Zeitraum von maximal zehn Minuten. Diese kurze Zeitdauer lässt sich nur durch Ausführen einer Transaktion im fortlaufenden Handel erreichen, nicht dagegen im Rahmen einer Call-Auktion.[187]

Es lässt sich tendenziell ein Trade Off zwischen der Nachfrage nach Immediacy durch institutionelle Anleger auf relevante firmenspezifische Informationen wie z.B. ad-hoc-Mitteilungen und dem Bedürfnis nach möglichst niedrigen Transaktionskosten feststellen. Um das Ausmaß dieses Zielkonfliktes näher quantifizieren zu können, wurde gefragt, wie häufig die Investoren eine Verzögerung der Ausführung bei 0,5%

[185] Vgl. Deutsche Bundesbank (2001), S. 52.

[186] Bei der Umfrage von Schwarz/Steil (1996) werden vergleichbar dazu firmenspezifische Informationen als wichtigster Anlass genannt. Die Antwortkategorie „Liquiditätsbedarf" ist bei dieser Studie als Antwortmöglichkeit nicht angegeben.

[187] Vgl. Schwartz/Steil (1996), S. 85.

niedrigeren Transaktionskosten (bestehend aus Kommission, Geld-Brief-Spanne und Market Impact[188]) akzeptieren würden. Die genannten Prozentzahlen in Tabelle 2-2 fassen die Antwortkategorien „normalerweise" und „meistens" zusammen. Bei der Befragung ergeben sich zwischen den US-amerikanischen und den europäischen institutionellen Anlegern teilweise erhebliche Unterschiede.

Antwort	Europa	USA
Bereitschaft, eine Stunde Verzögerung zu akzeptieren	49%	43%
Bereitschaft, drei Stunden Verzögerung zu akzeptieren	43%	31%
Bereitschaft, einen Tag Verzögerung zu akzeptieren	24%	15%

Tabelle 2-2 Befragungsergebnisse zur Nachfrage nach Immediacy[189]

Das Befragungsergebnis in Tabelle 2-2 zeigt, dass die Verzögerung der Transaktionsausführung um mehrere Stunden noch eine relativ hohe Zustimmung findet. Hingegen beinhaltet eine Verzögerung um einen Tag für die Befragten ein zu hohes Risiko im Verhältnis zur Transaktionskostenersparnis. In diesem Fall sprechen sich sogar rund 59% dafür aus, diese Verzögerung entweder selten (20%) oder niemals (39%) zu akzeptieren. D.h., das Risiko einen um 0,5% schlechteren Kurs zu erhalten, wird von der Mehrzahl der Befragten höchstens für einige Stunden eingegangen. Ein Großteil der Investoren ist demnach nicht primär an einer sofortigen Ausführung ihrer Transaktionen interessiert zu sein. Sie führen die meisten Aufträge zumindest innerhalb eines Tages aus. Eine Verteilung der Order auf mehrere Tage ist dagegen eher unüblich.

Aussagen der Studien über die Abwicklung großer Börsenaufträge

Schwarz/Steil (1996) befragen Portfoliomanager danach, welche Zeitspanne sie gewöhnlich ihrer Handelsabteilung bei der Ausführung einer großen[190] *Order* bis zur vollständigen Ausführung des Auftrages vorgeben. Die Mehrzahl der Befragten erwartet im Falle eines Standardwertes, der im FTSE 100 gelistet ist, die komplette Ausführung der Order spätestens am gleichen Handelstag. Bei Aktien aus dem Small Cap Segment liegt die Einschätzung für eine Abwicklungsdauer von länger als einem Tag dagegen bei 73%. Hier wird von der überwiegenden Mehrheit (55%) immer

[188] Der Market Impact wird in der Befragung von Schwartz/Steil (1996) direkt nach dem Bid Ask-Spread als zweitwichtigster Faktor, der die Transaktionskosten beeinflusst, eingestuft. Als Kostenarten werden Kommission, Bid Ask-Spread, Market Impact und Opportunitätskosten vorgegeben.

[189] Quelle: Schwartz/Steil (1996), S. 104.

[190] Bei dieser Frage wird ein Ordervolumen von mindestens 25% des durchschnittlichen täglichen Handelsvolumens vorgegeben.

noch eine Abwicklungsdauer von mindestens zwei Handelstagen erwartet.[191] Der Fall, dass die große Order eines Standardwertes in mehrere Einzelaufträge aufgeteilt wird, trifft mehrheitlich (60% der Antworten) für mindestens 10% der großen Orders zu. Knapp die Hälfte der Befragten gibt immerhin an, 20% oder mehr aller großen Aktienorders über einen bestimmten Zeitraum hinweg in mehrere Einzelaufträge aufzuspalten.[192] Dies zeigt für den Handel Institutioneller an der LSE einen relativ niedrigen Anteil an gesplitteten Blockorders. Am deutschen Aktienmarkt dürfte aufgrund der andersartigen Marktstruktur dieser Anteil wesentlich höher liegen. Hinzu kommen die Möglichkeiten der Aufteilung von Orders auf die Regionalbörsen und das XETRA-Handelssystem (Vgl. Kapitel 2.5.1.4).

In den meisten Fällen dauert es nicht länger als einen Tag, bis sämtliche aufgesplittete Einzelaufträge der dahinter stehenden Blockorder durchgeführt werden. Damit kann beim Handel selbst großer Aufträge in Standardwerten nicht von Handelsmustern ausgegangen werden, die sich auf mehrere aufeinanderfolgende Börsentage erstrecken. Bei großen Orders von Aktien mit niedriger Marktkapitalisierung erscheint dagegen eine Verteilung der Transaktionen über mehr als einen Tag die Regel darzustellen. Diese Aussagen besitzen allerdings lediglich Gültigkeit für Aktien, die von Institutionellen an der LSE gehandelt werden. Als Übertragung auf den deutschen Aktienmarkt kann höchstens gefolgert werden, dass je nach Marktkapitalisierung sich ähnliche Unterschiede bei der Aufsplittung von Blockorders ergeben.

Aussagen der Studien zu Präferenzen bei der Börsenplatzentscheidung

Die Befragung von **Schiereck (1995)** widmet sich den Faktoren, die institutionelle Investoren bei der Wahl einer Börse zur Durchführung ihrer Aktientransaktionen als wichtig erachten. Die Einschätzungsfragen werden jeweils für eine Transaktion von 2000 Stück in deutschen Standardaktien vorgegeben. Nimmt man die Aktienkurse zum Zeitpunkt der Umfrage (März bis September 1994) als Maßstab, so entspricht die Stückzahl einem vorgegebenen Transaktionsvolumen bei den einzelnen Aktien von ca. 0,4 Mio. € bis 0,9 Mio. €.[193] Das abgefragte durchschnittliche Ordervolumen liegt mit ca. 0,6 Mio. € nahe an den Angaben für die durchschnittlichen Ordergrößen bei **Schmidt/Schleef (2001)**.

---

[191] 42% der Befragten gehen sogar von einer Durchführungsdauer von mehr als drei Tagen aus. Vgl. Schwartz/Steil (1996), S. 92.

[192] Vgl. Schwartz/Steil (19996), S. 93.

[193] Die Kurse der angegebenen Beispielaktien bei Schierecks Umfrage lagen in dem Befragungszeitraum in einer Spanne von ca. 360 DM bis ca. 850 DM.

Als Ergebnis für die wichtigsten Faktoren bei der Wahl eines Börsenplatzes werden eine ausreichende Liquidität, die schnelle und sichere Abwicklung und niedrige Transaktionskosten genannt. Dabei dominiert eindeutig der Liquiditätsaspekt.[194]

Von den Befragten wird zwar eine hohe Transparenz bezüglich des allgemeinen Marktgeschehens gewünscht, dabei sollte die Identität der Marktteilnehmer jedoch nicht offengelegt werden, um einen anonymen Handel zu ermöglichen.[195] Diese Aussage wird auch durch die Untersuchung von **Schwartz/Steil (1996)**gestützt.[196] Diese Ergebnisse untermauern die These, dass ein potentielles „Informationsleck" bei einer Ordererteilung unter Offenlegung der Identität in der Praxis von Bedeutung ist. Immerhin äußern sich 48% der Befragten darüber besorgt. Entsprechend vermuten diese Marktteilnehmer, dass das Wissen um die Größe des Einzelauftrages oder das Wissen um das Volumen der *gesamten* Order (die gestückelt an den Markt geht), einen adversen Preiseffekt zur Folge haben könnte.

2.6.3 Zusammenfassung der Aussagen

Tabelle 2-3 zeigt eine Zusammenfassung der wichtigsten Ergebnisse aus den besprochenen Studien.

Tabelle 2-3: Zusammenfassung der Ergebnisse aus Befragungen institutioneller Anleger

Themenbereiche	Kernaussagen
Durchschnittliche Handelsvolumina	DAX-Werte: Max. 3 Mio. € - 0,4 Mio. € MDAX-Werte: Max. 1,3 Mio. € sonstige Aktien: Max. 0,9 Mio. €
Handlungsrelevante Informationen	v.a. unternehmensspezifische Informationen
Motive für die Nachfrage nach Immediacy	Liquiditätsbedarf, unternehmensspezifische Informationen, Gesamtmarktinformationen
Grundsätzliche Auswahlkriterien für die Aktienanlage	Hohe Marktkapitalisierung
Präferenzen bei Handelssystemen	Hohe Liquidität, Transparenz, Anonymität
Ausführungszeit für „große" Orders	Standardwerte: Maximal ein Handelstag Mid-cap-Titel: Länger als ein Handelstag

194 Vgl. Schiereck (1995), S. 168. Diese Ergebnisse werden von Schwartz (1995), S. 17 bestätigt.

195 Vgl. Schiereck (1995), S. 168.

196 In der Studie von Schwartz/Steil (1996), S. 104 erscheinen 62% der Befragten die Möglichkeit, ihre Orders auch anonym am Markt zu positionieren, als wichtig bis sehr wichtig.

In den beschriebenen Studien wurden Richtgrößen für die Transaktionsvolumina institutioneller Investoren angegeben, die später mit den Größenordnungen der Blocktransaktionen in der empirischen Studie verglichen und eingeordnet werden können. Zusätzlich lassen sich aufgrund der Präferenzaussagen zu unterschiedlichen Börsenplätzen bereits erste Hypothesen für den späteren Vergleich der Handelssysteme (insbesondere Handel auf XETRA und Parketthandel) bezüglich der Ausführung von Blocktransaktionen ableiten.

2.7 Theoretische Modelle des Blockhandels an unterschiedlichen Marktstrukturen

Nachdem in Kapitel 2.2 allgemeine Hypothesen zur Kurswirkung von Blocktransaktionen vorgestellt wurden, stehen im folgenden die Preiseffekte bei unterschiedlichen Marktstrukturen im Mittelpunkt der Betrachtung. Die Marktmikrostrukturtheorie kann dabei als Überbegriff für dieses Forschungsgebiet angesehen werden. Sie untersucht Auswirkungen individueller Anlegerentscheidungen auf den Marktprozess und die Preisbildung an Börsen unter der Annahme nicht friktionsloser Märkte.[197] Dabei beschäftigt sich das Forschungsgebiet der Marktmikrostrukturtheorie mit der grundlegenden Frage, wie spezifische Handelsmechanismen den Preisbildungsprozess am Kapitalmarkt beeinflussen.

In den vorliegenden Modellen wird, angeknüpft an die Hypothesen des theoretischen Teils, von zwei wesentlichen Motiven für den Handel an Kapitalmärkten ausgegangen: der informationsmotivierte Handel, der aufgrund privater Informationen über den wahren Wert einer Aktie stattfindet und der liquiditätsmotivierte Blockhandel. Als Beispiel für das erstgenannte Motiv sind sukzessive Käufe im Rahmen von Unternehmensübernahmen zu nennen. Beim letztgenannten Handelsmotiv kann entweder Liquidität nachgefragt oder angeboten werden. Der Handel erfolgt hier nicht aufgrund von privaten Informationen (uninformierter Handel). Bei institutionellen Investoren kann eine derartige Blocktransaktion z.B. auf Umschichtungen von Indexfonds bei der Umstellung eines Aktienindex beruhen.

Geht man von einem Kapitalmarkt mit asymmetrisch verteilten Informationen aus, so sind die Handelsaktivitäten der Akteure selbst Informationsträger und können damit wiederum das Ergebnis dieser Aktivitäten beeinflussen.[198] Die vorgestellten

---

[197] Vgl. dazu die grundlegenden Werke der Marktmikrostrukturtheorie Cohen et al. (1986), Schwartz (1991) oder O' Hara (1995).
[198] Vgl. Lüdecke (1996), S. 11.

Modelle beschreiben ebenfalls ein mögliches strategisches Verhalten informierter und uninformierter Marktteilnehmer.

2.7.1 Informationsgehalt einer Blocktransaktion an einem Händlermarkt

Aufbauend auf der Informations-Hypothese wird an dieser Stelle das grundlegende informationsbasierte Modell von **Easley/O'Hara (1987)** ausführlich beschrieben. Es analysiert, wie sich das Volumen einer Order auf das Preissetzungsverhalten von Market Makern in einem Händlermarkt auswirkt.

Der Unterschied zu anderen Modellen, die auf der Einteilung in informierte und uninformierte Marktteilnehmer beruhen, besteht in den unterschiedlichen Volumina, die gehandelt werden können. Zusätzlich ist die Existenz und Richtung neu aufkommender Informationen mit Unsicherheit behaftet und die Market Maker müssen somit bei der Festsetzung der Geld-Brief Spanne einen dynamischen Lernprozess durchlaufen. Das Modell ist in seinen Annahmen an das bekannte Modell von **Glosten/Milgrom (1985)**[199] angelehnt.

Die Marktteilnehmer handeln ein Wertpapier mit untereinander konkurrierenden und risikoneutralen Market Makern, die ihre Geld-Brief Spanne im Zeitablauf ändern können, wobei sie sich an bisherigen Transaktionen orientieren. Das Zustandekommen der einzelnen Transaktionen basiert auf einer bestimmten Wahrscheinlichkeitsverteilung. Der Unterschied zu dem Modell von **Glosten/Milgrom (1985)** besteht darin, dass die Marktteilnehmer die Wahl haben, entweder Transaktionen mit kleinen oder großen Volumina durchzuführen, wodurch der Einfluss des gehandelten Transaktionsvolumens auf den Aktienkurs untersucht werden kann. Da für die Market Maker Unsicherheit darüber herrscht, ob neue Informationen zu dem gehandelten Wertpapier vorliegen oder nicht, müssen sie sowohl das Vorhandensein als auch die Richtung (positiv oder negativ) neuer Informationen abschätzen.

Ein Informationsereignis ist dabei als Signal s definiert, das Informationen über den Wert V der betreffenden Aktie enthält. Dabei kann s die Werte „hoch" oder „niedrig" annehmen, je nach Inhalt der Information. Die Wahrscheinlichkeit, mit der s tatsächlich auftritt, wird mit α bezeichnet. Falls ein neues Signal vorliegt, wird angenommen, dass dieses bereits vor Handelsbeginn vorliegt. Da der Market Maker nicht weiß, ob eine neue Information vorliegt, kann er nie genau vorhersagen, ob alle

[199] Glosten/Milgrom (1985) stellen einen Zusammenhang zwischen dem Auftreten von Kauforders (Verkauforders) und positiven (negativen) Nachrichten bei Informationsasymmetrien her.

Marktteilnehmer uninformiert sind (das ist der Fall, wenn keine neue Information auftritt) oder nicht.

Unter den oben getroffenen Annahmen sind zwei verschiedene Gleichgewichtsarten möglich. Zum einen können lediglich die informierten Marktteilnehmer ausschließlich große Volumina handeln und sich dadurch von den uninformierten Marktteilnehmern mit kleinen Transaktionsvolumina separieren.[200] Als zweite Gleichgewichtssituation ist aber auch denkbar, dass die informierten Anleger sowohl große als auch kleine Orders aufgeben und sich dadurch mit den Transaktionen der uninformierten Marktteilnehmern vermischen. Selbst im erstgenannten Fall müssen auch einige der uninformierten Marktteilnehmer große Volumina handeln, damit es überhaupt zu einem Umsatz kommt. Deshalb scheint die Bezeichnung „semiseparierendes Gleichgewicht" diese Situation besser abzubilden. Beim Vorliegen einer adversen Selektion muss der einzelne Market Maker nun die Höhe der gestellten Geld-Brief-Spanne festlegen. Er kann die Annahme treffen, dass alle Informierten ausschließlich große Volumina handeln oder dass Informierte sowohl Aufträge mit großen als auch mit kleinen Volumina durchführen. Diese beiden Möglichkeiten müssen mit Wahrscheinlichkeiten gewichtet werden. Angenommen, der erstgenannte Fall tritt ein, dann ist für den Market Maker folgende Strategie rational: Für kleine Volumina beträgt der Spread null, für große Volumina hingegen ist der Spread positiv (b*=Bid, a*=Ask). Dabei hängt der Spread von folgenden Parametern ab:

$$(2\text{-}1) \qquad b^* = V^* + \frac{\sigma_v^2}{\overline{V} - \underline{V}} \left[\frac{\alpha\mu}{X_S^2(1-\alpha\mu) + \partial\alpha\mu} \right]$$

$$(2\text{-}2) \qquad a^* = V^* + \frac{\sigma_v^2}{\overline{V} - \underline{V}} \left[\frac{\alpha\mu}{X_B^2(1-\alpha\mu) + \alpha\mu(1-\partial)} \right]$$

mit:

α = Wahrscheinlichkeit, dass ein Signal s über den fundamentalen Wert V der Aktie vorliegt

μ = Anteil der Marktteilnehmer, die das Signal erhalten

[200] Dabei wird immer davon ausgegangen, dass die informierten Marktteilnehmer risikoneutral sind und ihren erwarteten Handelsgewinn maximieren wollen.

V^* = Erwartungswert von V, wobei gilt $V \in [\underline{V}, \overline{V}]$

X = Anteil der uninformierten Marktteilnehmer, die Transaktionen mit hohen Volumina durchführen (Käufe oder Verkäufe)

∂ = Wahrscheinlichkeit dafür, dass $V = \underline{V}$ eintritt

σ_v^2 = Varianz von V

$\alpha\mu$ = Wahrscheinlichkeit für die Handelstätigkeit informierter Marktteilnehmer

$\alpha\mu$ ist wiederum abhängig von der Wahrscheinlichkeit, mit der ein relevantes Ereignis auftritt und von dem Anteil der Marktteilnehmer, die über das Ereignis informiert sind.

Als Gleichgewichtsbedingung für die obigen Gleichungssysteme (2-5) und (2-6) muss folglich gelten:

$$\text{(2-3)} \qquad \frac{S^2}{S^1} \geq 1 + \frac{\alpha\mu\delta}{X_S^2(1-\alpha\mu)}$$

$$\text{(2-4)} \qquad \frac{B^2}{B^1} \geq 1 + \frac{\alpha\mu(1-\delta)}{X_B^2(1-\alpha\mu)}$$

mit:

S^1 = Verkaufstransaktion mit niedrigem Volumen

S^2 = Verkaufstransaktion mit hohem Volumen

B^1 = Kauftransaktion mit niedrigem Volumen

B^2 = Kauftransaktion mit hohem Volumen

Wenn das Verhältnis zwischen den beiden möglichen Transaktionsvolumina (S^1/S2 und B^1/B^2) den oben genannten Bedingungen entspricht, wird gewährleistet, dass ein informierter Marktteilnehmer beim ausschließlichen Handeln mit hohen Volumina und zu einem schlechteren Kurs (aufgrund der Geld-Brief –Spanne) einen größeren Gewinn macht als beim Handel kleiner Volumina zu einem entsprechend besseren Kurs. Dies ist tendenziell dann der Fall, wenn entweder der Unterschied zwischen den beiden möglichen Handelsvolumina groß genug ist (linke Seite der Ungleichung), oder die Gefahr informationsbasierten Handelns für den Market Maker relativ niedrig ist (rechte Seite der Ungleichung). Für den Fall, dass ein Market Maker z.B. weiß, dass der größte Teil der großvolumigen Aufträge von Uninformierten stammt, kann er auch bei einer relativ geringen Geld-Brief Spanne noch ohne Verlust handeln. Ein informierter Anleger erzielt aufgrund des niedrigen Spreads mit einem

hohen Transaktionsvolumen einen nur geringfügig schlechteren Kurs und wird deshalb mit dieser Strategie auch einen höheren Gewinn realisieren können als bei der Wahl eines niedrigen Volumens.
Sind dagegen die Bedingungen in Gleichung (2-7) und (2-8) nicht erfüllt, befindet sich der Markt in einem gemeinsamen („gepoolten") Gleichgewicht und das „separierende" Gleichgewicht wird verlassen. Die Quotierungsstrategie des Market Makers in dem neuen Gleichgewicht kann wiederum ermittelt werden. Da die informierten Marktteilnehmer in beiden Volumengrößen handeln, wird auch für den Handel in beiden Volumina jeweils ein Spread gesetzt, wobei jener für die kleinen Volumina geringer ausfällt. Der dadurch entstehende Trade Off zwischen Preis und Handelsvolumen verhält sich grundsätzlich wie bei der vorherigen Situation im separierenden Gleichgewicht.[201] Je nach Ausprägung der einzelnen Parameter befindet sich der Markt somit entweder in einem separierenden oder in einem gepoolten Gleichgewicht.

Die Tatsache, dass sich die ermittelten Spreads in diesem Modell mit der Transaktionsgröße verändern liefert Einblicke in das Verhalten von Aktienkursen im Umfeld von Blocktransaktionen. Das Modell postuliert, dass die Kurshöhe abhängig von dem jeweiligen Transaktionsvolumen ist und nicht nur *ein* einziger Marktpreis bzw. Kurs für diese Aktie existiert, was eine konträre Aussage zu den Annahmen der Substitutions-Hypothese darstellt.

Das beschriebene Modell kann somit eine informationsbasierte Erklärung für den empirischen[202] Befund liefern, dass große Transaktionen zu schlechteren Kursen ausgeführt werden als Transaktionen mit weitaus niedrigerem Volumen.[203]

2.7.2 Modelltheoretische Analyse des Blockhandels am Upstairs Market

Der Upstairs Market an der NYSE nimmt eine herausragende Stellung bei der Anbahnung und Durchführung von Blocktransaktionen ein. Dessen spezielle Organisationsform als Suchmarkt für Blocktransaktionen wird im Rahmen des folgenden theoretischen Modells von **Burdett/O'Hara (1987)** dargestellt. Es beschreibt den Suchprozess eines Blockhändlers, wobei insbesondere die Problematik analysiert

[201] Damit dieses neue Gleichgewicht entsteht ist es notwendig, dass die informierten Marktteilnehmer durch das „Pooling" einen größeren Gewinn machen als in der Situation des separierten Gleichgewichtes.
[202] Vgl. zu bisherigen Studien über Blocktransaktionen Kap.3.
[203] Eine Erweiterung des beschriebenen Modells um dynamische Handelsstrategien findet sich z.B. bei Seppi (1990). Im Rahmen von Händlermärkten existieren auch modelltheoretische Ansätze, die dieses Phänomen anhand von Bestandsänderungen erklären. Auf diese Modelle wird im Folgenden nicht weiter eingegangen. Vgl. für einen Literaturüberblick über die bestandsorientierten Ansätze Bosch (2001), S. 53-70.

wird, dass dabei adverse Informationseffekte entstehen können. Sobald Marktteilnehmer von einem bevorstehenden Verkaufsblock erfahren, können sie durch Eingehen einer Short-Position den Kurs der betreffenden Aktie bereits im Vorfeld sinken lassen und dadurch die bevorstehende Kursbewegung antizipieren. Die Besonderheit dieses Suchmarktes liegt darin begründet, dass der Verlauf des Suchvorgangs selbst wiederum Informationen produziert, die von anderen Marktteilnehmern strategisch genutzt werden können.

Den Ausgangspunkt der Analyse bildet ein Market Maker, der im Auftrag seines Kunden eine große Verkaufsblockorder am Upstairs Market unterbringen soll. Für diese Dienstleistung erhält er eine Kommission. Es wird ein „commitment price" (z) festgelegt, der gewöhnlich unter dem aktuellen Aktienkurs liegt und zu dem der Market Maker den Block übernehmen kann. Dieser muss nun im Rahmen eines Suchprozesses Käufer für die Marktgegenseite kontaktieren, um den Block unterzubringen. Der Block wird dadurch in N Teilaufträge aufgeteilt. Die Käuferseite erhält bei Abschluss der Transaktion einen Preisabschlag in Höhe von r auf den aktuellen Marktpreis p. Die Wahrscheinlichkeit, dass der k-te Kontakt zu einem potentiellen Käufer erfolgreich ist, hängt von der aktuellen Marktsituation Θ und der Reaktion des kontaktierten Marktteilnehmers ab und ist in Gleichung (2-5) dargestellt.

(2-5) $$\Pi(k,\Theta)=\alpha_k\Pi(k-1,\Theta)$$

Zuerst wird der Market Maker die Marktteilnehmer kontaktieren, bei denen er mit großer Wahrscheinlichkeit von einem erfolgreichen Abschluss ausgeht. Die entsprechende Zufallsvariable kann dabei den Wertebereich $0 < \alpha_k < 1$ annehmen. Da der Market Maker nicht den genauen Endzustand kennt, können Informationen, die im Laufe des Suchprozesses entstehen, dessen subjektive Wahrscheinlichkeiten verändern.

Angenommen, der Market Maker sei in N – n Fällen nach k – 1 Telefonanrufen erfolgreich. In Gleichung (2-6) kann dann die subjektive Wahrscheinlichkeit des Blockhändlers für den Zustand dargestellt werden, dass der k-te Telefonkontakt von Erfolg gekrönt ist:

(2-6) $$\lambda(N-n,k)=\mathrm{E}_\Theta\left\{\Pi(k,\Theta)\mid \text{N} - \text{n Erfolg bei } \text{k} - 1 \text{ Anrufen}\right\}$$

mit:

k = Anzahl der Telefonanrufe
N = gesamtes Transaktionsvolumen des Blocks
n = Teil des Blocks
λ = subjektiver Wahrscheinlichkeitsparameter des Blockhändlers

Je nach Ergebnis des Anrufes aktualisiert der Blockhändler die Wahrscheinlichkeitsfunktion mittels einer Bayes-Schätzfunktion.[204] Dabei können die folgenden Ausprägungen vorliegen:

(2-7) $\hat{\lambda}_s(N-n,k) \geq \lambda(N-n,k)$ falls der k - te Anruf erfolgreich war

(2-8) $\hat{\lambda}_u(N-n,k) \leq \lambda(N-n,k)$ falls der k - te Anruf erfolglos war

Die subjektive Wahrscheinlichkeit für die erfolgreiche Platzierung des gesamten Blocks steigt somit im Falle eines erfolgreichen Anrufes und sinkt im Falle eines erfolglosen Kontakts. Nach jedem weiteren Kontakt kann der Blockhändler aufgrund der zusätzlichen Information (erfolgreicher Anruf oder nicht) seine Strategie an die veränderten Marktbedingungen anpassen.

Allerdings erhalten aufgrund des Suchprozesses auch solche Marktteilnehmer, die sich nicht an der Blocktransaktion beteiligen, Informationen. Aus diesen zusätzlichen Handelsinformationen lassen sich Schlüsse über den zukünftigen Kursverlauf der betreffenden Aktie ziehen. Dieser Begleitumstand erhöht wiederum das Risiko für den Händler, der sich an der Blocktransaktion beteiligt. Dessen Strategie muss somit darin bestehen, die relativen Kosten und Nutzen, die mit der weiteren Kontaktaufnahme verbunden sind, gegeneinander abwägen. Hat der Blockhändler z.B. nach k – 1 Anrufen N – n Teilblöcke platziert, besteht einerseits die Möglichkeit, den k-ten Anruf zu tätigen, in der Erwartung, den (N – n + 1) –ten Teilblock ebenfalls am Markt platzieren zu können. Er könnte sich aber andererseits auch dazu entschließen, selbst als Käufer der fehlenden Teilblöcke aufzutreten.

Im letzten Fall sieht sich der Händler dem Problem ausgesetzt, dass er die Aktien auf eigene Rechnung veräußern muss. Man setzte nun voraus, dass der Händler die Aktien mit einem bestimmten Abschlag vom aktuellen Marktpreis liquidieren kann.

[204] Eine Schätzfunktion, die sowohl die Information der Stichprobe als auch Vorinformationen berücksichtigt, heißt Bayes-Schätzfunktion. Vgl. Bamberg/Bauer (1998), S. 156.

Dieser Abschlag ε(n) sei als konvexe Funktion der Aktienanzahl, die verkauft werden soll, darstellbar. Damit wird angenommen, dass bei der Ausführung des Blocks (im Gegensatz zu kleinen Aufträgen) der Aktienkurs aufgrund des hohen Liquiditätsbedarfs stark fällt. Der Term $\Phi(p, \mathrm{N} - \mathrm{n})$ stellt den erwarteten Ertrag des Blockhändlers aus dem Kauf der n verbleibenden Teilblöcke dar. p steht dabei für den aktuellen Marktpreis abzüglich des Preisnachlasses r, der den Käufern des Blocks zugebilligt wird. Geht man nun von einer Kommission in Höhe von β aus, so lässt sich dieser Zusammenhang auch folgendermaßen darstellen:

$$\text{(2-9)} \qquad \Phi(p, \mathrm{N} - \mathrm{n}) = p\beta N - pn + n[p - \varepsilon(n)] = p\beta N - \varepsilon(n)n$$

Die Funktion (2-9) bestimmt den Wert, der für den Blockhändler in der Option besteht, den Suchprozess abzubrechen und die restlichen Aktien seinem Eigenbestand zuzuführen. Wenn der Händler k – 1 Anrufe und bereits N – n Teilblöcke platziert hat, entstehen bei einer Fortsetzung des Suchprozesses drei mögliche Ergebnisse:

1. Der Anruf ist erfolgreich, der Händler platziert N - n +1 Teilblöcke nach k Anrufen.
2. Der Anruf ist nicht erfolgreich und der Kurs p (Marktpreis abzüglich Preisnachlass) befindet sich immer noch oberhalb des „commitment price" z.
3. Der Anruf ist nicht erfolgreich und p fällt unter den „commitment price".

Im letztgenannten Fall wird der Suchprozess abgebrochen und der Blockhändler kauft den gesamten Block zum Kurs z. Das Zustandekommen der oben genannten Resultate wird durch die Wertfunktion des Blockhändlers bestimmt. Es sei $V(p, N-n, k)$ der erwartete Gewinn des Blockhändlers, der aus dem Ergebnis des nächsten Anrufs resultiert. Diese Formel lässt sich dann durch folgenden Ausdruck ersetzen:[205]

$$\begin{aligned} & V(p, N-n, k) \\ & = \lambda(N-n, k)\psi(p, N-(n-1), k+1) \\ \text{(2-10)} \qquad & + [1 - (\lambda(N-n, k))] \int_{r=z-p}^{0} \psi(p, N-(n-1), k+1)\,\mathrm{dF}(r) \\ & + [1 - (\lambda(N-n, k))] \int_{r=r_{\min}}^{z-p} \psi(p + r - \varepsilon(N) - z)\,\mathrm{dF}(r) \end{aligned}$$

205 Vgl. zur detaillierten Herleitung dieser Formel die Originalquelle Burdett/O'Hara (1987).

Anhand der Wertfunktion (2-10) zeigen die Autoren, dass die optimale Strategie des Blockhändlers darin besteht, eine Folge von Stoppkursen zu setzen, die mit x_n (k) bezeichnet werden. Die Höhe dieser optimalen Stoppkurse weist keinen Zusammenhang mit den bereits vermittelten Teilaufträgen n oder der Anzahl der bereits getätigten Kontakte k auf. Die Stoppkurse erhöhen sich dagegen automatisch im Laufe des Suchprozesses. Sobald der Kurs p unter den gerade gültigen Stoppkurs fällt, wird der Suchprozess beendet und der Blockhändler nimmt die verbleibenden Aktien in seinen Bestand.

Als Fazit dieser Optimierungsüberlegungen kann formuliert werden, dass der Blockhändler nicht solange potentielle Käufer kontaktiert, bis alle N Teilblöcke platziert werden können. Er nimmt sogar dann einige Aktien in den Eigenbestand, wenn sich jeder bisherige Telefonkontakt als erfolgreich erwiesen hat. Dieses strategische Verhalten resultiert aus der Tatsache, dass bei längerer Suche nach einem Kontraktpartner zwar die Ausführungswahrscheinlichkeit des gesamtem Blocks steigt aber gleichzeitig auch die Gefahr permanenter Preiseffekte durch antizipierendes Handeln anderer Marktteilnehmer zunimmt.

Auf erweiterte Modelle, die die Rolle des Blockhändlers am Upstairs Market mit der des Specialist am Downstairs Market vergleichen wie z.B. **Grossman (1990)**, soll an dieser Stelle nicht weiter eingegangen werden.

2.7.3 Vergleichsmodell für Blocktransaktionen an einem periodischen Auktionsmarkt und einem Händlermarkt

Snell/Tonks (2000) formulieren ein theoretisches Modell des Blockhandels bei großen institutionellen Anlegern, das im folgenden in verbaler Form vorgestellt wird.[206] Es kann als Erweiterung des Insiderhandelsmodells von **Kyle (1985)** gesehen werden, mit dem Unterschied, dass hier die Vorteilhaftigkeit unterschiedlicher Handelsverfahren miteinander verglichen wird. Das Modell vergleicht die Transaktionskosten (bzw. die Höhe der möglichen Handelsgewinne) eines risikoneutralen institutionellen Investors, der die Wahl hat, eine Blocktransaktion entweder direkt mit mehreren konkurrierenden Market Makern oder im Rahmen einer periodischen Auktion auszuführen.

---

[206] Das Modell basiert auf dem Ansatz von Madhavan (1992), der ebenfalls den Handel an einem Auktionsmarkt mit einem Dealership Markt vergleicht. Eine ausführliche mathematisch-formale Darstellung der folgenden Ausführungen findet sich in der Originalquelle.

Dabei wird die Annahme getroffen, dass der Investor stochastischen Liquiditätsschocks („liquidity shocks") ausgesetzt ist, d.h. er muss im Zeitablauf mit unerwarteten Zuflüssen (positiver Liquiditätsschock) bzw. Abflüssen liquider Mittel (negativer Liquiditätsschock) rechnen. Das Auftreten der Liquiditätsschocks erfolgt zufällig. Zusätzlich ist der institutionelle Anleger im Besitz von privaten Informationen über das Unternehmen, dessen Aktie er handeln möchte.[207] Diese Konstellation führt dazu, dass wiederum ein Handel aus zwei unterschiedlichen Motiven heraus möglich ist. Der Anleger kann eine Transaktion sowohl aus Liquiditätsüberlegungen durchführen als auch auf der Grundlage privater Informationen. Da die Market Maker den wahren Unternehmenswert nur indirekt anhand des Orderstroms ermitteln können, setzten sie, wie bereits im Modell **Easley/O' Hara (1987)**, eine höhere Geld-Brief-Spanne fest, um sich gegen adverse Informationseffekte zu schützen. Unter der Annahme, dass das jeweilige Handelsvolumen linear abhängig vom Informationsgehalt und den Liquiditätsschocks ist, beschreibt der Spread des Market Makers eine lineare Funktion des Transaktionsvolumens. Dabei besitzt er im Vorfeld keine Information darüber, ob es sich dabei um eine liquiditätsmotivierte oder um eine informationsbasierte Transaktion handelt.

Die beiden genannten Handelsformen werden nun unter den beschriebenen Annahmen miteinander verglichen. Im Rahmen der *periodischen Auktion* (Call Auction) wird der Informationsgehalt einer großen Order nicht unmittelbar erkennbar. Auf der anderen Seite ist bei dieser Handelsform mit strategischem Verhalten konkurrierender institutioneller Marktteilnehmer zu rechnen, da jeder Teilnehmer der periodischen Auktion den gleichen erwarteten Handelsgewinn erreicht. Die Möglichkeit eines Investors, Informationsvorteile zu seinen Gunsten auszunutzen, wird demnach aufgrund der vorliegenden Konkurrenz bei der Orderaufgabe stark eingeschränkt. Dagegen herrscht beim direkten Handel mit Market Makern (*Händlermarkt*) keine Konkurrenz zwischen den Marktteilnehmern. Das Vorliegen privater Informationen wird hier erst nach und nach anhand des sequentiellen Orderflusses durch die Market Maker aufgedeckt. Im Fall eines rein liquiditätsmotivierten Handels fallen dann aufgrund der Geld-Brief Spanne für den institutionellen Anleger relativ hohe Transaktionskosten an.

Die beiden Effekte[208] verlaufen entgegengesetzt und zeigen die Bedingungen auf, unter denen der Händlermarkt zu niedrigeren Transaktionskosten führt als der peri-

[207] Es wird davon ausgegangen, dass der Anleger eine hohe Beteiligung an dem gehandelten Unternehmen hält und aufgrund dessen einen Informationsvorsprung über den wahren Wert des Unternehmens besitzt.

[208] Gemeint sind die konkurrierenden Gebote ohne Aufdeckung privater Informationen bei der periodischen Auktion versus der sequentiellen Aufdeckung von Informationen bei vorgegebenem Spread in einem Händlermarkt.

odische Auktionsmarkt und vice versa. Den wichtigsten Parameter des Modells stellt die relative Bedeutung asymmetrisch verteilter Informationen in Relation zum Auftreten der Liquiditätsschocks dar. Überwiegt die Bedeutung asymmetrisch verteilter Informationen, so ist der Handel mit einem Market Maker für den Investor vorteilhaft, da hier niedrigere Transaktionskosten entstehen als bei der periodischen Auktion. Im umgekehrten Fall einer stärkeren Gewichtung der Liquiditätsschocks weist hingegen der Handel an einem auktionsbasierten Markt größere Vorteile auf.

Damit ist eine absolute Bewertung, welche der beiden Handelsformen eindeutig besser für die Abwicklung von Blocktransaktionen geeignet ist, im Rahmen dieses Modells nicht möglich. Es können lediglich die wichtigsten entscheidungsrelevanten Parameter für diese Wahlentscheidung identifiziert werden. Demnach sind die erwarteten Gewinne bzw. die Höhe der Transaktionskosten eines institutionellen Investors abhängig von der Varianz der Fundamentaldaten, der Varianz der Liquiditätsschocks und der Gewichtung dieser Liquiditätsschocks in der Zielfunktion des institutionellen Anlegers. Das beschriebene Modell kann zumindest aufzeigen, dass das Ausmaß der vorliegenden Informationsasymmetrien und die Existenz von Liquiditätsschocks zu unterschiedlichen Vorteilhaftigkeitsaussagen bezüglich der Handelsform führen.

2.8 Zusammenfassung der theoretischen Grundlagen

Im Rahmen der theoretischen Grundlagen wurde zunächst der Zusammenhang zwischen den Begriffen Blocktransaktion und Blockorder erläutert. Darauf folgte die Darstellung unterschiedlicher Hypothesen, die von einem kurzfristigen Preiseffekt im Umfeld von Blocktransaktionen ausgehen, wie die Preisdruck-, die Substitutions- und die „short run liquidity costs"-Hypothese. Ein langfristiger Preiseffekt wird dagegen lediglich im Rahmen der Informations-Hypothese angenommen. Die Unterscheidung in kurz- und langfristige Preiseffekte bei Blocktransaktionen spielt ebenfalls für die Ausgestaltung des anschließend vorgestellten Softwareagenten zur effizienten Ausführung von Blocktransaktionen eine wichtige Rolle.

Die angeführten Hypothesen können unmittelbar mit den später erwähnten Effizienzfaktoren wie Liquidität, Informationseffizienz und Markttransparenz in Verbindung gebracht werden. Die Ausprägung der Faktoren steht allerdings auch im engen Zusammenhang mit der Marktstruktur, an der eine Blocktransaktion durchgeführt wird. Ein besonderer Zusammenhang besteht zwischen der Transaktionskostenhöhe und der Markttransparenz.

Bei der Beschreibung von Organisationsformen zur Durchführung von Blocks wurde eine Differenzierung in börsliche und außerbörsliche Handelsmöglichkeiten vorgenommen, die sich hauptsächlich hinsichtlich ihrer Post-Trade Transparenz unterscheiden. An der deutschen Aktienbörse herrscht diesbezüglich eine vollkommene Transparenz. Im klassischen außerbörslichen Markt dagegen, bei dem zwei Transaktionspartner direkt untereinander handeln, muss ein Geschäft nicht veröffentlicht werden. Deshalb ist hier auch keine unmittelbare Wirkung der Blocktransaktion auf den Börsenkurs zu erwarten.

An auktionsbasierten Märkten wie der Frankfurter Börse existieren unterschiedliche Ausgestaltungen der Pre-Trade-Transparenz. Bei reinen Händlermärkten hingegen wie der London Stock Exchange findet eine verspätete Veröffentlichung von Blocktransaktionen statt, um Market-Maker vor adversen Preiseffekten zu schützen.

Am deutschen Aktienmarkt besteht häufig die Tendenz dazu, eine Blockorder bereits im Vorfeld aufzusplitten, so dass sie letztlich nicht als Blocktransaktion am Markt sichtbar wird. Besonders die Aufgabe eines großen Auftrages in ein offenes Orderbuch ist mit starken adversen Effekten verbunden. Aus diesem Grund hat die Deutsche Börse durch das Crossing-System XETRA XXL und die Einbindung spezieller Orderfaszilitäten wie der Iceberg-Order auf die Abwanderung des Blockhandels weg von der Börse reagiert. Zusätzlich wurden als ausländische Börsen die Londoner Börse sowie der spezialisierte Suchmarkt am Upstairs Market der New Yorker Börse vorgestellt.

Daraufhin wurden Charakteristika und Transaktionsmotive institutioneller Investoren beschrieben, die als Hauptakteure bei der Durchführung von Blocktransaktionen gelten. Deren Anforderungen an Handelssysteme und die Ausgestaltung des Blockhandels konnten erste Hinweise auf eine spätere Bewertung der momentanen Marktgestaltung geben.

Aufbauend auf der Darstellung real existierender Organisationsformen wurden theoretische Modelle vorgestellt, die das Entscheidungsverhalten von Marktteilnehmern bei der Durchführung von Blocktransaktionen abbilden. Dabei wurde zuerst die Relevanz der Ordergröße unter der Annahme informationsbasierten Handelns am Beispiel eines Händlermarktes aufgezeigt. Als Ergebnis erhält man eine modelltheoretische Erklärung für unterschiedliche Kurse in Abhängigkeit von der Ordergröße. Dies steht im Widerspruch zu den Annahmen der Substitutions-Hypothese. Darauffolgend wurde das Segment eines separaten Suchmarktes für Blocktransaktionen analysiert. In einer derartigen Handelsumgebung können mit zunehmender Dauer der Suche nach Transaktionspartnern zusätzliche Kosten durch ein mögliches antizipierendes Handeln anderer Marktteilnehmer entstehen. Zuletzt wird die Ausführung von Blocktransaktionen an zwei unterschiedlichen Marktstrukturen miteinander verglichen, wobei in dem vorgestellten theoretischen Modell insbesondere Liquiditätsschocks und die Wichtigkeit von Informationsasymmetrien Einfluss auf die Vorteilhaftigkeit der Handelsstrukturen bei der Ausführung von Blocks spielen.

3 Empirische Untersuchungen zum Blockhandel in der Literatur

In diesem Kapitel werden wichtige empirische Studien vorgestellt, die Kurseffekte im Umfeld von Blocktransaktionen anhand unterschiedlicher Aktien, Zeiträume und Blockdefinitionen untersuchen. Der Großteil der Studien bezieht sich dabei auf den US-amerikanischen Kapitalmarkt. Wie bereits im vorangegangenen theoretischen Teil gezeigt, besteht ein enger Zusammenhang zwischen dem Verhalten institutioneller Investoren und der Durchführung von Blocks. Deshalb werden im folgenden Kapitel auch wichtige Studien beschrieben, die Handelsdaten institutioneller Anleger, unabhängig von der Größe der Transaktion, analysieren.

3.1 Einordnung und Untersuchungsgegenstand der Studien

Die bisherigen empirischen Studien, die sich mit dem Phänomen des Blockhandels befassen, können grundsätzlich in zwei Untersuchungsschwerpunkte eingeteilt werden.[209] Der erste Schwerpunkt liegt dabei auf der Analyse des Preiseffektes („price-impact") einer Blocktransaktion. Wegbereitend für diese Thematik waren die zeitgleich veröffentlichten Studien von **Krauss/Stoll (1972)** und **Scholes (1972)**. Der zweite Schwerpunkt umfasst die Messung von Transaktionskosten bei institutionellen Anlegern bzw. im Rahmen von Blocktransaktionen. In den letzten Jahren hat sich auch in der Literatur immer mehr die Überzeugung durchgesetzt, dass gerade die impliziten Transaktionskosten für institutionelle Anleger eine wichtige Rolle spielen und ökonomisch signifikant sind.[210]

Studien, die dem letztgenannten Bereich zuzuordnen sind, können weiter danach unterteilt werden, ob die Höhe der Transaktionskosten aus der Perspektive des einzelnen Investors oder aus der Sicht des gesamten Marktes analysiert wird. In die erste Kategorie fallen z.B. **Berkowitz/Loque/Noser (1988)** und **Chan/Lakonishok (1993)**. **Berkowitz/Loque/Noser (1988)** definieren als Maß für die Ausführungskosten einer Order den Preiseffekt einer Transaktion in Relation zum volumengewichteten täglichen Durchschnittskurs der Aktie.

[209] Empirische Studien, die den Zusammenhang zwischen dem aggregierten Handelsvolumen über einen längeren Zeitraum und der Kursbewegung einer Aktie untersuchen („High-Volume Return Premium") werden in diesem Kapitel nicht angeführt, da sie einen anderen Untersuchungsgegenstand thematisieren. Vgl. dazu die aktuelle Studie Gervais/Kaniel/Mingelgrin (2001).

[210] Vgl. Keim/Madhavan (1998), S. 50.

Zu den Untersuchungen aus Gesamtmarktsicht seien beispielhaft die Studien **Hasbrouck/Schwartz (1988)** und **Hasbrouck (1993)** genannt, in denen die Autoren aus der Beobachtung kurzfristiger Kurszeitreihen Schlüsse auf die gesamten Transaktionskosten, die an einer Börse entstehen, ziehen. Beide Ansätze beinhalten allerdings gewisse methodische Schwächen. **Collins/Fabozzi (1991)** erläutern verschiedene Verfahren und die damit verbundenen Probleme, um eine Transaktionskostenmessung aus Investorensicht durchzuführen. Studien, die Transaktionskosten aus der Perspektive des Gesamtmarktes betrachten, sind insofern problematisch, als sich daraus nicht die Kosten für bestimmte Transaktionsarten, wie z.B. Blocks, ableiten lassen.[211]

Im folgenden Kapitel werden vornehmlich Studien dargestellt, die den Preiseffekt, im Umfeld von Blocktransaktionen untersuchen. Daneben werden auch einige Studien, die Handelsdaten institutioneller Anleger analysieren, angeführt. Untersuchungen, welche explizit die Reaktion des Bid Ask-Spreads auf Blocktransaktionen ermitteln, werden hingegen nicht berücksichtigt.[212]

Bei den bisher durchgeführten Studien muss grundsätzlich danach unterschieden werden, ob tägliche Kurse oder Intraday-Daten Verwendung finden. Seit der ersten empirischen Untersuchung sind bereits dreißig Jahre vergangen und in dieser Zeit ist das Transaktionsvolumen an allen großen Kapitalmärkten stark angestiegen. Diese Tatsache hat eine erhöhte Transaktionshäufigkeit und damit tendenziell auch stärkere Kursveränderungen innerhalb eines Tages zur Folge hat. In neueren Studien ist deshalb das Verhalten von Aktienkursen in der Umgebung einer Blocktransaktion mithilfe von Intraday-Analysen besser beobachtbar. Es muss beachtet werden, dass man aufgrund der unterschiedlichen Bezugsbasis bei der Messung von Kurswirkungen man mit Intraday-Daten zu wesentlich anderen Ergebnissen gelangt als bei der ausschließlichen Verwendung täglicher Kurse.

211 Vgl. Hansch/Neuberger (1995), S. 437.

212 Vgl. zu dieser Thematik die Studien George/Kaul/Nimalendran (1991), Hasbrouck (1991), Stoll (1989), Hasbrouck (1988) und Glosten/Harris (1988).

3.2 Darstellung bisheriger Studien

Kraus/Stoll (1972) gehört zu den ersten empirischen Untersuchungen, die sich mit der Kurswirkung von Blocktransaktionen beschäftigen. Die Autoren untersuchen im Zeitraum vom 1. Juli 1968 bis 30. September 1969 eine Stichprobe von 402 Aktien, die an der NYSE gelistet sind. Die Stichprobe wird dabei folgendermaßen ermittelt: Zunächst werden nur Aktientransaktionen über mindestens 10.000 Stück (sogenannte Blocks) betrachtet. Aus dieser Auswahl werden nur diejenigen Transaktionen verwendet, deren Volumen mindestens 1 Mio. USD beträgt. Durch die Beschränkung auf Aktienumsätze mit mindestens 10.000 Stück sind lediglich wenige Aktien mit einem sehr hohen Kursniveau von 100 USD und höher in der Stichprobe leicht unterrepräsentiert. Aus den verbliebenen Daten wird dann eine zufällige Stichprobe aus den Aktien mit der größten Marktkapitalisierung gewählt. Die betrachteten Transaktionen werden in einem ersten Schritt in „plus tick"-Blocks (Kurs der Blocktransaktion liegt über dem vorangegangenen Kurs) und „minus tick"-Blocks (Kurs der Blocktransaktion liegt unter dem vorangegangenen Kurs) eingeteilt, um die aktive Seite eines Blocks zu identifizieren. Als aktive Seite wird hier diejenige Seite des Blocks mit weniger Beteiligten bezeichnet. Blocktransaktionen, die nicht vom Kurs der vorhergehenden Transaktion abweichen, werden als „zero tick"-Blocks klassifiziert und nicht weiter untersucht.[213] Ein „plus tick"-Block wird von den Autoren zugleich als käuferinitiierte, ein „minus tick"-Block als verkäuferinitiierte Transaktion eingestuft. Als Intraday-Daten liegen der Schlusskurs des Vortages, der Aktienkurs unmittelbar vor der Blocktransaktion und der Schlusskurs am Tag der Blocktransaktion vor. Die Mehrzahl der untersuchten Transaktionen sind verkäuferinitiiert (1.121 versus 345 käuferinitiierte).

Zunächst werden die Preiseffekte *innerhalb* eines Tages untersucht. Zur Berechnung abnormaler Renditen wird das marktbereinigte Modell verwendet. Als Vergleichsbasis dient der S&P Composite-Index. Für „minus tick" Blocks liegt die durchschnittliche bereinigte Rendite zwischen dem Tagesschlusskurs vor dem Block und dem Kurs der Blocktransaktion bei -1,86% und ist damit im negativen Bereich statistisch signifikant. Den größten Anteil mit -1,14% macht dabei die Kursbewegung von der Transaktion unmittelbar vor der Blocktransaktion bis zur Blocktransaktion selbst aus. Die Gegenbewegung von der Blocktransaktion bis zum jeweiligen Tagesschlusskurs beträgt im Durchschnitt 0,71%. Dies wird von den Autoren als Beleg für die Gültig-

[213] Von den insgesamt untersuchten 2199 Blocktransaktionen fielen 634 in die „zero tick"-Kategorie. 1199 werden als „minus tick" und nur 366 als „plus tick" klassifiziert.

keit der „short-run-liquidity costs" Hypothese gewertet.[214] Das Wissen um einen „minus tick" Block ist somit von großem Wert und könnte selbst nach der Berücksichtigung von Transaktionskosten zumindest für Mitglieder an der NYSE theoretisch genutzt werden, in dem zum Kurs der Blocktransaktion gekauft und zum Tagesschlusskurs die Position wieder geschlossen wird.[215] Die Regressionsanalyse ergibt einen leicht negativen Zusammenhang zwischen der Preisbewegung unmittelbar nach dem Block und der Preisveränderung vom Vortagesschlusskurs bis zur Blocktransaktion. D.h. je negativer die anfängliche Rendite ausfällt, umso stärker ist die spätere Gegenbewegung.

Der zweite Ansatz besteht in der Untersuchung *längerfristiger* Preiseffekte. Anhand des marktbereinigten Modells werden dafür die durchschnittlichen Preiswirkungen der Blocktransaktionen innerhalb eines Zeitfensters von 20 Tagen um das Ereignis betrachtet. Bei „minus tick" Blocks wird im gesamten Betrachtungszeitraum eine negative Überrendite von -2,02% ermittelt, bei den „plus tick"-Blocks liegt der Wert bei 5,14%. Für beide Tickklassifikationen erreicht die durchschnittliche kumulierte Überrendite nach dem Ereignistag ein Niveau, das kontinuierlich und ohne große Kursschwankungen bis 20 Tage nach dem Ereignis gehalten wird. Dieses Ergebnis ist nach Meinung der Autoren ein Beleg für die Gültigkeit der Informations-Hypothese.

Bei der Untersuchung der Korrelation zwischen dem Transaktionsvolumen des Blocks und dem damit verbundenen Preiseffekt am Ereignistag ist ein hoch signifikanter Zusammenhang feststellbar, der für verkäuferinitiierte ein negatives, für käuferinitiierte Blocks ein positives Vorzeichen ergibt. Für verkäuferinitiierte Blocktransaktionen erhält man ein etwa doppelt so hohes Signifikanzniveau. Von den Autoren wird dieser Zusammenhang als weiterer Beleg für die Gültigkeit der Informations-Hypothese gewertet, was lediglich unter der Annahme zutrifft, dass die Bedeutung neuer Informationen nicht mit dem Volumen des Blocks korreliert. Als weitere Unterstichproben werden ausschließlich Blocks ohne darauffolgende und solche ohne vorhergehende Blocktransaktionen an den übrigen Tagen getrennt betrachtet. Diese zusätzliche Untersuchung stützt nach Aussage der Autoren die „distribution"-Hypothese für die „minus tick"-Blocks, nicht jedoch für die „plus tick"-Blocks, was die Existenz von Liquiditätskosten nahe legt. Ein Test der täglichen Überrenditen vor

---

[214] Die Renditen bei den „plus tick"-Blocks zeigen jeweils in die entgegengesetzte Richtung und fallen insgesamt etwas niedriger aus. Die Kurssteigerung vom Vortagesschlusskurs bis zur Blocktransaktion fällt mit 1,5% etwas niedriger aus, ebenso wie die darauffolgende Gegenbewegung mit statistisch nicht signifikanten –0,09%. Es konnte bei den „plus tick"-Blocks auch kein signifikantes Regressionsmaß bei der Untersuchung von Preiszusammenhängen vor und nach der Blocktransaktion festgestellt werden. Für „plus tick"-Blocks ist nach Einschätzung der Autoren somit die Informations-Hypothese gültig.

[215] Die Transaktionskosten für zwei Transaktionen mit diesem Volumen (Kauf und Verkauf) betragen ca. 0,14% für Specialists bzw. ca. 0,37% für sonstige Mitglieder.

und nach dem Ereignistag auf serielle Korrelationen ergibt einen sehr schwachen Zusammenhang, der sich als konsistent mit der Random Walk Hypothese erweist.

Als Hauptergebnis stellen die Autoren fest, dass beim Vorliegen eines „plus tick"-Blocks die Transaktion neue positive Informationen aufdeckt und somit einen Informationsgehalt besitzt, da das Kursniveau nach der Blocktransaktion *dauerhaft* auf einem höheren Niveau verharrt. Es kann zwar auch eine kurzfristige Gegenbewegung bei den Intraday-Untersuchungen festgestellt werden, diese sind aber im Vergleich zu den „minus tick"-Blocks sehr gering. Bei letzteren wird ermittelt, dass die Preisabschläge zum größten Teil nur von kurzer Dauer sind und deshalb einen geringeren Informationsgehalt besitzen als bei den „plus ticks". Einige der untersuchten Aktien aus der „plus tick"-Kategorie waren während des Untersuchungszeitraums Gegenstand von M&A-Transaktionen. Bei diesen sind auch über eine längere Zeitspanne aktive Kauforders zu erwarten, die nicht im Zusammenhang mit Liquiditätskosten stehen.

Im Vergleich zur vorhergehenden Studie untersucht **Scholes (1972)** ausschließlich große Verkaufstransaktionen in Gestalt von Aktienangeboten am Sekundärmarkt (sogenannte „secondary distributions"). Darunter versteht man einen Aktienverkauf, der nicht vom Unternehmen selbst sondern von einem oder mehreren Teilhabern initiiert wird. Die entsprechenden Anteile werden meist von einer Gruppe von Investmentbanken übernommen, die den gesamten Block kaufen. Die Aktien werden dann nach Ablauf der regulären Handelszeit zu einem Subskriptionspreis und ohne zusätzliche Gebühren an die Zeichner veräußert. Der Subskriptionspreis orientiert sich meist am börslichen Tagesschlusskurs der entsprechenden Aktie. Insgesamt können ähnliche abnormale Kurseffekte wie bei **Kraus/Stoll (1972)** festgestellt werden. Die Studie findet Belege für einen permanent niedrigeren Kurs bei „minus tick"-Blocks, der sich durch sinkende Aktienkurse vom Vortagesschlusskurs bis zum Schlusskurs am Tag der Blocktransaktion zeigt. Diese negativen Renditen bleiben auch 20 Börsentage später noch bestehen. In einer Hauptstichprobe werden 345 „secondary distributions" von Juli 1961 bis Dezember 1965 anhand täglicher Kursdaten untersucht. Die Stichprobe kann weiter unterteilt werden in registrierte und nicht registrierte[216] „secondary distributions".

Für die Untersuchungen wird das Marktmodell verwendet, mit dem S&P 500 Composite Index als Referenzindex. Zur Berechnung der abnormalen Rendite dient ein Zeitfenster von 25 vor bis 14 Tage nach dem Block. Scholes Ergebnisse stützen die

216 Der Unterschied besteht darin, dass unregistrierte Aktienangebote erst am Tag der Transaktion bekanntgegeben werden, während registrierte Angebote bereits 20 Tage vor der Ausgabe bei der SEC gemeldet werden müssen und dadurch ein vermeintlicher Preiseffekt zu unterschiedlichen Zeitpunkten wirksam wird.

Annahme, dass durch die untersuchten Blocktransaktionen neue Informationen in den Markt gelangen. Im Durchschnitt beträgt der permanente Kurseffekt durch die Verkaufstransaktionen rund - 2%. Nach Ablauf von sechs Tagen ist die Information der Verkaufstransaktion in den Aktienkursen vollständig enthalten. Bei den großen „secondary distributions“ werden im Durchschnitt negative Preiseffekte festgestellt, welche auf Informationseffekte schließen lassen, die abhängig von der Identität des Verkaufsblocks sind.[217] Nach einer Blocktransaktion kann keine Gegenbewegung des Aktienkurses festgestellt werden. Dadurch ist es für Käufer am Tag der Zeichnung auch nicht möglich, abnormale Renditen im untersuchten Zeitraum von 14 Tagen nach dem Ereignis zu erzielen. Ebenso ist kein Zusammenhang zwischen der Höhe des Preiseffektes bzw. der abnormalen Rendite und der Größe der Blocktransaktion nachweisbar.[218] Damit werden durch die Ergebnisse Aussagen der Substitutionshypothese gestützt. Bei der Untergruppe der registrierten „secondary distributions“ werden vor dem Zeitpunkt der Blocktransaktionen negative abnormale Renditen beobachtet, die vermutlich durch Informationsänderungen zustande gekommen sind.

Zwischen „secondary distributions“ und dem eigentlichen Blockhandel existieren einige Unterschiede, was die Ergebnisse nicht direkt vergleichbar macht. Erstere sind zum einen immer verkäuferinitiierte Transaktionen und beinhalten außerdem im Durchschnitt ein größeres Volumen als Blocktransaktionen – unabhängig davon, wie ein Block definiert ist.[219] Zudem stellt die Neuausgabe von Aktien am Primärmarkt eine kontinuierliche Erhöhung des Aktienangebots und damit eine Verschiebung der Angebotskurve dar, wohingegen eine Blocktransaktion am Sekundärmarkt zunächst nur mit einer vorübergehenden Verschiebung der Angebots- bzw. Nachfragekurve einer Aktie einhergeht.[220]

Dann/Mayers/Raab (1977) untersuchen 298 Blocktransaktionen im Zeitraum von Juli 1968 bis Dezember 1969. Der Schwerpunkt ihrer Studie liegt in der Evaluierung von Handelsstrategien im Umfeld von Blocktransaktionen. Die verwendete Stichprobe besteht ausschließlich aus „minus tick“-Blocks über mindestens 50.000 Stück, die außerdem eine negative Rendite von wenigstens -4,56% aufweisen, gerechnet vom Eröffnungskurs des jeweiligen Handelstages bis zur Blocktransaktion. Diese Auswahl entspricht den 10% Blocks mit der stärksten negativen Preisreaktion. Angelehnt

---

217 Zur Überprüfung der Idendität werden Untergruppen gebildet, je nachdem, ob das Aktienangebot von einzelnen Anlegern, Banken, Unternehmen etc. stammt .

218 Als Maßstab für die Größe einer Blocktransaktion wird sowohl deren Dollarwert als auch deren Anteil an der frei verfügbaren Marktkapitalisierung untersucht.

219 Vgl. dazu auch Holthausen/Leftwich/Mayers (1987), S. 238.

220 Vgl. dazu auch Ball/Finn (1989), S. 401.

an die bei **Grier/Albin (1973)**[221] vorgestellte Handelsregel bei Blocktransaktionen, untersuchen die Autoren die Profitabilität verschiedener Handelsstrategien anhand von Intraday Renditen. Das grundlegende Vorgehen besteht darin, zum Kurs, der zum Zeitpunkt der Blocktransaktion gültig ist, die entsprechende Aktie zu kaufen und zum Tagesschlusskurs wieder zu veräußern. Diese Handelsregel wird mit unterschiedlichen Werten für die Transaktionskosten, das eingesetzte Anfangsvermögen und für die Reaktionszeit auf ihre Profitabilität hin getestet. So kann z.B. mit einem Vermögenseinsatz von jeweils 10.000 USD eine jährliche Rendite von 203% erzielt werden, alle anfallenden Transaktionskosten und Steuern eingerechnet. Dies impliziert allerdings eine Abwicklung des Kaufes zum gleichen Kurs wie die Blocktransaktion selbst. Wird die Reaktionszeit bei der Strategie nur um eine Minute verzögert, führt dies bereits zu negativen Renditen. Es kann allerdings nicht vollkommen ausgeschlossen werden, dass Mitglieder der NYSE (wie z.B. Specialists), die eine kürzere Reaktionszeit besitzen als Privatanleger und zu wesentlich niedrigeren Transaktionskosten handeln, die erwähnte Strategie mit Erfolg anwenden können. Somit bestätigt diese Untersuchung die Gültigkeit der mittelstrengen Form der Effizienzmarkthypothese.[222] Bereits 15 Minuten nach dem Block stellt der Aktienkurs einen guten Schätzer für den Tagesschlusskurs der entsprechenden Aktie dar.

In der ersten Studie von **Holthausen/Leftwich/Mayers (1987)** wird die Marktwirkung großer Blocktransaktionen an der NYSE betrachtet. Die Stichprobe beinhaltet insgesamt rund 500.000 Transaktionen mit mehr als 5.000 Aktien von Unternehmen, die im Erhebungsjahr 1982 an der NYSE gelistet sind. Als Datenbasis wird – analog zur Studie **Kraus/Stoll (1972)** - der Vortagesschlusskurs, der Kurs der Blocktransaktion, der Kurs unmittelbar davor sowie der Tagesschlusskurs verwendet. Die Klassifizierung in käuferinitiierte und verkäuferinitiierte Transaktionen erfolgt nach der bereits erwähnten Tickregel. Die Zuverlässigkeit dieser Einteilung wird anhand eines kleineren Datensatzes außerhalb des Untersuchungszeitraumes überprüft, für welchen die Information vorliegt, dass alle Transaktionen käuferinitiiert sind. Es zeigt sich, dass mit steigendem Volumen die Zuverlässigkeit der Tickregel bei käuferinitiierten Transaktionen zunimmt.[223] Weitergehende Klassifizierungen, die auf bis zu fünf vorauseilenden Transaktionen basieren, führen in der genannten Stichprobe zu einer abnehmenden Treffgenauigkeit bei der Zuordnung der aktiven Handelsseite.

---

221 Die besprochene Studie stellt eine erweiterte Untersuchung mit der identischen Untersuchungsmethodik wie bei Grier/Albin (1973) dar, weshalb auf eine ausführliche Beschreibung dieser Studie verzichtet wird.

222 Die Autoren nennen den fehlenden Wettbewerb unter den Mitgliedern der NYSE bei der Abwicklung von Blocktransaktionen als notwendige Bedingung für das Bestehen dieser Ineffizienzen.

223 Die Genauigkeit der Tickklassifizierung beträgt bei hohen Transaktionsvolumina bis zu 85%. Anzumerken ist allerdings, dass es sich nur um eine sehr kleine Stichprobe von 104 Transaktionen institutioneller Anleger handelt.

Bei der weiteren Untersuchung der Hauptstichprobe werden die „zero tick"-Transaktionen, die 47% der untersuchten Transaktionen ausmachen, nicht berücksichtigt. Mit zunehmender Größe der Blocks geht tendenziell auch der Anteil der „zero tick"-Transaktionen zurück. Eine zusätzliche Untersuchung der gesamten Stichprobe (also inklusive der „zero ticks") ergibt, dass das Weglassen dieser Transaktionen nur sehr geringe Auswirkungen auf die endgültigen Ergebnisse hat. „Downticks"[224] haben einen Anteil von 24,5%, „upticks" sind mit 28,4% in geringerem Maße in der Ausgangsstichprobe vertreten.

Untersucht werden totale, permanente und kurzfristige Preiseffekte von käufer- und verkäuferinitiierten Blocktransaktionen. Für jeden Untersuchungstag werden anhand von drei unterschiedlichen Definitionen die größten käufer- und verkäuferinitiierten Transaktionen herausgefiltert, so dass insgesamt sechs verschiedene Stichproben gebildet werden. Drei Blockdefinitionen werden getestet: (1) Das Transaktionsvolumen der gehandelten Aktien im Verhältnis zu allen ausstehenden Aktien, (2) das Transaktionsvolumen im Verhältnis zum „normalen"[225] täglichen Handelsvolumen der Aktie und (3) der Wert des Blocks in USD.

Im Durchschnitt fallen die verkäuferinitiierten Transaktionen bei allen drei Definitionen größer aus als die käuferinitiierten Blocks. Herausgefiltert werden für die weitere Analyse nun Transaktionen, die am Anfang oder Ende des Handelstages liegen, nicht mit mindestens halbstündigem Abstand aufeinander folgen oder sich in einem Zeitraum befinden, in dem sich die Anzahl der ausstehenden Aktien wesentlich verändert. Nach diesem Filter wird schließlich für jeden der 228 Handelstage der jeweils größte „uptick" und „downtick" weiter untersucht. Die Berechnung der Preiseffekte erfolgt auf der Basis logarithmierter Kursrenditen. Eine Renditebereinigung wird dabei nicht vorgenommen. Temporäre Kurseffekte werden ermittelt, indem der logarithmierte Kurs einer Blocktransaktion mit dem Tagesschlusskurs verglichen wird.[226] Die Ermittlung permanenter (totaler) Kurseffekte erfolgt, indem der logarithmierte Aktienkurs vor dem Block mit dem logarithmierten Tagesschlusskurs (Kurs der Blocktransaktion) verglichen wird.[227] Die Zuverlässigkeit der Ergebnisse wird zusätzlich anhand einer Kontrollstichprobe überprüft, die nach allen drei Definitionen als kleinere Transaktionen eingestuft werden. Diese werden ebenfalls

---

[224] In dieser Studie werden statt der zuvor genannten Begriffe „plusticks" und „minusticks" die Bezeichnungen „upticks" und „downticks" analog gewählt.

[225] Als „normales" tägliches Transaktionsvolumen definieren die Autoren den Median des Transaktionsvolumens aus den 21 vorangegangenen Handelstagen.

[226] Der Tagesschlusskurs stellt nach Auffassung der Autoren den nächsten Gleichgewichtskurs nach der Blocktransaktion dar.

[227] Zu beachten ist, dass bei dieser Untersuchung keinerlei Bereinigung der Preiseffekte um z.B. Markteinflüsse vorgenommen wird.

nach der Tickregel klassifiziert, wobei sich signifikant niedrigere Preiseffekte als bei der Hauptstichprobe ergeben.

Zusätzlich wird für die Hauptstichprobe eine „cross-sectional" Regression durchgeführt, um die wichtigsten Determinanten für die Veränderungen der Preiseffekte zu untersuchen. Die wichtigste Determinante ist dabei die Veränderung der Blockgröße im Rahmen der verschiedenen Blockdefinitionen.[228] Als Ergebnis ermitteln die Autoren für die „down ticks" negative *kurzfristige* Preiseffekte, deren Ausmaß mit zunehmender Größe der untersuchten Blocks signifikant ansteigt. Dies ist konsistent mit der Annahme von Liquiditätskosten, die nur beim Verkauf eines Blocks entstehen. Ein *permanenter* negativer Preiseffekt kann nicht eindeutig nachgewiesen werden. Für verkäuferinitiierte Transaktionen kann ein negativer *Gesamtpreiseffekt* nachgewiesen werden, der mit dem Wert des Blocks (in USD) ansteigt. Der Großteil des Gesamteffektes ist hier von temporärer Natur.

Für „up ticks" können im Gegensatz dazu keine eindeutigen *kurzfristigen* Preiseffekte festgestellt werden. Die nachweisbaren *permanenten* Preiseffekte haben ein positives Vorzeichen und steigen mit zunehmendem Dollarwert der Blocktransaktion signifikant an. Der positive *Gesamteffekt* zeigt nur für die Definition „Dollarwert" einen signifikanten Zusammenhang mit der Blockgröße. Der gemessene permanente Preiseffekt bei käuferinitiierten Blocks kann nach Angabe der Autoren mit informationsinduzierten Effekten oder dem Vorliegen eines Angebotsüberschusses bei einer nicht vollkommen elastischen Angebotskurve erklärt werden.

Allerdings muss auch bei dieser Untersuchung die Verwendung von Tagesschlusskursen kritisch gesehen werden, da diese Methodik verzerrte Referenzkurse zugrundelegt. Dadurch lässt sich möglicherweise auch erklären, warum bei käuferinitiierten (verkäuferinitiierten) Blocktransaktionen keine temporären (permanenten) Preiseffekte festzustellen sind.

Ball/Finn (1989)[229] liefern die bisher einzige empirische Untersuchung von größerer Bedeutung für den australischen Aktienmarkt. Das Design der Studie ist stark an die Arbeiten von **Scholes (1972)** und **Kraus/Stoll (1972)** angelehnt. Es werden Blocktransaktionen im Zeitraum von Juli 1974 bis Juni 1977 an der Sydney Stock Exchange (SSE) untersucht, der als reiner Auktionsmarkt organisiert ist. Als Block wird eine Stückzahl von 10.000 oder mehr Aktien mit einem Gegenwert von mindestens 100.000 australischen Dollar (AUSD) vorgegeben. Die Methodik der Einteilung in

[228] Zusätzlich werden gleichzeitig die verbleibende Zeit bis zum Handelsschluss und der Bid-Ask-Spread als erklärende Variablen herangezogen. Diese enthalten jedoch keinen signifikanten Erklärungsbeitrag.

[229] Die dargestellte Untersuchung stellt eine aktualisierte und erweiterte Fassung der früheren, unveröffentlichten Studie Ball/Finn (1983) dar.

„plus ticks", „minus ticks" und „zero ticks" nach **Kraus/Stoll (1972)** wird leicht modifiziert. Die Autoren verwenden für die Klassifizierung marktbereinigte Renditen, d.h. die Tickeinteilung erfolgt unter Berücksichtigung der allgemeinen Marktbewegung.[230] Allerdings ergibt ein Vergleich mit der Einteilung der Blocks nach der üblichen Tickregel für die festgestellten Preiseffekte qualitativ ähnliche Ergebnisse. Blocks, die Eigengeschäfte der Makler darstellen, werden von der Betrachtung ausgenommen, um die Ergebnisse nicht um Effekte, die mit der Liquiditätsbereitstellung dieser Intermediäre verbunden sind, zu verzerren. Insgesamt stehen nach verschiedenen Filtern 106 Blocks für die Untersuchung zur Verfügung. Im weiteren Verlauf wird – ähnlich wie bei **Holthausen/Leftwich/ Mayers (1987)** – der Einfluss unterschiedlicher Blockdefinitionen auf die Preiseffekte der Blocktransaktion untersucht.[231] Um die Preisdruck-Hypothese zu überprüfen, eignet sich nach Meinung der Autoren am ehesten der Vergleich mit dem „normalen" Tagesvolumen.[232] Der Tag t=0 ist der Tag der Blocktransaktion. Die Rendite zu diesem Zeitpunkt berechnet sich aus der Differenz des Schlusskurses am Vortag und dem Kurs der Blocktransaktion. Die Rendite bei t=1 berechnet sich aus der Differenz zwischen dem Blockkurs und dem Schlusskurs am Tag t=1. Daraufhin erfolgt eine Marktbereinigung der Renditen. Die Autoren untersuchen die Veränderung der täglichen Renditen in einem Zeitfenster, dass sich bis 30 Tage vor und nach der Ausführung des Blocks erstreckt. Als Regressionsvariable wird die Preisveränderung bis zur Blocktransaktion (siehe oben zur Berechnung der Rendite am Tag t=0) verwendet. Diese Vorgehensweise erscheint den Autoren besser geeignet, da beim Vorliegen einer Preisveränderung durch den Block und einer darauffolgenden Kursumkehr innerhalb eines Tages sonst keine Preisdruck-Effekte erkennbar sind.[233]

Im Endergebnis wird kein Zusammenhang zwischen den Preiseffekten und der Größe eines Blocks festgestellt, womit die Gültigkeit der Preisdruck-Hypothese nicht bestätigt werden kann. Die Rendite beträgt am Ereignistag rund +1,6% für „plus tick"- und –1,6% für „minus tick"- Blocks. Es sind auch über längere Zeiträume keine

230 Als Begründung wird genannt, dass sich bei der bisherigen Einteilung Verzerrungen ergeben können, da sich im Umfeld eines Blocks nicht nur einseitig entweder auf der Angebots- oder Nachfrageseite Veränderungen ergeben können, sondern das es auch zu *simultanen* Verschiebungen der Nachfrage- und Angebotskurve einer Aktie kommen kann. Dieser mögliche Einfluss soll durch die Berücksichtigung der Marktbewegung weitestgehend reduziert werden. Der Nachteil dieses Verfahrens besteht darin, dass die Messung des titelspezifischen Risikos verfälscht wird.

231 Es handelt sich dabei um: 1. Wert des Blocks in AUSD, 2. Prozentualer Anteil der Transaktion an den insgesamt ausstehenden Aktien, 3. Anteil des Blocks im Verhältnis zum durchschnittlichen Tagesvolumen. Dieses wird anhand des Mittelwertes einer 25-tägigen Periode vor der Blocktransaktion ermittelt.

232 ...„'large' blocks relative to ‚normal' demand or supply". Ball/Finn (1989), S. 404.

233 Kraus/Stoll (1972) und Scholes (1972) benutzen für ihre „cross-sectional" Regression zur Untersuchung der Abhängigkeit zwischen Größe des Blocks und dem Preiseffekt als abhängige Variable andere Referenzpunkte. Als Preiseffekt wird dort die Kursveränderung vom Vortagesschlusskurs des Blocks bis zum Tagesschlusskurs der Blocktransaktion definiert.

auffälligen Gegenbewegungen der Aktienpreise unmittelbar nach einer Blocktransaktion erkennbar.[234] Eine Untersuchung auf erhöhte Volatilitäten der Renditen nach der Ausführung des Blocks ergibt gegenteilige Hinweise auf eher niedrigere Volatilitäten nach Ausführung eines Blocks, was im Zusammenhang damit gesehen wird, dass keine signifikanten Gegenbewegungen bei den Aktienkursen vorliegen. Im Rahmen einer weiteren „cross-sectional" Regression über alle Blockdefinitionen hinweg können keine Zusammenhänge zwischen der Größe des Blocks und dem Ausmaß der Kursgegenbewegungen für unterschiedlich lange Zeiträume festgestellt werden. Ebenso besteht kein signifikanter Zusammenhang zwischen dem Preiseffekt eines Blocks und dessen Größe. Damit kann die Gültigkeit der Preisdruck-Hypothese abgelehnt werden. Diese Ergebnisse deuten nach Meinung der Autoren auf eine niedrige Preiselastizität an der SSE hin, die im internationalen Vergleich ein relativ schwaches Handelsvolumen aufweist.

In der Folgestudie von **Holthausen/ Leftwich/ Mayers (1990)** werden im Gegensatz zur ersten Untersuchung von 1987 erstmals Intraday-Transaktionsdaten verwendet, was eine detaillierte Betrachtung der Marktwirkung von Blocktransaktionen ermöglicht. Die Autoren analysieren ebenfalls die Anpassungsgeschwindigkeit von Aktienkursen nach der Ausführung eines Blocks. Die Stichprobe beinhaltet für den Zeitraum Dezember 1982 bis Januar 1984 109 zufällig ausgewählte Unternehmen, die an der NYSE gelistet sind. Daraus werden die nach der gehandelten Stückzahl 50 größten „uptick"- und „downtick"-Transaktionen für jede Aktie betrachtet.[235] Die verkäuferinitiierten Blocks weisen im Durchschnitt höhere Volumina auf als die käuferinitiierten. Im Rahmen einer Ereignisstudie werden die Renditen in einem Zeitfenster von fünf Transaktionen um den Block herum untersucht. Die abnormalen Renditen werden anhand des mittelwertbereinigten Modells berechnet. Zum Zeitpunkt des Blocks können signifikante Preiseffekte von –1,23% für „downticks" und +1,18% für „upticks" gemessen werden.[236]

Für *verkäuferinitiierte* Blocks wird spätestens nach drei Folgetransaktionen ein neues Kursgleichgewicht erreicht. Die Anpassungsgeschwindigkeit der Kursbewegung ist dabei abhängig von der Größe des Blocks, d.h. je größer eine Blocktransaktion ist, desto langsamer verläuft die Preisanpassung. Der weitaus größte Teil des Preiseffektes besitzt einen permanenten Charakter und ist ebenso wie der temporäre Anteil in

[234] Die Autoren testen für den Zeitraum von bis zu 5 Tagen um die Blocktransaktion, ob längerfristige Gegenbewegungen der Kurse vorliegen.

[235] Die Tickklassifizierung erfolgt wie in der vorhergehenden Studie der Autoren. Die „zero tick"- Blocks werden nicht in die Stichprobe aufgenommen.

[236] Eine Kontrolluntersuchung mit kleineren Transaktionen über jeweils 100 Aktien, die ebenfalls nach der Tickregel klassifiziert werden, ergab insgesamt signifikant höhere Preiseffekte für die Gruppe der Blocks und kann damit die bisherigen Ergebnisse untermauern.

seinem Ausmaß von der Blockgröße abhängig. Bei *käuferinitiierten* Blocktransaktionen ist der Preisanpassungsprozeß bereits mit der nachfolgenden Transaktion abgeschlossen und ebenfalls von der Blockgröße abhängig. Der temporäre Preiseffekt hat im Gegensatz zum permanenten Preiseffekt nur einen geringen Anteil und ist unabhängig von der Blockgröße. Zum Zeitpunkt der Blocktransaktion ist eine signifikant höhere Volatilität messbar, die im Durchschnitt zwei (bei „downticks") bis drei Transaktionen (bei „upticks") nach dem Block andauert.[237] Die ermittelten Preiseffekte sind im Gegensatz zu bisherigen Untersuchungsergebnissen zum größten Teil permanenter Natur und zudem abhängig von der Transaktionsgröße des Blocks. Damit kann das Vorliegen informationsbasierten Handelns im Rahmen von Blocktransaktionen vermutet werden. Die festgestellten Unterschiede der Preiseffekte zwischen käufer- und verkäuferinitiierten Blocktransaktionen können von den Autoren nicht auf Basis vorhandener Theorien erklärt werden. Es werden lediglich spezifische Gegebenheiten der untersuchten Marktphase als Erklärungsversuche herangezogen.[238]

Die Untersuchung von **Barclay/Holderness (1991)** nimmt in zweierlei Hinsicht eine Sonderstellung ein. Zum einen werden ausschließlich außerbörsliche Blocktransaktionen untersucht, außerdem wird dabei die spezielle Thematik von Unternehmensübernahmen angesprochen.[239] Somit sind in der Stichprobe lediglich Kauftransaktionen vorhanden, die von langfristiger strategischer Natur sind, wodurch auch die Betrachtung *kurzfristiger* Preiseffekte ausbleibt.[240] Insgesamt untersuchen die Autoren 106 außerbörsliche Aktientransaktionen, die im Rahmen von Unternehmensaquisitionen getätigt werden und mehr als 5% aller umlaufenden Aktien des Zielunternehmens umfassen.[241] In allen Fällen wurde zeitgleich mit der Kauftransaktion die Absicht erklärt, die restlichen Aktien ebenfalls zu übernehmen. Die Stichprobe beinhaltet 97 an der American Stock Exchange (AMEX) und an der NYSE gelistete Unternehmen im Zeitraum von 1978 bis 1982. Als Ereignistag wird die öffentliche Bekanntgabe der Blocktransaktion gewählt. Das Ereigniszeitfenster ist mit +/- 240 Tagen sehr langfristig gewählt. Die Auswertung erfolgt anhand täglicher marktbereinigter Renditen. Als wichtigstes Ergebnis stellen die Autoren fest, dass die kumu-

---

237 Eine höhere Volatilität im Umfeld von Blocktransaktionen beinhaltet eine höhere Marktunsicherheit, die bei den Specialists an der NYSE vorübergehend zum Stellen breiterer Geld Brief-Spannen führt. Vgl. Holthausen/Leftwich/Mayers (1990), S. 81.

238 Es werden Erklärungsversuche von Händlern wiedergegeben, die zum einen das Vorliegen von Übernahmespekulationen (bei kontinuierlichen Aufkäufen wäre kein temporärer Effekt zu erwarten) und zum anderen die aufwärtsgerichtete Marktphase (in einem solchen Umfeld werden ebenfalls häufig Blockkäufe ohne temporäre Preiseffekte beobachtet) als mögliche Begründung anführen.

239 Vgl. zur Kurswirkung von Unternehmensübernahmen auf den deutschen Aktienmarkt die empirischen Studien von Gerke/Garz/Oerke (1995) und Böhmer/Löffler (1999).

240 Nach der Begriffsfestlegung des theoretischen Teils handelt es sich hier um den Spezialfall eines Pakethandels.

241 Im Durchschnitt liegt der Anteil aller untersuchten Transaktionen an den ausstehenden Aktien bei 27%.

lierte abnormale Rendite der gesamten Stichprobe nach einem Jahr im Durchschnitt 16,5% beträgt und am Ereignistag um signifikante 5,1% ansteigt. Dabei beträgt selbst für eine Teilstichprobe von Aktiengesellschaften, die allesamt im betrachteten Zeitraum trotz der Beteiligung weiterhin selbständig geblieben sind die kumulierte Überrendite nach einem Jahr noch 5,6%.

Die Studie von **Seppi (1992)** untersucht nicht ausschließlich Preiseffekte bei Blocktransaktionen sondern verknüpft dieses Ereignis mit der Informationswirkung von Gewinnschätzungen als weiterer Einflussvariable. Der Fokus liegt damit auf dem Informationsgehalt von Blocktransaktionen. Es wird die Hypothese getestet, ob bei Vorliegen von Informationseffekten die Preiseffekte eines Blocks mit der unerwarteten Komponente der Gewinnschätzungen korreliert sind.[242] Dazu werden Kursdaten des Jahres 1982 von Unternehmen, die an der NYSE gelistet sind, ausgewertet.[243] Zusätzlich werden die jeweils aktuellsten Quartalsgewinnschätzungen für die betrachteten Aktien verwendet. Damit sind Schätzungen gemeint, die zeitlich möglichst nahe an der Veröffentlichung der tatsächlichen Gewinne liegen. Ein Block wird in zwei unterschiedliche Gruppen eingeteilt: Zum einen als Transaktion, die mehr als 0,5% aller ausstehenden Aktien umfasst (großer Block) und zum anderen als Transaktion, die zwischen 0,1% und 0,2% der ausstehenden Aktien beinhaltet (kleiner Block). Untersucht werden insgesamt 2893 Blocktransaktionen, die allerdings nicht nach Käufen und Verkäufen getrennt, sondern lediglich nach der Höhe ihres Volumens in sechs Gruppen eingeteilt werden. Für die Berechnung der Kursreaktion verwendet der Autor hauptsächlich tägliche Renditen. Anhand eines theoretischen Modells wird der Zusammenhang zwischen der Höhe des Prognosefehlers (tatsächlicher Gewinn pro Aktie abzüglich des prognostizierten Gewinns) und des Preiseffektes einer Blocktransaktion hergestellt und daraufhin empirisch untersucht.[244]

Die genannte Hypothese kann zumindest durch die Gruppe der „großen" Blocks gestützt werden, da die Preiseffekte kurz vor Bekanntgabe der Gewinne positiv mit den Prognosefehlern korrelieren. Es wird außerdem die Hypothese getestet, ob Blocks, die nur kurze Zeit vor der Gewinnveröffentlichung auftreten, einen höheren Informationsgehalt besitzen als zeitlich weiter zurückliegende Blocks.[245] Das Zeitfenster reicht dabei von elf Tagen vor dem Ereignis bis vier Tage nach dem Block. Der Prognosefehler des tatsächlichen Quartalsergebnisses kann für die Gruppe der „gro-

---

242 Beim Vorliegen rein liquiditätsbedingter Preiseffekte wird im Umkehrschluss die Unkorreliertheit beider Größen erwartet.

243 Der Autor greift auf den Kursdatensatz von Holthausen/Leftwich/Mayers (1987) zurück.

244 Es wird die Hypothese aufgestellt, dass ein positiver Zusammenhang zwischen dem prozentualen Vorhersagefehler und der Höhe des Preiseffekts bei den untersuchten Blocks besteht.

245 Diese Annahme beinhaltet, dass die Häufigkeit informationsbasierter Blocks zunimmt und gleichzeitig aber das Auftreten nicht informationsbasierter Blocktransaktionen konstant bleibt.

ßen" Blocks zwischen sechs und zwei Tage vor der Bekanntgabe lediglich 5% bis 20% der Streuung bei den Preiseffekten erklären. Der mittlere Preiseffekt liegt zwischen 18 und 74 Cents für jeden USD an tatsächlichem Gewinn, der über den Erwartungen der Prognose liegt. Als zweite Hypothese wird untersucht, ob das unterschiedlich hohe Volumen der Blocktransaktionen Informationen über die Höhe des Schätzfehlers beinhaltet. Diese Hypothese kann allerdings empirisch nicht eindeutig gestützt werden. Aus den Ergebnissen wird die Vermutung abgeleitet, dass Blocks zwar etwas über das Vorzeichen unerwarteter Gewinne je Aktie aber weniger über deren genaue Höhe aussagen können.

Chan/Lakonishok (1993) untersuchen Preiseffekte im Umfeld von Transaktionen institutioneller Investoren an der NYSE und an der AMEX. Die Auswahl der untersuchten Transaktionen wird damit nicht auf der Basis von Größenkriterien getroffen, sondern anhand des speziellen Anlegerkreises. Deshalb wird im folgenden auch nicht von Blocktransaktionen im eigentlichen Sinne gesprochen. Es wird ein Datensatz verwendet, der über 1,2 Millionen Transaktionen von 37 großen Investmentfirmen im Zeitraum von Juli 1986 bis Ende 1988 enthält. Außer der genauen Ausgestaltung der Transaktionen einschließlich Kommissionskosten beinhaltet der Datensatz die Identität der Investmentfirma, die Initiator der jeweiligen Kauf- und Verkaufsabschlüsse ist. Im Gegensatz zu den bisherigen Studien können dadurch alle Transaktionen in die Untersuchung mit einbezogen werden.

Aufschlussreich erscheint das Ergebnis, dass die durchschnittlich gehandelte Stückzahl nur bei 8.400 Stück für Käufe und 9.100 Stück für Verkaufstransaktionen liegt. Die Grenze von 10.000 Stück für die übliche Blockdefinition der NYSE wird damit im Durchschnitt nur bei rund 20% der Transaktionen überschritten.[246] Als Rendite wird die prozentuale Differenz vom Eröffnungskurs bis zur entsprechenden Transaktion und von dieser bis zum Tagesschlusskurs berechnet.[247] Die ermittelten Preiseffekte sind im Verhältnis zu den bisher vorgestellten Untersuchungen im Durchschnitt geringer, da bei den bisherigen Studien die „zero-tick"-Transaktionen die Rendite vermindern. Zudem wurden in den bisherigen Studien ausschließlich besonders große Transaktionen untersucht.

Unter Verwendung des mittelwertbereinigten Modells[248] wird für käuferinitiierte Transaktionen ein permanenter Effekt (Differenz zwischen Tagesschlusskurs bei der

---

[246] Die relativ geringe Durchschnittsgröße der untersuchten Orders wird von den Autoren damit erklärt, dass Institutionelle sich in der Regel strategisch verhalten, also größere Aufträge aufteilen, um das Ausmaß von kurzfristigen Liquiditätskosten und Informationseffekten zu reduzieren. Vgl. Chan/Lakonishok (1993), S. 177.

[247] Aufgrund der Tatsache, dass zwar das Datum der Transaktionsdaten, aber kein genauer Zeitstempel vorliegt, können die Transaktionen unmittelbar vor und nach den Blocks nicht zur Berechnung herangezogen werden.

[248] Die Autoren berechnen dazu den volumengewichteten Mittelwert sämtlicher Transaktionsrenditen für die betreffende Aktie am jeweiligen Untersuchungstag.

Transaktion und dem Vortagesschlusskurs) von 0,34% und ein temporärer Preiseffekt (Differenz zwischen Vortagesschlusskurs und Kurs der Transaktion) von 0,12% ermittelt. Für verkäuferinitiierte Transaktionen kann dagegen lediglich ein permanenter Preiseffekt von -0,04% und ein temporärer Effekt von -0,1% gemessen werden, was die „short-term liquidity costs"-Hypothese stützt. Zu beachten sind bei diesen Ergebnissen die im Vergleich zu anderen Studien abweichenden Definitionen für permanente und temporäre Preiseffekte. Analog zu den bisherigen Untersuchungen kann eine Asymmetrie zwischen „up ticks" und „down ticks" festgestellt werden.[249] Auf käuferinitiierte Transaktionen folgt ein Preisanstieg, der auch nach den untersuchten Transaktionen noch anhält. Verkäuferinitiierte Abschlüsse werden zu einem niedrigeren Kurs ausgeführt, worauf allerdings eine fast vollständige Gegenbewegung des Aktienkurses erfolgt. In der durchgeführten Regressionsuntersuchung können signifikante Zusammenhänge zwischen der Identität des institutionellen Anlegers und der Höhe der Preiseffekte ermittelt werden.[250]

Chan/Lakonishok (1995) erweitern ihre Ausgangsstudie von 1993 im Wesentlichen um die Betrachtung sogenannter „Pakete"[251] („trading packages"). Unter diesem Begriff werden mehrere Transaktionen zusammengefasst, die in einem bestimmten Zeitraum von demselben Marktteilnehmer in einer Aktie getätigt werden. Die Datenbasis ist identisch mit der Vorgängerstudie. Transaktionen eines institutionellen Anlegers in derselben Aktie und auf derselben Transaktionsseite, die nach einer maximalen Unterbrechung von vier Tagen aufeinander folgen, betrachten die Autoren als *ein* Kauf-, bzw. Verkaufspaket. Durch diese Zuteilungsregel werden alle Transaktionen zu rund 156.000 Paketen mit unterschiedlicher Zeitdauer zusammengefasst. Nur ca. 20% der Pakete (gemessen am Dollarwert) werden innerhalb eines einzigen Tages ausgeführt. Mehr als 50% der Pakettransaktionen erstrecken sich dagegen auf einen Zeitraum von vier Tagen oder mehr. Bei kleinen Unternehmen erstreckt sich der Handel mit zusammengefassten Aktienpaketen im Durchschnitt über einen längeren Zeitraum als bei großen Unternehmen. Bei der Interpretation der Ergebnisse muss allerdings immer berücksichtigt werden, dass lediglich tatsächliche Transaktionen, nicht aber die jeweils zuvor eingegebenen Orders beobachtet werden können.

Der durchschnittliche Preiseffekt (gerechnet als Differenz zwischen dem Eröffnungskurs des ersten Tages und dem Schlusskurs am letzten Tag des „Paketes") beträgt bei

249 Die durchschnittlichen Kommissionskosten sind bei käufer- und verkäuferinitiierten Transaktionen identisch und können daher nicht als Begründung für die asymmetrischen Preiseffekte herangezogen werden.

250 Für 16 der 37 untersuchten Firmen lagen Daten über den Anlagestil („growth" oder „value") und die durchschnittliche Umschlagshäufigkeit vor. Hier kann ein positiver Zusammenhang zwischen Umschlagshäufigkeit bzw. wachstumsorientiertem Anlagestil und der Höhe des Preiseffektes festgestellt werden.

251 Im Rahmen dieser Studie wird der Begriff „Paket" anders definiert als in der vorliegenden Arbeit.

Kaufpaketen fast 1% und bei Verkaufpaketen –0,35% und ist damit wesentlich höher als bei der Untersuchung individueller Transaktionen bei **Chan/Lakonishok (1993)**. Es lässt sich außerdem ein Zusammenhang zwischen dem Preiseffekt und der Marktkapitalisierung der gehandelten Aktien feststellen. Dieser ist wiederum abhängig von der Größe des Paketes im Verhältnis zum durchschnittlichen täglichen Handelsvolumen. Ein Subsample von 16[252] Vermögensverwaltungsfirmen zeigt, dass deren Investmentstil und Umschlagshäufigkeit den größten Einfluss auf den Market Impact und die Transaktionskosten haben. Unterschiede in der Nachfrage nach sofortiger Ausführung für die verschiedenen Anlagestile bzw. Umschlagshäufigkeiten werden am Ausmaß der unmittelbaren Kursgegenbewegung nach den „Paketen" gemessen. So verursachen Investmentunternehmen, die vorwiegend in wachstumsorientierte Aktien investieren und solche mit einer relativ hohen Umschlagshäufigkeit einen vergleichsweise großen Market Impact. Bei Vermögensverwaltern mit wachstumsorientierten Anlagefokus („growth stocks") wird im Durchschnitt eine Gegenbewegung des Kurses nach einer Transaktion von 0,09% ermittelt, verglichen mit 0,2% bei Anlagefirmen, die in wertorientierte Aktien („value stocks") investieren. Noch größere Unterschiede ergeben sich beim Vergleich unterschiedlicher Umschlagshäufigkeiten. Eine überdurchschnittlich hohe Handelsfrequenz ist auch mit höheren Transaktionskosten und einem stärkeren Market Impact verbunden. Allerdings beruhen die Ergebnisses zur Bedeutung des Investmentstils und der Umschlagshäufigkeit lediglich auf einem relativ kleinen Subsample.

Hansch/Neuberger (1995) untersuchen Blocktransaktionen an der London Stock Exchange (LSE). Hauptziel der Studie ist es, die Transaktionskosten von Blocks relativ zu kleineren Börsengeschäften zu analysieren. Dazu wird das Transaktionsverhalten von Market Makern an der Londoner Börse untersucht. Diese Vorgehensweise basiert auf der Grundüberlegung, dass Transaktionskosten und der Nettogewinn von Intermediären bildlich gesprochen zwei Seiten derselben Medaille darstellen.

Es werden Kursdaten von 25 Aktien, die im FTSE 100 enthalten sind und jeweils von mehreren konkurrierenden Market Makern gehandelt werden, ausgewertet. Der Untersuchungszeitraum erstreckt sich von Oktober 1991 bis März 1992. Betrachtet wird dabei die Aktivität der Market Maker vom Zusammenführen der Orders bis zum Einnehmen einer Position, wobei die erstgenannte Aktivität annahmegemäß mit höheren Handelsgewinnen verbunden ist. Für die Untersuchung müssen des weiteren Informations- und Bestandhaltungseffekte berücksichtigt werden. Als Blocktransaktion definieren die Autoren sämtliche Transaktionen, die nach der Stückzahl zu den 1% größten je Aktie zählen. Mit dieser Definition werden mehr als 30% aller

[252] Für die restlichen Unternehmen standen den Autoren diese Daten nicht zur Verfügung.

in der Betrachtungsperiode umgesetzten Aktien erfasst. Da alle untersuchten Blocktransaktionen über dem dreifachen der NMS („normal market size") liegen, findet in jedem Fall eine verzögerte Veröffentlichung statt.[253] Das Ereigniszeitfenster reicht 50 Transaktionen vor dem untersuchten Block bis 300 Transaktionen danach.[254] Mehrere Blocks einer Aktie, die sich im gleichen Fenster befinden, werden entfernt, um Verschmutzungseffekte auszuschließen. Das gleiche gilt für Blocks ohne vollständiges Zeitfenster.[255]

Wichtige Ergebnisse der Studie sind, dass Market Maker, die an der Abwicklung einer großen Kauforder (Verkauforder) beteiligt sind, ihren Eigenbestand in der betreffenden Aktie kurz vor der jeweiligen Transaktion erhöhen (vermindern), um die großen Orders bedienen zu können. Über einen längeren Zeitraum nach der Blocktransaktion vermindern sie ihren Bestand, so dass sich dieser allmählich wieder in Richtung des Ausgangsniveaus bewegt. Für die Hypothese, dass das Durchführen großer Orders zu Handelsgewinnen bei den Market Makern führt, lassen sich allerdings nur leichte, aber statistisch nicht signifikante Hinweise finden. Das Ausmaß der Handelsgewinne ist allerdings positiv mit der Größe der Blocktransaktion korreliert. Diese Gewinne entstehen nach Meinung der Autoren erst aus Transaktionen, die unmittelbar auf den Block folgen. Das Durchführen der Blocktransaktionen per se erzeugt demnach keinen Handelsgewinn für die Intermediäre. Direkte Handelsgewinne aus Blocks sind nur für die Gruppe der größten Transaktionen aus der untersuchten Stichprobe nachweisbar.

Gemmill (1996) untersucht die Auswirkungen unterschiedlicher Ausgestaltungen der Post Trade Transparenz[256] auf die Kurseffekte von Blocktransaktionen an der LSE. Es werden drei unterschiedliche Zeiträume mit voneinander abweichenden Publizitätsvorschriften verglichen. Zwischen Ausführung und Veröffentlichung der Blocktransaktion liegen je nach Stichprobe 24 Stunden, 90 Minuten oder es gilt eine sofortige Veröffentlichungspflicht. Als Blockkriterium werden die 20 größten Käufe und Verkäufe (nach Volumen) pro Monat für 26 Aktien festgelegt. Es werden ausschließlich von Kunden initiierte Blocks betrachtet. Der Zeitraum umfasst jeweils die Monate Mai der Jahre 1987 bis 1992 mit 3.010 Kaufblocks und 2.977 Verkaufsblocks. Zur Ermittlung der abnormalen Renditen findet die Methodik der Mittelwertbereinigung Verwendung. Die abnormale Rendite zum Zeitpunkt der Blocktransaktion beträgt +0,31% für käuferinitiierte und –0,22% für verkäuferinitiierte Blocks. Erstere

[253] Der Kurs und das Volumen von großen Transaktionen, die das dreifache der NMS übersteigen, werden mit einer Zeitverzögerung von 90 Minuten veröffentlicht.

[254] Das Zeitfenster wird aufgrund der langen Zeitspanne bis zur Veröffentlichung der Transaktion relativ lang gewählt.

[255] In die Untersuchung wurden letztendlich 728 Blocktransaktionen einbezogen.

[256] Vgl. zum Begriff der Post Trade Transparenz Kapitel 2.4.3.

weisen außerdem signifikante permanente Kurseffekte auf, wohingegen die verkäuferinitiierten Blocks keine permanenten Effekte zeigen. Die abnormale Kursreaktion, die in einem Transaktionsfenster von –5 bis +5 bzw. –10 bis +20 Transaktionen um das Ereignis betrachtet wird, läuft bei allen drei Publizitätsregeln mit der gleichen Geschwindigkeit ab. Der Autor folgert daraus, dass eine verzögerte Publizitätspflicht nicht zu einer Verbesserung der Marktliquidität bei der Ausführung von Blocks führt. Als mögliche Erklärung für dieses Ergebnis wird angegeben, dass die Konkurrenz unter den Market Makern dazu führt, dass keiner dieser Intermediäre den möglichen Vorteil, der sich aus einer verspäteten Veröffentlichungspflicht ergeben könnte, zu seinen Gunsten ausnutzt.

Keim/Madhavan (1996) untersuchen rund 5.600 Transaktionen einer Investmentfirma am Upstairs Market im Zeitraum von 1985 bis 1992. Damit werden analog zur Untersuchung von **Chan/Lakonishok (1993)** keine vordefinierten Blocks analysiert, sondern Transaktionen eines institutionellen Anlegers. Es handelt sich ausschließlich um Transaktionen von Unternehmen mit niedriger Marktkapitalisierung, die an der NYSE, AMEX und an der NASDAQ gehandelt werden. Die Autoren entwickeln ein theoretisches Modell für den Blockhandel am Upstairs Market, das auf dem bereits beschriebenen Modell von **Burdett/O'Hara (1987)**[257] aufbaut. Als Daten werden Tagesschlusskurse verwendet, da die untersuchten Aktien teilweise nur einmal pro Tag gehandelt werden. Es erfolgt keine Bereinigung der ermittelten Renditen. Für verkäuferinitiierte Transaktionen ergibt sich ein temporärer Preiseffekt (gerechnet vom Kurs des Blocks bis zum Schlusskurs des Folgetages) von –2,84%, der für die Werte an der NASDAQ wesentlich stärker ausfällt. Für käuferinitiierte Transaktionen lässt sich ein schwächerer temporärer Effekt von 1,45% nachweisen. Für Verkäufe korreliert der temporäre Preiseffekt stark mit der Höhe des Transaktionsvolumens. Es lässt sich außerdem ein konkaver Zusammenhang zwischen dem temporären Preiseffekt und der Transaktionsgröße herstellen. Im Vorfeld der untersuchten Transaktionen wurden jeweils Preiseffekte festgestellt, die einen positiven Zusammenhang mit dem Transaktionsvolumen aufweisen, was auf ein existierendes Informationsleck hindeuten könnte.

Madhavan/Cheng (1997) vergleichen Preisbildung und Liquidität für Blocktransaktionen am Downstairs Market und dem Upstairs Market der NYSE. Untersucht werden rund 21.000 Blocktransaktionen (definiert als Transaktionen über mindestens 10.000 Stück) im Zeitraum vom 17.12.93 bis zum 28.1.94. Dabei handelt es sich ausschließlich um die 30 Werte des Dow Jones–Index (DJIA-Index). Grundsätzlich besteht die Schwierigkeit, dass aus öffentlich verfügbaren Marktdaten nicht direkt

[257] Vgl. die Darstellung dieses Modells in Kapitel 2.7.

hervorgeht, ob eine große Order zuerst am Upstairs Market ausgehandelt und dann zur Ausführung an den Downstairs Market weitergeleitet wird oder ob diese Order ohne Zwischenschaltung direkt am Downstairs Market ausgeführt wird. Deshalb verwenden die Autoren interne Daten der NYSE, die Informationen über die jeweils beteiligten Broker enthalten. Anhand dieser beiden Datensätze wird ein Kontrollalgorithmus entwickelt, der zu einer sehr hohen Wahrscheinlichkeit die Stichprobe in originäre Upstairs Market und Downstairs Market-Transaktionen aufteilt. Blocks werden nach der Tickregel in käufer- und verkäuferinitiierte Transaktionen aufgeteilt. Rund 80% des Blocktransaktionsvolumens (in USD) wird direkt am Downstairs Market ausgeführt, ohne zuvor am Upstairs Market verhandelt worden zu sein. Dabei ist eine durchschnittliche Blocktransaktion am Upstairs Market mit 1,82 Mio. USD etwa doppelt so groß wie ein Block am Downstairs Market (0,94 Mio. USD).

Für die Ereignisstudie wird ein Zeitfenster von 20 Transaktionen um das Ereignis herum gebildet. Die Ermittlung der Preiseffekte erfolgt angelehnt an die Studie **Kraus/Stoll (1972).**[258] Um zusätzlich Aussagen über das Vorhandensein eines „information leakage" treffen zu können, werden die Kursveränderungen unmittelbar vor dem Block näher untersucht. Als totalen Preiseffekt definieren die Autoren, abweichend von bisherigen Studien, die Kursbewegung 20 Transaktionen vor dem Block bis zur Blocktransaktion. Dieser fällt für Käufe und Verkäufe in beiden Marktsegmenten ähnlich aus und steigt mit zunehmender Höhe des Transaktionsvolumens an.[259]

Die Höhe der beobachtbaren Preiseffekte ist in beiden Marktsegmenten vergleichsweise gering. Aus diesem Ergebnis folgern die Autoren, dass der Downstairs Market eine wichtige Liquiditätsquelle auch für große Blocktransaktionen darstellt. Allerdings sind die Preiseffekte, die unmittelbar vor dem Ereignis stattfinden (logarithmierte Rendite aus Schlusskurs des Vortages bis zur Transaktion vor dem Block) für Transaktionen, die am Upstairs Market ausgehandelt werden, größer als für Downstairs-Transaktionen, was von den Autoren mit dem Durchsickern von Informationen über die bevorstehende Transaktion erklärt wird. Das Ausmaß dieses Informationslecks ist allerdings nur am Downstairs Market positiv mit dem Transaktionsvolumen korreliert. Um diese Ergebnisse näher zu beleuchten wird ein Regressionsmodell mit der Reputation als endogener Variable aufgestellt. In dieser Analyse,

---

258 Der *permanente* Preiseffekt wird als logarithmierte Rendite der Transaktion unmittelbar vor dem Block bis zum zwanzigsten Kurs nach dem Block berechnet. Der *temporäre* Preiseffekt beinhaltet die logarithmierte Rendite vom Blockkurs bis zum zwanzigsten Kurs nach dem Block.

259 Für verkäuferinitiierte Blocks beträgt der totale Preiseffekt rund –0,16% am Downstairs Market bzw. –0,15% am Upstairs Market. Die Werte für käuferinitiierte Blocks liegen bei 0,19% bzw. 0,18%. Es kann durchgehend keine Asymmetrie zwischen Preiseffekten bei käufer- und bei verkäuferinitiierten Transaktionen festgestellt weden.

die auf dem theoretischen Modell von **Seppi (1990)** beruht, kann belegt werden, dass der Upstairs Market von Händlern genutzt wird, die glaubhaft signalisieren können, dass sie nicht aufgrund neuer Informationen handeln, wodurch Probleme durch adverse Selektion vermindert werden. Dieses Signal beinhaltet Informationen zur Identität, Reputation und bezüglich des Investmentstils desjenigen, der einen Blockhandel am Upstairs Market initiiert. Die erwarteten Preisreaktionen sind somit individuell verschieden und hängen von der Reputation des jeweiligen Marktteilnehmers ab.

Die Autoren vermuten, dass insbesondere institutionelle Investoren nur ungern Limitorders für große Transaktionen in den Markt geben, weil sie dadurch den restlichen Marktteilnehmern eine kostenlose Option anbieten.[260] Am Upstairs Market können sie dagegen mittels der Block Broker Transaktionen ausführen, die mit größerer Wahrscheinlichkeit nicht von Marktteilnehmern mit privaten Informationen stammen. Damit scheint die Hauptrolle des Upstairs Market darin zu bestehen, Transaktionen zu ermöglichen, die am Downstairs Market gar nicht durchgeführt worden wären.

La Plante/Muscarella (1997) untersuchen die Marktwirkungen von Blocktransaktionen an unterschiedlichen Marktstrukturen, in dem sie an der NYSE durchgeführte Transaktionen mit ähnlichen Handelsdaten an der NASDAQ vergleichen. Der Schwerpunkt der Untersuchung liegt dabei auf der Analyse der Liquiditätswirkung an beiden Märkten. An der NYSE besteht ein zentrales und öffentlich zugängliches Limitorderbuch und jeder Aktie ist ein Specialist zugeteilt, wohingegen an der NASDAQ konkurrierende Market Maker für alle gehandelten Aktien Geld- und Briefkurse stellen. Untersucht werden für den Zeitraum von 1988 bis 1990 die zehn Aktien mit der höchsten Marktkapitalisierung an der NASDAQ, die alle ebenfalls die Bedingungen für ein Listing an der NYSE erfüllen und damit theoretisch auch an der NYSE gehandelt werden könnten.[261] Als Block wird jede Aktientransaktion über mindestens 10.000 Stück definiert. Die Einteilung in Käufe und Verkäufe wird nach der Tickregel getroffen. Der Anteil der Blocktransaktionen am Gesamtumsatz stellt sich für beide Marktsegmente ähnlich dar. Allerdings werden an der NYSE insgesamt wesentlich größere Blocks gehandelt als an der NASDAQ. Um die unterschiedlichen Liquiditätswirkungen an beiden Marktsegmenten zu testen, werden die jeweiligen Preisveränderungen herangezogen. Untersucht werden zunächst die Preiseffekte, die durch die Blocktransaktion entstehen (totaler Preiseffekt). Für alle Stich-

[260] Vgl. dazu auch die Ausführungen im Theorieteil der Arbeit in Kapitel 2.4.3.

[261] Um die verwendeten Daten für die NYSE und die NASDAQ möglichst gut vergleichen zu können, werden anhand von sieben Kriterien Vergleichsstichproben gebildet, die den NASDAQ-Aktien jeweils ähnliche Aktien, die an der NYSE gehandelt werden, gegenüberstellen.

proben der an der NYSE gehandelten Vergleichsaktien können signifikant niedrigere Preiseffekte als bei der NASDAQ Stichprobe festgestellt werden. Die Vergleichswerte für die NYSE betragen –0,55% (+0,53%) für „downticks" („upticks"). Eine modifizierte Untersuchung, die den Kurs vor der Blocktransaktion durch den 15, 30 bzw. 60 Minuten zuvor ermittelten Kurs ersetzt, ergibt insgesamt stärkere Preiseffekte.[262] Auch unter diesen geänderten Untersuchungsbedingungen bleiben die signifikant niedrigeren Preiseffekte an der NYSE bestehen.[263] Des weiteren werden permanente und temporäre Preiseffekte in unterschiedlichen Zeitfenstern von bis zu zehn Transaktionen vor und nach der Blocktransaktion untersucht.[264] Dabei können für die NYSE-Stichprobe durchgehend niedrigere temporäre und permanente Preiseffekte ermittelt werden als an der NASDAQ. Dies deutet auf eine höhere Liquidität an der NYSE hin, wo niedrigere Liquiditätsprämien für große Transaktionen bezahlt werden.

Als Endergebnis werden somit große Transaktionen an der NYSE effizienter ausgeführt als an der NASDAQ, weil an der erstgenannten Börse insgesamt signifikant niedrigere Preiseffekte bei den untersuchten Blocktransaktionen feststellbar sind. Die Aussagekraft der Ergebnisse wird lediglich dadurch eingeschränkt, dass in dem verwendeten Datensatz keine Kommissionskosten für die einzelnen Transaktionen enthalten sind.[265] Außerdem können Transaktionen zwischen den Dealern an der NASDAQ nicht aus der Stichprobe eliminiert werden.

Die Untersuchung von **Kempf /Korn (1999)** stellt die bisher einzige Studie dar, die den Zusammenhang zwischen Orderfluss und Aktienkursänderungen am Terminmarkt untersucht. Sie ist damit nicht primär auf die Untersuchung von Blocktransaktionen ausgerichtet sondern verfolgt das Ziel, die Markttiefe am Beispiel des DAX Futures zu messen. Die Analyse wird auf der Basis eines neuronalen Netzwerkes durchgeführt. Dabei wird auch die Fragestellung untersucht, ob ein großer Orderfluss mehr Informationen beinhaltet als ein Orderfluss mit niedrigerem Volumen und ob große Kauforders einen größeren Informationsgehalt aufweisen als große Verkaufsorders. Als Stichprobe werden Intraday Daten des DAX Futures von Sep-

---

262 Als Begründung führen die Autoren die Vermutung an, dass vor der Ausführung eines Blocks am Upstairs Market bereits Informationen über die bevorstehende Transaktion am Markt durchsickern und dadurch den Kurs im Vorfeld beeinflussen („information leakage").

263 Die Ergebnisse können durch die zusätzliche Untersuchung einer größeren Kontrollstichprobe und einer Regressionsanalyse mit dem Marktsegment als erklärender Variable weiter gestützt werden.

264 Die temporären Preiseffekte werden als logarithmierte Rendite vom Kurs des Blocks bis zu darauf folgenden Kursen berechnet, die permanenten als Renditedifferenz von verschiedenen Kursen vor dem Block bis zu verschiedenen Kursen danach und der totale Effekt als Renditedifferenz von der Blocktransaktion bis zu verschiedenen Transaktionen danach. Damit wird eine ähnliche Definition angewendet wie bei Madhavan/Cheng (1997).

265 Einige Institutionen müssen für Transaktionen an der NYSE Kommissionen entrichten, nicht aber für den Handel an der NASDAQ, was das Ausmaß der gesamten Ausführungskosten verzerren könnte und den vermeintlichen Vorteil der NYSE relativiert.

tember 1993 bis September 1994 verwendet. Die Aufteilung der Transaktionen erfolgt nach der Lee/Ready-Methode[266] in käufer- und verkäuferinitiierte Unterstichproben, daraufhin wird der Informationsgehalt einer Transaktion anhand der Reaktion des Mittelkurses auf den Orderfluss ermittelt.[267]

Als Resultat ergibt sich ein linearer Zusammenhang zwischen dem Informationsgehalt und der Größe des Orderflusses. Zwischen dem Informationsgehalt für käufer- und verkäuferinitiierte Transaktionen besteht allerdings kein Unterschied. Der konstatierte Zusammenhang zwischen dem Nettoorderfluss und der Änderung des Futurekurses zeigt eine nicht lineare Abhängigkeit, d.h. große Orders führen relativ gesehen zu kleinen Orders auch zu niedrigeren Kurseffekten.

In der jüngsten Studie analysiert **Ellul (1999)** die Marktwirkung von Blocktransaktionen erstmals im Kontext europäischer Börsenmärkte. Dazu werden große Standardwerte, die parallel in London, Paris, Mailand und Frankfurt gelistet sind, auf Preis- und Volatilitätsveränderungen untersucht. Als Ereigniszeitpunkt gilt der Moment, in dem am Londoner SEAQ-I Markt eine Blocktransaktion ausgeführt wird. Untersucht wird damit die Wirkung der Blocktransaktion in London auf die Aktienkursverläufe am jeweiligen Heimatmarkt. Die Handelsdaten stammen aus den ersten sechs Monaten des Jahres 1996, wobei für den deutschen Markt ausschließlich IBIS-Daten der DAX 30-Werte verwendet werden. Die Durchschnittsgröße der Transaktionen in den untersuchten europäischen Auslandsaktien ist im SEAQ-I Handelssegment wesentlich größer als am jeweiligen Heimatmarkt, d.h. große Blocktransaktionen werden vornehmlich am Londoner Aktienmarkt durchgeführt. Eine Transaktion an der LSE wird dann als Block definiert, wenn sie mindestens das sechsfache der NMS erreicht. Die Transaktionen werden nach einer abgewandelten Form der Tick-Regel in Käufe und Verkäufe eingeteilt. Dicht aufeinander folgende Blocks werden aus der Stichprobe entfernt und ebenfalls solche, die aufgrund der unterschiedlichen Öffnungszeiten an den untersuchten Börsen nicht berücksichtigt werden können. Das Zeitfenster der Ereignisstudie umfasst zwei Stunden vor und nach dem Block.[268]

---

[266] Vgl. dazu Kapitel 3.3.

[267] Genauer gesagt wird der Nettoorderfluss ermittelt, der sich aus der Differenz zwischen käufer- und verkäuferinitiierten Orders berechnet.

[268] Diese relativ lange Zeitspanne wird gewählt, um den Zeitraum der verspätet veröffentlichten Blocktransaktionen am Londoner Aktienmarkt berücksichtigen zu können.

Die Transaktionen werden in Fünf-Minuten- Intervalle eingeteilt und daraufhin die abnormalen Renditen unter Verwendung des mittelwertbereinigten Modells berechnet. Zusätzlich werden Mehrfachregressionen durchgeführt.

Als wichtigstes Ergebnis wird festgestellt, dass Blocktransaktionen im Londoner SEAQ-I-System einen permanenten Preiseffekt an den Heimatbörsen der untersuchten Aktien auslösen. Bei sehr großen Blocks wird ein langfristiger kumulierter Preiseffekt von bis zu +0,9% bei Käufen und bis zu –0,8% bei Verkäufen erreicht.

Im Fall reiner Auktionsmärkte wie an der Pariser oder Mailänder Börse ist dieser Effekt stärker ausgeprägt als bei einem hybriden Handelssystem wie IBIS. Der Preiseffekt wird am Heimatmarkt zeitlich sogar noch vor der tatsächlichen Bekanntgabe der Transaktion am Londoner Aktienmarkt sichtbar und ist an der jeweiligen Heimatbörse bereits vollständig eingearbeitet, sobald die Transaktion in SEAQ-I veröffentlicht wird. Das Ansteigen der Volatilität beim Ausführen einer Blocktransaktion fällt bei reinen Auktionssystemen stärker aus als bei hybriden Systemen wie IBIS. Zwischen der Größe des Blocks und dem Ausmaß des Preiseffektes kann kein eindeutiger Zusammenhang nachgewiesen werden.

3.3 Klassifikationsverfahren zur Bestimmung der Handelsrichtung einer Blocktransaktion

Der Überblick über die bisherigen empirischen Studien hat bereits gezeigt, dass in den Ausgangsdaten mehrheitlich keine Informationen darüber vorlagen, ob der Geschäftsabschluss einer Blocktransaktion von der Käufer- oder der Verkäuferseite initiiert wurde. Für die Daten der empirischen Untersuchung in Kapitel 4 müssen diese Angaben z. T. auch anhand eines Klassifikationsverfahrens ermittelt werden.

Um eine Einteilung in Käufe und Verkäufe vorzunehmen, wurden bereits im Rahmen der bisherigen Studien unterschiedliche Methoden vorgestellt. In einer Reihe neuerer Untersuchungen, die im Folgenden kurz erläutert werden, wird getestet, wie zuverlässig diese Klassifikationsverfahren bei unterschiedlichen Kapitalmarktdaten die korrekte Zuordnung der Handelsrichtung gewährleisten. Die Untersuchungen beruhen meist auf Datensätzen, bei denen die Handelsrichtung der Transaktionen im Voraus bekannt ist. Diese Angaben werden mit den Ergebnissen der Verfahren verglichen.

Die getesteten Klassifikationsverfahren ermitteln die Handelsrichtung einer Transaktion rekursiv aus vorhandenen Daten wie Kursen, Umsätzen oder der Geld- Brief-Spanne. Zu den gebräuchlichsten Verfahren zählen (1) die Geld-Brief-Spanne-Regel,

(2) die Tick-Regel und (3) die Methode nach **Lee/Ready (1991)**.[269] Die erstgenannte Vorgehensweise identifiziert eine Transaktion als käuferinitiiert (verkäuferinitiiert), wenn sich der Aktienkurs über (unter) dem Mittelkurs aus Geld- und Briefkurs befindet. Transaktionen, die exakt zu diesem Mittelkurs abgerechnet werden, bleiben dabei unberücksichtigt. Das zweitgenannte Zuordnungsverfahren basiert auf der relativen Kursbewegung zum vorherigen Aktienkurs. Wird die entsprechende Transaktion zu einem Kurs durchgeführt, der sich über (unter) dem vorherigen Aktienkurs befindet, dann wird diese als Kauf (Verkauf) identifiziert. Der letztgenannte Algorithmus von **Lee/Ready (1991)** stellt eine Kombination der beiden beschriebenen Verfahren dar: Es findet eine Einordnung der Handelsrichtung bei jeder Transaktion nach der Geld-Brief-Spanne-Regel statt, wobei zusätzlich Aufträge, die zum Mittelkurs abgerechnet werden, nicht –wie zuvor – von der Untersuchung ausgeschlossen, sondern nach der Tick-Regel eingeteilt werden.

Der Großteil dieser Studien untersucht Kursdaten an der NYSE, wie auch die im folgenden genannten Untersuchungen. **Lee/Radhakrishna (1999)** ermitteln für ausgewählte Kursdaten der NYSE die Zuverlässigkeit der Lee/Ready-Methodik, die je nach Stichprobe zwischen 88% und 93% beträgt. Die Empfehlung der Autoren, zero-tick-Fälle bei der weiteren Untersuchung systematisch auszuschließen, kann allerdings nachweislich zu Fehlern bei empirischen Studien führen, die sich der Lee/Ready-Methodik bedienen.[270] **Odders-White (2000)** testet alle drei vorgestellten Methoden und erhält für das Lee/Ready-Verfahren mit 85% die höchste Genauigkeit bei der Zuordnung der Transaktionen. Die bisher aktuellste Studie ist **Finucane (2000)**, der die Zuverlässigkeit der genannten Methoden ebenfalls mit Kursdaten der NYSE untersucht. Als Ergebnis wird bei den ersten beiden Verfahren eine Zuordnungsgenauigkeit von 83% (Tick-Regel) bzw. 84% (Lee/Ready-Methodik) erzielt. Einige Studien überprüfen die Genauigkeit der Zuordnungsverfahren auch für andere Börsenplätze. Hier ist beispielhaft die Studie von **Aitken/ Frino (1996)** über die Australian Stock Exchange (ASE) zu nennen. Die Genauigkeit der Tick-Regel beträgt für diese auktionsbasierte Börse rund 74%.[271] Die jüngste Studie von **Ellis/Michaely/O'Hara (2000)** untersucht erstmals auch Transaktionen an der Nasdaq bezüglich ihrer Handelsrichtung.[272]

[269] Vgl. z.B. Ellis/Michaely/O'Hara (2000), S. 529-530. Zur theoretischen Herleitung der genannten Methoden vgl. Hasbrouck (1988), Blume/Mackinlay/Terker (1989) und Lee/Ready (1991).

[270] Vgl. Finucane (2000), S. 555.

[271] An der ASE werden keine Transaktionen zum „Mittelkurs" ausgeführt, weshalb es den Autoren nicht möglich war, die Genauigkeit der Lee/Ready-Methodik im Vergleich zur Tick-Regel zu quantifizieren.

[272] Als Ergebnis erhalten die Autoren insgesamt eine Treffsicherheit von rund 78% für die Tick-Regel und von ca. 81% für die Lee/Ready-Methodik.

Zusammenfassend kann den Ergebnissen entnommen werden, dass die Tick-Regel mindestens eine Zuordnungsgenauigkeit von 74% aufweist, d.h. 74% der Datensätze werden korrekt zugeordnet. Dieser Wert wurde im Rahmen einer auktionsbasierten Börsenarchitektur erreicht, die der Struktur des deutschen Aktienmarktes am nächsten kommt. Im Rahmen der späteren empirischen Studie der Arbeit wird eine Zuordnung der Blocktransaktionen anhand der Tick-Regel allerdings lediglich in einigen Fällen als zusätzliche Methode verwendet.

3.4 Zusammenfassung der bisherigen Untersuchungen

Es wurden in chronologischer Reihenfolge wichtige Studien vorgestellt, die das Kursverhalten im Umfeld von Blocktransaktionen bzw. Transaktionen institutioneller Anleger untersuchen.

In früheren Studien wurden tägliche Kurse bzw. Tagesschlusskurse als Referenzpunkte zur Messung der Preiseffekte verwendet. Die erzielten Ergebnisse können dabei sowohl die Informationshypothese als auch die Preisdruck-Hypothese bestätigen, da meist Kombinationen von kurz- und langfristigen Effekten feststellbar sind. Insgesamt fallen die permanenten Effekte bei Kaufblocks größer aus als bei Verkaufsblocks. Lediglich **Kraus/Stoll (1972)** stellen fest, dass der permanente Preiseffekt für Kauf- und Verkaufsblocks eine Funktion des Volumens darstellt.

Bei der Verwendung von Tagesschluß- bzw. Eröffnungskursen in den früheren Studien wird nicht der Kursverlauf direkt nach einer Transaktion berücksichtigt. Für verkäuferinitiierte (käuferinitiierte) Blocktransaktionen fallen dadurch temporäre Preiseffekte tendenziell zu hoch (niedrig) aus und permanente Preiseffekte werden zu niedrig (hoch) angesetzt. Eine ausschließliche Verwendung von Intraday-Renditen hilft, diesen Schätzfehler zu vermeiden und führt damit tendenziell zu plausibleren Ergebnissen. Im Rahmen der eigenen empirischen Untersuchung werden deshalb ausschließlich Intraday-Daten verwendet. Studien, die ebenfalls Intraday-Daten verwenden, sind **Holthausen/Leftwich/Mayers (1990)**, **Hansch/Neuberger (1995)**, **Gemmill (1996)**, **Keim/Madhavan (1996)**, **Madhavan/Cheng (1997)**, **La Plante/Muscarella (1997)** und **Ellul (1999)**.

Ein möglicher Grund für das Auftreten niedrigerer Preiseffekte in früheren Untersuchungen kann in der starken Zunahme des Handelsvolumens, insbesondere seit den achtziger Jahren, gesehen werden. Dies wurde u.a. begünstigt durch die tendenziell sinkenden Transaktionskosten, den technologischen Fortschritt bei den Handelsplattformen und den Trend zur Institutionalisierung des Anlageprozesses. Diese Veränderungen schlagen sich auch in den unterschiedlich hohen Preiseffekten im Zeitablauf nieder.

Als häufigste Blockdefinitionen bei Intraday-Analysen werden relative Definitionen wie z.B. die 1% größten Blocks, die größten Blocks je Monat oder ein festgelegtes Vielfaches der NMS verwendet. Allgemein weisen dabei Verkaufsblocks höhere Volumina auf als Kaufblocks.

Überwiegend kommt bei der Bereinigung der abnormalen Renditen das mittelwertbereinigte Modell zum Einsatz, zur Identifizierung der Kauf- und Verkaufsblocks wird meist die Tick-Regel verwandt. Im Umfeld einer Blocktransaktion kann meist eine erhöhte Volatilität der Renditen gemessen werden. Ebenso wie bei den früheren Studien mit täglichen Kursen, können auch bei der Verwendung von Intraday-Daten sowohl temporäre als auch permanente Preiseffekte festgestellt werden. Dabei fallen permanente Preiseffekte insgesamt für Kaufblocks höher aus als für Verkaufsblocks. Ein Zusammenhang des permanenten Preiseffektes mit der Größe der Blocktransaktion kann dagegen nur im Rahmen der Studie **Holthausen/Leftwich/Mayers (1990)** nachgewiesen werden. Ein positiver Zusammenhang des totalen Preiseffektes mit dem Volumen der Blocktransaktion wird lediglich durch **Madhavan/Cheng (1997)** festgestellt.

Durch die Unterschiede in der Methodik, Datenlage und Marktmikrostruktur der einzelnen Börsen lassen sich zum größten Teil die Schwankungen der Ergebnisse erklären. Bei den beschriebenen Studien sind zudem teilweise Sondersituationen enthalten, wie z.B. Transaktionen im Rahmen von M&A-Geschäften, Orderströme auf dem Terminmarkt und Aktienangebote auf dem Sekundärmarkt im Rahmen von sogenannten „secondary distributions".

Zusätzlich wurden Untersuchungen angeführt, die häufig verwendete Einteilungsregeln zur Ermittlung der Transaktionsseite bei der Durchführung eines Blocks auf ihre Zuverlässigkeit überprüfen. Dabei ist eine große Übereinstimmung zwischen der ermittelten und der tatsächlichen Handelsrichtung feststellbar. Diese Klassifizierungsregeln werden auch im nächsten Kapitel bei der Einteilung der Blocks häufig Verwendung finden.

4 Empirische Untersuchung des Blockhandels am deutschen Aktienmarkt

Im Rahmen der folgenden empirischen Studie werden Preiseffekte in der Umgebung von Blocktransaktionen an verschiedenen Marktsegmenten des deutschen Aktienmarktes untersucht. Zusätzlich erfolgt eine Betrachtung außerbörslicher Blocktransaktionen.

Aus den Ergebnissen und der Methodik der bisherigen Studien in Kapitel 3 lassen sich erste Schlussfolgerungen für die empirische Untersuchung ableiten. So sollte zunächst die Zuverlässigkeit bei der Einteilung der Blocks in käufer- und verkäuferinitiierte Transaktionen mittels der Tickregel kritisch überprüft werden, da die ermittelten Preiseffekte wesentlich von dieser Klassifizierung abhängen. Außerdem sollte der Einfluss unterschiedlicher Blockdefinitionen auf das Ausmaß der Preiseffekte ermittelt werden.

Die erste angewandte Untersuchungsmethodik ermittelt im Rahmen einer Ereignisstudie die Preiseffekte für alle börslichen und außerbörslichen Aktien der Stichprobe. Daraufhin werden ausschließlich für die börslichen Blocks die Einflussfaktoren auf die Höhe der Preiseffekte mittels Regressions- und Korrelationsanalysen näher untersucht. Abschließend wird bei der Implementierung des Softwareagenten die Profitabilität einer Handelsstrategie getestet, die als Indikatoren das Volumen und die Handelsrichtung aller Blocks verwendet.

4.1 Auswahlkriterien für die Stichprobe

Die untersuchte Stichprobe enthält Aktien aus vier unterschiedlichen Marktsegmenten des deutschen Aktienmarktes. Das erste Segment beinhaltet Werte des DAX, welcher die 30 größten und umsatzstärksten Unternehmen an der deutschen Börse enthält. Die zweite Stichprobe stammt aus dem MDAX-Segment, das 70 Aktien des Midcap-Segments umfasst und die Titel beinhaltet, welche nach den Kriterien Marktkapitalisierung und Börsenumsatz auf die Werte des DAX folgen. Aktien, die am Neuen Markt gelistet sind, bilden eine weitere Unterstichprobe. Aus diesem Marktsegment werden Aktien betrachtet, die gleichzeitig im NEMAX 50 Index enthalten sind, der als Marktindex für die 50 größten und liquidesten Aktien des Neuen Marktes konzipiert wurde. Darin sind sowohl inländische als auch ausländische Werte enthalten. Schließlich stellt der SMAX ein Qualitätssegment für in- und ausländische Small caps an der Frankfurter Wertpapierbörse (FWB) dar, die bezüglich Liquidität und Transparenz erhöhten Anforderungen genügen. Dort gelistete Unternehmen sind verpflichtet, neben der Zulassung zum Amtlichen Handel oder dem Geregelten Markt weitere Bedingungen zu erfüllen.[273] Es handelt sich um ein Marktsegment mit niedrigen Umsätzen, so dass institutionelle Investoren bei der Durchführung größerer Kaufaufträge eine relativ lange Ausführungszeit einkalkulieren müssen.[274] Als Referenzindex für dieses Marktsegment dient der SDAX.[275]

Als frühest möglicher Zeitpunkt für die Untersuchung ist der 1.7.1999 mit der Einführung des NEMAX50-Index vorgegeben. Um Bewegungen, die aufgrund der Neueinführung dieses Index entstehen können, auszuschließen, wird der Startpunkt des Betrachtungszeitraumes einen Monat später und damit auf den 1.8. 1999 festgelegt.

Die Datenmengen bei Intraday-Untersuchungen stellen nicht unbeträchtliche Anforderungen an die EDV-Ressourcen sowie an die Methodik der Datenanalyse, weshalb eine Eingrenzung des Untersuchungszeitraums auf sechs Monate erfolgt, also bis zum 31.01.2000. Der Vorteil dieses Beobachtungszeitraums liegt auch darin begründet, dass systematische Verzerrungen des Handelsvolumens aufgrund von Dividendenzahlungen ausgeschlossen werden können, die meist im Frühjahr bereits anfallen.[276]

Als engeres Auswahlkriterium werden nur die liquidesten Titel der jeweiligen Indizes herangezogen, da die Mehrheit der institutionellen Anleger sich bei ihren Anlageentscheidungen direkt oder indirekt an einer derartigen Benchmark orientiert.[277] Bei der Aufnahme einer Aktie in einen der Indizes sind bestimmte Grundvoraussetzungen zu erfüllen.[278] Die Entscheidung über die Indexzugehörigkeit wird von der Deutschen Börse AG anhand der Umsatzstatistik einer Aktie getroffen. Fällt die Prüfung dieser Bedingungen positiv aus, erfolgt die Auswahl der Indexwerte nach dem Börsenumsatz in den vergangenen 12 Monaten und der Marktkapitalisierung zu

---

273 Vgl. Kiss (2001), S. B 4. Die Auflagen bestehen in der Quartalsberichterstattung, der Bereitstellung mindestens eines Designated Sponsors und seit 2002 auch die Veröffentlichung der Rechungslegung nach den internationalen Kriterien der IAS oder US-GAAP.

274 Vgl. Kiss (2001), S. B4.

275 Der SDAX setzt sich aus den 100 größten und umsatzstärksten deutschen Unternehmen des SMAX zusammen und schließt sich somit – vom Börsenumsatz und von der Marktkapitalisierung her gesehen – an den MDAX an.

276 Ein häufig beobachtetes Phänomen im Umfeld von Dividendenzahlungen ist ein signifikanter Anstieg des Handelsvolumens bei der betreffenden Aktie. Dieser Zusammenhang wurde erstmals von Lakonishok/Vermaelen (1986) untersucht. Die Autoren ermitteln ein höheres Handelsvolumen in einem Zeitraum von 10 Tagen um das Ereignis herum. Vgl. Lakonishok/Vermaelen (1986), S. 299.

277 Eine direkte Orientierung findet bei Indexfonds statt, die allerdings zum Zeitpunkt der Untersuchung noch nicht sehr verbreitet waren. Die Performance aktiver Fonds wird von unabhängigen Fondsbewertungsgesellschaften meist relativ zu einer Benchmark bewertet. Die Ausrichtung an einer Benchmark findet bei diesen Fonds auch im Rahmen der Managementvergütung statt, die z.T. nach der relativen Performance im Vergleich zu einem adäquaten Index erfolgt. Vgl. dazu Steiner/Bruhns (1994), S. 440 - 441.

278 Vgl. für die vollständige Auflistung aller Grundvoraussetzungen Deutsche Börse AG (2001), S. 18-19.

einem bestimmten Stichtag.[279] Da der Hauptanteil der Handelsaktivität institutioneller Anleger bei Aktien mit hoher Marktkapitalisierung liegt, wird dieser Faktor als wichtigstes Kriterium für die Stichprobe betrachtet.[280] Dafür wird die Marktkapitalisierung im Zeitraum des Kalenderjahres 1999 herangezogen. Aktien, die nicht über den gesamten Untersuchungszeitraum in dem entsprechenden Index enthalten sind, werden nicht berücksichtigt.

Um eine möglichst homogene Zusammensetzung der Stichproben zu gewährleisten, soll in jedem Segment die gleiche Anzahl unterschiedlicher Aktien enthalten sein. Dabei gilt es zu beachten, dass große institutionelle Anleger bei Aktien eine Mindestliquidität voraussetzten, um sich in diesem Titel überhaupt zu engagieren.[281] Deshalb wurde als Untergrenze für Aktien aus der niedrig kapitalisierten SMAX-Stichprobe zusätzlich ein Tagesumsatz von durchschnittlich 500.000 € angesetzt.[282] Diesem Kriterium genügen im Marktsegment des SMAX die 16 liquidesten Werte, womit der Umfang der betrachteten Einzelwerte in jedem Marktsegment vorgegeben ist. Zudem ist bei den umsatzstärksten Werten im SMAX gleichzeitig eine ausreichende Anzahl an Kursfeststellungen pro Handelstag vorhanden, so dass bei der späteren Bildung des Intraday-Zeitfensters um das Ereignis herum eine ausreichend große Endstichprobe erwartet werden kann. Die gesamte Stichprobe besteht somit aus 64 Aktien (vgl. Tabelle 4-1).

---

279 Neben diesen beiden wichtigsten Kriterien spielen ergänzende Aspekte wie der Free-Float, die Verfügbarkeit der Aktie im Markt und die Branchenzugehörigkeit des Unternehmens eine wichtige Rolle bei der Entscheidungsfindung.

280 So stellen z.B. Chan/Lakonishok (1993) anhand von Handelsdaten institutioneller Anleger fest, dass sich im obersten Dezil hinsichtlich der Marktkapitalisierung 48% der Transaktionen konzentrieren, dem Wert nach sogar 61%. In den Aktien, die zu den 40% mit der niedrigsten Marktkapitalisierung zählen, werden von Institutionellen im Durchschnitt nur noch rund 4% der Transaktionen bzw. dem Wert nach nur 0,6% der Transaktionen getätigt. Vgl. Chan/Lakonishok (1993), S. 177. Vgl. zu dieser Aussage auch die Ausführungen in Kapitel 2.2.

281 So wird etwa für die beiden Fonds Deka Lux Mid-Cap und Deka EuropaPotential vom Fondsmanagement ein Tagesumsatz von 0,5 Mio. € als Mindestanforderung für die Liquidität der Aktien genannt, in die der Fonds investiert. Vgl. o. V. (2000), S.23.

282 Vgl. zu den vollständigen Angaben der Marktkapitalisierung und des Handelsvolumens der Stichprobe im Anhang.

Tabelle 4-1: Überblick über die Aktien der Gesamtstichprobe und deren Marktkapitalisierung (Kap.)am 31.12.1999[283]

DAX-Stichprobe		MDAX-Stichprobe		NEMAX-Stichprobe		SMAX-Stichprobe	
Aktie	**Kap. (Mio. €)**	**Aktie**	**Kap. (Mio. €)**	**Aktie**	**Kap. (Mio. €)**	**Aktie**	**Kap. (Mio. €)**
Dt. Telekom	215.101,89	**WCM**	6.602,42	**Intershop**	4.657,52	**RSE**	1.544,39
Mannesmann	120.137,83	**MLP**	5.400,55	**Mobilcom**	3.876,00	**Baader**	633,44
Allianz	81.920,18	**Metallgesellschaft**	3.745,95	**Consors**	3.652,00	**VCL**	587,65
Daimler Chrysler	78.057,46	**Gehe**	2.806,65	**Qiagen**	2.618,37	**Gontard & MetallBank**	462,40
Siemens	75.544,80	**Kamps**	2.774,25	**Aixtron**	2.188,78	**Norddt. Affinerie**	329,60
SAP	56.090,75	**DePfa**	2.637,36	**Medion**	2.108,40	**Beru**	285,00
Dt. Bank	51.445,04	**Continental**	2.624,00	**Brokat**	1.766,32	**Koenig & Bauer**	256,80
Münchener Rück	45.789,56	**Altana**	2.593,50	**Kinowelt**	1.730,74	**B.U.S**	192,51
Bayer	34.399,10	**Fresenius**	2.449,95	**Intertainment**	1.241,14	**Hornbach**	192,00
BASF	32.205,89	**Porsche**	2.292,50	**LHS Group**	1.235,78	**Bmp**	142,13
Dresdner Bank	30.072,52	**Software**	1.578,45	**Singulus**	1.125,45	**TFG**	126,00
Hypo-vereinsbank	26.827,86	**Merck**	1.395,00	**Steag**	1.077,00	**Knorr**	117,54
VEBA	24.360,55	**Douglas**	1.389,45	**SCM**	760,57	**Winkler + Dünnebier**	97,93
RWE	20.870,95	**SGL Carbon**	1.369,34	**Teles**	673,03	**Möbel Walther**	97,32
VW	20.684,38	**Pro Sieben**	988,75	**SER**	570,15	**Spuetz**	56,93
Commerzbank	19.181,52	**Holzmann**	197,47	**Teldafax**	394,10	**Plettac**	49,56

Tabelle 4-1 zeigt eine Übersicht, in der die Aktien nach dem Kriterium der Marktkapitalisierung angeordnet sind.[284] Die ausgewählten Werte repräsentieren fast die gesamte Bandbreite der Marktkapitalisierung aller gehandelten Aktien an deutschen Börsenplätzen. Es ist ebenfalls erkennbar, dass die NEMAX- und MDAX-Stichprobe eine ähnliche Bandbreite in Bezug auf die abgebildete Marktkapitalisierung aufweisen. Beim späteren Vergleich dieser beiden Segmente kann demnach unterstellt werden, dass unterschiedliche Ergebnisse bei den Preiseffekten nicht auf Unterschiede hinsichtlich der Marktkapitalisierungen zurückzuführen sind.

---

[283] Quelle: Deutsche Börse AG (1999a).

[284] Die Reihenfolge in der Tabelle entspricht dabei nicht automatisch der Rangfolge, den die Aktien nach den beiden Kriterien Marktkapitalisierung *und* Handelsvolumen im Index aufweisen. Vgl. zur Aufstellung der Aktien nach beiden Kriterien im Anhang.

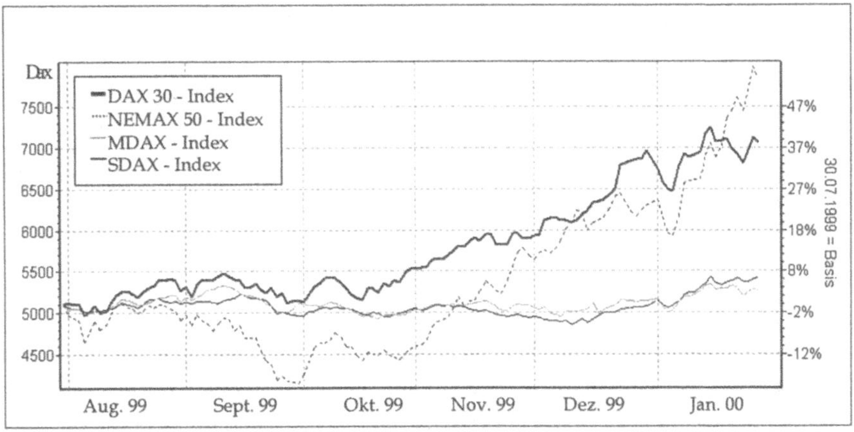

Abbildung 4-1: Kursverlauf der Marktsegmente im Untersuchungszeitraum 1.8.1999 – 30.1.2000, relativ zum DAX-Index (rechte Skala).

In Abbildung 4-1 wird deutlich, dass sich die Indizes aller untersuchten Marktsegmente über einen gewissen Zeitraum in einer Seitwärtsbewegung befinden, wobei dies für die beiden Indizes des SDAX und des MDAX fast für den gesamten Untersuchungszeitraum gilt. Der DAX und der NEMAX 50 dagegen weisen nur in den ersten drei Monaten eine Seitwärtstendenz auf. Ab November ist dagegen bei allen Indizes eine Aufwärtsbewegung erkennbar.

Für die vorliegende Studie wird bewusst keine Aufteilung in Zeiträume mit unterschiedlichen Börsenphasen gewählt. Die Einteilung einer Zeitreihe in mittelfristige Hausse- und Baissephasen beinhaltet immer eine äußerst subjektive Entscheidung und erscheint daher nicht als eindeutig verifizierbarer Einflussfaktor geeignet.[285]

Die Festlegung der Blocks erfolgt nach unterschiedlichen Definitionen. Die Basis bildet eine Einteilung in die 0,5% Geschäftsvorfälle mit dem größten Volumen. Da an jedem Börsenumsatz mindestens zwei Parteien beteiligt sind, entspricht diese Abgrenzung - zumindest für die Blocks im variablen Handel – in etwa den 1% größten Transaktionen.

[285] Vgl. z.B. die Studie von Röckemann (1995), der eine Zeitreihe in zwei Haussephasen (12 Monate mit +33% und 6 Monate mit +19%) und eine dazwischen liegende Baissephase von 6 Monaten mit einem Minus von rund 33% unterteilt. Diese Einteilung scheint recht willkürlich und berücksichtigt beispielsweise auch nicht die Geschwindigkeit und Volatilität, mit der diese Hoch- und Tiefphasen an der Börse vonstatten gehen.

Die Einteilung erfolgt somit in Anlehnung an **Hansch/Neuberger (1995)**.[286] Folgende Blockdefinitionen werden untersucht:

- Geschäftsvorfälle mit dem 0,5% größten absoluten Volumen,
- Geschäftsvorfälle mit dem 0,5% größten relativen Volumen im Verhältnis zum durchschnittlichen Umsatz des jeweiligen Handelstages.

4.2 Inhalt der Daten

Bei den verwendeten Daten handelt es sich nicht um Transaktionsvolumina, die lediglich den aggregierten Umsatz der Kauf- und Verkaufseite enthalten, sondern um die Auflistung aller einzelnen Geschäftsvorfälle zu den jeweiligen Zeitpunkten ihrer Ausführung. Diese wurden vom Bundesaufsichtsamt für den Wertpapierhandel (BAWe) zur Verfügung gestellt, welches derartige Daten im Rahmen des Meldewesens archiviert.

Finanzdienstleistungsinstitute, die zum Handel an einer inländischen Börse zugelassen sind oder den Eigenhandel[287] für andere betreiben, sind nach § 9 WpHG dazu verpflichtet, getätigte Geschäfte in Wertpapieren oder Derivaten dem BAWe zu melden. Zuvor bestand bereits seit dem 1.1.1996 eine Meldepflicht für alle Kreditinstitute. Unter die meldepflichtigen Geschäfte fallen sämtliche Eigengeschäfte ebenso wie Geschäfte, die im Zusammenhang mit einer Wertpapierdienstleistung durchgeführt werden. Zu melden sind alle börslichen und außerbörslichen Geschäfte in Wertpapieren bzw. Derivaten, die zum amtlichen Handel oder zum geregelten Markt an einer deutsche Börse zugelassen oder in den Freiverkehr einbezogen sind. Die Meldung hat spätestens an dem auf die Transaktion folgenden Werktag zu erfolgen.[288]

Diese Meldedaten enthalten zusätzliche Angaben, die aus einfachen Kurs- und Umsatzangaben, wie sie z.B. von der Deutschen Börse AG zur Verfügung gestellt werden, nicht ersichtlich sind und eine genauere Untersuchung der Blocktransaktionen auf der Basis einzelner Geschäftsvorfälle ermöglichen.

Der Inhalt des Meldesatzes, der an das BAWe weitergeleitet wird, umfasst insgesamt 61 Felder, die nicht bei jeder Transaktion vollständig ausgefüllt sind. Aus daten-

[286] Im Rahmen des Gesamtkursverfahrens wird ein Vielfaches an Einzelaufträgen zum gleichen Zeitpunkt durchgeführt. Da bei den Daten ebenfalls die Auktionen enthalten sind, stellt die Auswahl von 0,5 % der größten Aufträge genaugenommen einen größeren Anteil als 1% der größten Transaktionen da. Insbesondere bei den DAX-Werten liegt dieser Wert wesentlich höher, da überproportional viele Aufträge im Rahmen der Auktionen ausgeführt werden.

[287] Vgl. dazu die entsprechende Definition in § 1 Abs. 1 a) Satz 2 Nr. 4 KWG: „Die Anschaffung und die Veräußerung von Finanzinstrumenten im Wege des Eigenhandels für andere (Eigenhandel)."

[288] Vgl. WphG §9, Absatz 1.

schutzrechtlichen Gründen können weder die Felder mit der Identitätsangabe der Marktteilnehmer noch die jeweilige Kassenvereinsnummer oder eine sonstige eindeutig zuzuordnende Kennzahl weitergegeben werden.[289] Die in Tabelle 4-2 angeführten Positionen werden für die vorliegende Untersuchung verwendet.

Tabelle 4-2: Verwendete Feldnummern aus dem Meldebogen des BAWe

Feld-Nr.	Etikettlabel	Feldinhalt
13	Kalenderdatum	Datum des Geschäftsabschlusses
14	Uhrzeit	Uhrzeit des Geschäftsabschlusses
17	Geschäftsart	Kauf/Verkauf (aus Kundensicht)
18	Geschäftstyp	brutto/netto/aggregiert/ interessewahrend
19	Kennzeichnung Eigenbestand	ja/nein
20	Kennzeichen Effektengeschäft	Kunden- oder Eigengeschäft
21	Kennzeichen börslich	ja/nein
23	Börsenplatz oder Handelssystem	XETRA/Parkett Ffm./ Regionalbörsen/außerbörslich
25	Nominale	Stückzahl
27	Abschlusskurs	Kurs des Geschäftsabschlusses
33	Wertpapierkennummer (WKN)	Kennzeichnung jedes Wertpapiers

Bei den einzelnen Meldesätzen, die in komprimierter Form einen Speicherbedarf von rund 2,4 Gigabyte einnehmen, handelt es sich um Rohdaten, die in mehreren Schritten bereinigt werden müssen. Die Bedeutung und speziellen Probleme bei der Auswertung der einzelnen Positionen in Tabelle 4-2, werden im Folgenden kurz erläutert.

Uhrzeit

Auffällig ist eine gewisse Häufung der Meldungen zum Zeitpunkt voller Minuten. Bei einer Untersuchung der Sekundenangaben findet sich ein etwa dreimal so hoher Anteil mit fehlender Angabe (bzw. „null Sekunden"), was nur z.T. auf die Zeitpunkte der Auktionen zurückzuführen ist, die gehäuft bei vollen Minuten auftreten. Einige Kreditinstitute übermitteln im Rahmen ihrer Meldung lediglich den Zeitpunkt in Minuten. Dies kann aber lediglich für die DAX-Stichprobe mit sehr kurzen Abstän-

[289] Der Autor dankt an dieser Stelle Herrn Kollak vom BAWe für die zeitnahe Bereitstellung der Datensätze.

den zwischen den einzelnen Transaktionen zu Ungenauigkeiten führen. Um diese möglichst niedrig zu halten, werden in der Gesamtstichprobe die Kurse sämtlicher deutscher Börsen in die Untersuchung mit einbezogen.

Geschäftsart

Bei der getrennten Erfassung der einzelnen Kauf- und Verkaufaufträge ist zu beachten, dass die Käufe und Verkäufe nicht eindeutig anhand ihres Volumens gematcht werden können, weil jede Einschaltung eines Maklers bei der Auftragsdurchführung an der Börse wiederum als Kauf- bzw. Verkauf gemeldet wird. Dadurch kann es für die börsliche Stichprobe auf beiden Seiten einer Transaktion zu Mehrfachzählungen kommen. Unterstellt man allerdings insgesamt eine ähnliche Struktur in der Auftragsweiterleitung auf beiden Seiten eines Handelsgeschäftes, so erscheint diese Verzerrung der Daten bei maklervermittelten Geschäften als vernachlässigbar gering. Zur Bereinigung der Doppelzählungen vgl. die Ausführungen in Kapitel 4.3.3.

Geschäftstyp

Der Auftragstyp „interessewahrende Order" ist sowohl im Parketthandel als auch auf dem XETRA-Handelssystem möglich. Damit wird das Kreditinstitut angewiesen, einen vorliegenden, meist großvolumigen Kauf- bzw. Verkaufsauftrag so auszuführen, dass ein möglichst geringer Market Impact entsteht, weshalb sich die Durchführung solcher Orders über mehrere Börsentage erstrecken kann.[290] Dieser Kurszusatz ist allerdings relativ selten (vgl. die Auswertung in Tabelle 4-9) Die besondere Bedeutung interessewahrender Orders wird dadurch verdeutlicht, dass sich die deutsche Börsenaufsicht mit dieser Thematik intensiv auseinandersetzt. Sie bezeichnet als interessewahrende Orders Aufträge, „ ... die der Skontroführer nicht unverzüglich und vollständig eingibt, [...] diese Aufträge, soweit sie ausführbar sind, nicht zum nächsten Kurs ausführt [...] und somit bei der Kursfindung nicht die aktuelle wirkliche Geschäftslage an der Börse beachtet."[291] Zudem sind interessewahrende Orders grundsätzlich tagesgültige Aufträge.[292] Entgegen einer Anordnung, die bis zum September 1999 gültig war, wird die kursschonende Ausführung solcher Aufträge nun nicht mehr beanstandet, wenn eine vollständige und zeitgerechte Meldung bei der Handelsüberwachungsstelle gewährleistet ist.[293]

[290] Vgl. Grill/Perczynski (1990), S. 431.
[291] Börsenaufsichtsbehörde des hessischen Ministeriums (1999), S. 1.
[292] Vgl. Börsenaufsichtsbehörde des hessischen Ministeriums (1999), S. 2.
[293] Vgl. Börsenaufsichtsbehörde des hessischen Ministeriums (1999), S. 1.

Anhand des vorliegenden Datenmaterials kann allerdings nichts über die Größe des gesamten Auftrages gesagt werden sondern lediglich die Feststellung getroffen werden, dass der Teil einer interessewahrenden Order als Transaktion an der Börse zur Ausführung kommt.

Kennzeichnung Eigenbestand

Hier wird angegeben, ob durch das Effektengeschäft der Eigenbestand des beteiligten Kreditinstituts betroffen ist. Die Angaben in diesem Feld stehen in unmittelbarem Zusammenhang zu dem folgenden Feld „Kennzeichen Effektengeschäft".

Kennzeichen Effektengeschäft

In diesem Feld ist verzeichnet, ob es sich um ein Eigengeschäft oder ein Geschäft im Kundenauftrag handelt. Im erstgenannten Fall ist regelmäßig auch der Eigenbestand betroffen (s.o). Eigengeschäfte am Aktienmarkt zeichnen sich dadurch aus, dass sie von einem Kreditinstitut ausschließlich für eigene Zwecke und aus dem Motiv der Gewinnerzielung heraus abgeschlossen werden.[294] Die Initiative für einen solchen Geschäftsabschluss geht typischerweise von dem Kreditinstitut selbst aus.[295] Derartige Geschäfte werden in eigenem Namen und auf eigene Rechnung ausgeführt und können damit auch von Kreditinstituten durchgeführt werden, die ansonsten keine Kundengeschäfte betreiben.[296] Handelt es sich dagegen um ein Kundengeschäft, so liegt ein Kommissionsgeschäft von Seiten der Bank vor.[297] In diesem Fall geht die Initiative für den Geschäftsabschluss vom Kunden aus und die Bank handelt lediglich im Auftrag des Kunden.[298]

Im weiteren Verlauf muss auch überprüft werden, ob die Möglichkeit besteht, dass den Eigengeschäften bei den Blocktransaktionen auch Geschäfte zugeordnet werden, die durch Betreuer bzw. Designated Sponsors im XETRA-Handel zustande gekommen sind.[299] In diesem Fall müsste die Beteiligung eines Designated Sponsors an der

[294] Vgl. Witt (1994), S.10.

[295] Vgl. Witt (1994), S. 10.

[296] Vgl. Echterbeck (1991), S.7.

[297] Kommissionsgeschäfte können in fremdem Namen auf fremde Rechung oder auch in eigenem Namen auf fremde Rechung durchgeführt werden. Ebenso sind Transaktionen im eigenem Namen auf eigene Rechung möglich. Näheres zu diesen Ausführungsalternativen vgl. bei Echterbeck (1991), S. 5-7.

[298] Von einer Kennzeichnung ihrer getätigten Eigengeschäfte im Rahmen der Meldepflicht sind lediglich die Makler ausgenommen. Dadurch kann sich in wenigen Einzelfällen hinter der Kennzeichnung als Kundengeschäft auch das Eigengeschäft eines Maklers verbergen.

[299] Seit der Einführung von XETRA Release 3 im Oktober 1998 findet das Betreuerkonzept ausschließlich im XETRA-Handel Anwendung. Außer am Neuen Markt wird von diesem Datum an das Betreuerkonzept (bzw. Konzept der „Designated Sponsors") auch auf alle Titel des SMAX und auf ausgewählte Aktienwerte des MDAX ausgedehnt. Vgl. Bosch (2001), S.44.

Abwicklung einer Blocktransaktion als weitere potentielle Erklärungsvariable für unterschiedliche Marktreaktionen in Betracht gezogen werden.

Kennzeichen börslich

Unter der Kennzeichnung als Börsengeschäft verbirgt sich auch ein geringer Anteil außerbörslicher Geschäfte. Es handelt sich dabei um außerbörsliche Transaktionen, die über BÖGA[300] (Börsengeschäftsabwicklungssystem) ausgeführt werden. Diese Fälle können lediglich z.T. durch die Überprüfung des Handelstages (falls dieser auf einen Tag fällt, an dem kein Börsenhandel stattfindet) oder der Uhrzeit (außerhalb der Börsenöffnungszeiten) herausgefiltert werden.

Im außerbörslichen Handel ergibt ein Abgleichen der Daten, dass nicht in allen Fällen gleichgroße Kauf- und Verkaufstransaktionen mit identischen Angaben des Datums und der Uhrzeit gemeldet werden. Teilweise fallen die korrespondierenden Kauf- und Verkaufseiten nicht einmal auf den selben Tag. Dies deutet darauf hin, dass die Zeitangaben für Transaktionen in diesem Marktsegment sehr ungenau sind oder aber dass eine nicht unbedeutende Anzahl außerbörslicher Geschäfte von einer Transaktionsseite überhaupt nicht gemeldet wird. Aufgrund dieser Unzuverlässigkeit der Datenlage und der besonderen Charakteristika des außerbörslichen Handels erfolgt eine Betrachtung dieses Segmentes lediglich als separate Teilstichprobe.

4.3 Aufbereitung der Daten

4.3.1 Fehlerbereinigung der Ausgangsdaten

Aufgrund der beschriebenen Fehlerquellen in den übermittelten Daten werden in mehreren Schritten unplausible Datensätze gelöscht. Im Rahmen einer explorativen Datenanalyse in SPSS[301] erfolgt eine Bereinigung der statistisch signifikanten Ausreißer bezüglich der genannten Merkmale. Zunächst werden Datensätze mit Kursbewegungen innerhalb eines Tages, die über bestimmten Schwellenwerten liegen, gelöscht. Als zweiter Faktor wird überprüft, ob statt der Stückzahl die Wertpapierkennnummer eingegeben wurde. Diese Datensätze werden ebenfalls gelöscht.[302] In

[300] BÖGA dient zur Geschäftsabwicklung der auf dem Börsenparkett und über das Handelssystem XETRA abgeschlossenen Wertpapiergeschäfte. Es wird an allen deutschen Börsen eingesetzt. Mit Hilfe dieses Systems sind Makler und Kreditinstitute in der Lage, die Kundenabrechnungen zeitnah zu erstellen.

[301] Die Datenanalyse wurde unter Verwendung des Statistikprogramms SPSS und Excel durchgeführt.

[302] Der Anteil aller fehlerhaften und bereinigten Datensätze beläuft sich auf unter 0,1% der Rohdaten.

einem dritten Schritt werden Transaktionen, die zwar als börslich gekennzeichnet sind, aber außerhalb der börslichen Handelszeit liegen bzw. auf ein Wochenende fallen, als außerbörsliche Geschäfte umkodiert.

4.3.2 Besonderheiten bei der Analyse von Intraday-Daten

Im Rahmen der vorliegenden Studie werden Intraday-Daten verwendet, mit der Besonderheit, dass mehrere Beobachtungen bzw. Transaktionen pro Handelstag vorliegen, die nicht äquidistant[303] sind und deren Häufigkeit bezogen auf die jeweiligen Handelstage gewöhnlich stark schwanken kann. Liegt zwischen den einzelnen Transaktionen eines Datensatzes eine Zeitspanne von weniger als fünf Minuten, so wird im allgemeinen auch von „High-Frequency-Daten" gesprochen.[304]
Die ungleichmäßige Verteilung der Zeitspannen zwischen den Kursfeststellungen kann teilweise anhand der unterschiedlichen Marktstrukturen erklärt werden. Bei Intraday-Daten ist der Einfluss unterschiedlicher Marktstrukturen auf die Kursbildung wesentlich stärker ausgeprägt als bei der Verwendung von täglichen Kursen.[305]

So haben Marktteilnehmer z.B. aufgrund des offenen Orderbuchs im XETRA-Handel die Möglichkeit, im Umfeld einer Blocktransaktionen eine Seite des Orderbuches „abzuräumen", was zu zeitlich unmittelbar aufeinanderfolgenden Transaktionen führt, wohingegen im Parketthandel dieses Phänomen nicht anzutreffen ist. Ebenso ist denkbar, dass ein offenes Orderbuch die Marktteilnehmer dazu veranlasst, mit einer wesentlich kürzeren Reaktionszeit auf bereits getätigte Transaktionen zu agieren als dies bei einem geschlossenen Orderbuch der Fall ist.

Für hochliquide Aktien wie z.B. Werte des DAX, verläuft die Verteilung der Zeitspannen zwischen zwei aufeinanderfolgenden Transaktionen für alle Börsenplätze inklusive des XETRA-Handelssystems rechtsschief.[306] Dies lässt sich dadurch ablesen, dass die Normalverteilungshypothese der Intraday Renditen für die gesamte Stichprobe auf Basis des strengen Kolmogorov-Smirnov-Tests[307] auf einem hohen Niveau abgelehnt werden kann. Des weiteren sind im Laufe eines Handelstages bestimmte

---

303 D.h. es liegen unterschiedlich lange Zeitabstände zwischen den einzelnen Beobachtungspunkten bzw. Transaktionen.

304 Vgl. Lüdecke (1998), S. 305. Bei großen Datenmengen finden sich auch Studien, deren Datenbasis lediglich auf die Betrachtung eines einzelnen Handelstages beschränkt ist. Vgl. z.B. die Studien Easly/Kiefer/O'Hara (1997) und Goodhart/Ito/Payne (1996).

305 Vgl. Kirchner (1999), S. 111-112.

306 D.h., der Median ist in allen Fällen kleiner als der Mittelwert der Verteilung.

307 Dieses Verfahren testet die Hypothese, dass die Stichprobe einer normalverteilten Grundgesamtheit entstammt. Vgl. z.B. Poddig/Dichtl/Petersmeier (2000), S. 324.

Saisonalitäten bei der Transaktionshäufigkeit[308], dem Handelsvolumen[309] sowie dem Renditeverlauf und den Volatilitäten feststellbar.[310]

Zeigen sich demnach im Laufe der Untersuchung Häufungen der Blocks zu Beginn und Ende des Handelstages, so ist bei Anwendung eines zu kleinen Schätzfensters mit einer Verzerrung bei den Vergleichswerten für die Renditen und Volatilitäten zu rechnen. Schließlich stellt sich bei Studien auf Basis von Intraday-Daten auch immer die Frage nach der Verwendung sogenannter Overnight-Renditen, also den Renditen, die sich vom Schlusskurs des Vortages bis zum Eröffnungskurs des betrachteten Handelstages ergeben. Zwischen diesen beiden Transaktionen liegt eine äußerst lange Zeitspanne von rund 16 Stunden, im Vergleich zu den Minuten oder lediglich Sekunden, die zwischen den Transaktionen innerhalb eines Tages liegen. Dadurch steigt auch die Wahrscheinlichkeit neuer kursrelevanter Informationen bezüglich einzelner Aktien oder des Gesamtmarktes. Dieser verzerrende Effekt der Overnight-Renditen wird deshalb aus der Untersuchung ausgeklammert.[311]

4.3.3 Aufbereitung der Blocktransaktionen

Aufgrund der speziellen Struktur der Meldedaten im Vergleich zu aggregierten Umsatzdaten, wird im folgenden kurz auf die grundsätzliche Vorgehensweise bei der Datenaufbereitung eingegangen. Zunächst muss darauf geachtet werden, dass zu jeder Transaktion auf der Käuferseite zumindest ein entsprechender Verkauf zur gleichen Zeit und zum gleichen Ausführungskurs existiert. Dabei lässt sich feststellen, dass die Anzahl der Doppelzählungen (vgl. Kap. 4.2 zur Geschäftsart) bei allen Marktsegmenten fast gleichmäßig auf „Käufe" und „Verkäufe" verteilt ist.[312]

Die Doppelzählungen können für den variablen Handel herausgefiltert werden. Für Abschlüsse, die im Rahmen des Einheitskursverfahrens ausgeführt werden, kann hingegen keine vollkommene Filterung erfolgen, da hier zu einem einzigen Zeitpunkt sehr viele Einzeltransaktionen mit identischen Volumina vorliegen. Die

---

308 Vgl. Kirchner/Schlag (1998), die einen U-förmigen Verlauf für die Transaktionshäufigkeit am deutschen Aktienmarkt feststellen bzw. McInsh/Wood (1990) für den amerikanischen Aktienmarkt.

309 Jain/Joh (1988) stellen einen U-förmigen Verlauf für das gehandelte Aktienvolumen im Laufe eines Handelstages am amerikanischen Aktienmarkt fest.

310 So stellen z.B. Wood/McInsh/Ord (1985), S. 730 für den US-Aktienmarkt in den ersten 30 Minuten insgesamt höhere Renditen und Renditevolatilitäten fest. Vgl. für den deutschen Aktienmarkt die Untersuchung von Röder/Bamberg (1995). Die Autoren ermitteln für minütliche Renditen des DAX in den ersten 45 Handelsminuten signifikant höhere Intraday Volatilitäten als für den übrigen Handelstag. Die leichte Zunahme der Volatilität gegen Handelsende ist dagegen nicht signifikant ausgeprägt.

311 Vgl. dazu auch die Vorgehensweise bei Kirchner (1999), S. 126 – 127. Die empirischen Untersuchungen dieser Arbeit erfolgen damit ausschließlich auf der Basis von Intraday-Renditen.

312 Die maximale Differenz der Anzahl von Käufen und Verkäufen in den Stichproben der einzelnen Marktsegmente liegt bei einem Prozentpunkt. Das bedeutet z.B. eine Aufteilung in 50,5% Käufe und 49,5% Verkäufe.

einzige Teilstichprobe, die (aufgrund des Handelsablaufs) fast keine Doppelzählungen beinhaltet, sind die außerbörslichen Blocktransaktionen.

Für die Auswahl der Blocktransaktionen werden zunächst aus allen Kauf- und Verkaufsabschlüssen die Blocks nach der entsprechenden Definition identifiziert, um im Fall unterschiedlicher Transaktionsvolumina auch jeweils die Seite mit der größten Transaktion erfassen zu können. Eine Einteilung in Kauf- und Verkaufsblocks nach der Tick-Regel (vgl. Kapitel 3.3) erfolgt lediglich für Geschäftsvorfälle, die auf beiden Seiten der Transaktion (also Kauf- und Verkaufseite) gleich hohe Volumina aufweisen.[313] Für Fälle mit unterschiedlich hohen Volumina wird die aktive Seite als Handelsrichtung klassifiziert.[314] Die Anzahl der Geschäftsvorfälle, die anhand der Tick-Regel klassifiziert werden, ist später bei den jeweiligen Stichproben angegeben.[315]

Danach werden die Kurse der übrigen Transaktionen als Kursdatenbank (sowohl für alle Börsen als auch nur für XETRA-Kurse oder Kurse der Frankfurter Parkettbörse) zusammengefügt, so dass für jeden Zeitpunkt genau ein Kurs für jede untersuchte Aktie existiert.[316] Später werden die identifizierten Blocktransaktionen mit den Daten der Kursdatenbank verknüpft.

4.4 Durchführung der Ereignisstudie

4.4.1 Methodik

Die allgemeine Methodik der Ereignisstudie findet einerseits als Test auf das Vorliegen eines effizienten Kapitalmarktes Verwendung und andererseits, um den unmittelbaren Informationsgehalt eines bestimmten Ereignisses zu messen. .[317] Der letztgenannte Ansatz wird auch bei der folgenden Untersuchung verfolgt Die grundlegende Vorgehensweise besteht dabei darin, die durchschnittliche Kursreaktion einer Aktienstichprobe auf ein bestimmtes Ereignis zu ermitteln. Die Reaktion wird dabei

---

313 Die Festlegung der „aktiven" Seite ist für den Fall der Einheitskursbildung (z.B. Eröffnungsauktion und Kassakursauktion) nicht möglich, da sich hier meist eine Vielzahl von Einzelaufträgen gegenüberstehen. In diesem Fall wird eine Einteilung nach der Tick-Regel vorgenommen.

314 Kraus/Stoll (1972) bezeichnet als erster die Blockseite mit weniger Beteiligten als aktive Seite. Vgl. Kraus/Stoll (1972), S. 573.

315 Zusätzlich wurden für jedes Marktsegment – in Anlehnung an die vorgeschlagene Vorgehensweise bei Holthausen/Leftwich/Mayers (1990), S. 84 - Kontrollstichproben mit jeweils 100 durchschnittlich großen Transaktionen durchgeführt, um zu kontrollieren, ob die Anwendung der Tick-Regel nicht zu einer systematischen Überschätzung des permanenten Preiseffektes führt. Dabei wurden bei einer Einteilung dieser durchschnittlich großen Transaktionen nach der Tick-Regel für das entsprechende Transaktionszeitfenster keine signifikant abnormalen Renditen festgestellt.

316 Sind zum gleichen Zeitpunkt mehrere Kurse vorhanden (z.B. bei parallelem Handel am Frankfurter Parkett und XETRA), wird mittels linearer Interpolation ein Durchschnittswert aus allen parallel existierenden Kursen berechnet.

317 Vgl. Garz (2000), S. 349.

meist um allgemeine Marktbewegungen bereinigt und von einem bestimmten Zeitraum vor bis nach einem Ereignis (Ereigniszeitfenster) betrachtet.

Die Eindeutigkeit des Ereigniszeitpunktes ist bei dieser Studie im Gegensatz zu anderen Untersuchungen gegeben. Ein Problem kann durch die „Verschmutzung" des Ereignisses bei einem parallelen Auftreten bewertungsrelevanter Informationen wie z.B. Ad hoc–Mitteilungen entstehen. Hier verhindert die Auswahl einer ausreichend großen Stichprobe eine derartige Ergebnisverzerrung, da das Auftreten der genannten Effekte zufällig verteilt ist.[318]

4.4.1.1 Festlegen der Ereignis- und Schätzperioden

Für die Durchführung der Ereignisstudie ist die Auswahl einer Schätz- und einer Ereignisperiode erforderlich.[319] Innerhalb der letztgenannten Zeitspanne wird eine Reaktion des Aktienkurses auf die Blocktransaktion erwartet. Aufgrund der ungleichen Transaktionsfrequenzen in den betrachteten Marktsegmenten finden zwei Zeitfenster mit unterschiedlicher Länge Verwendung. Für die Aktien der DAX-, MDAX- und NEMAX- Stichprobe werden 10 Transaktionen vor bis 20 Transaktionen nach dem Block betrachtet, bei der SMAX-Stichprobe wird hingegen ein kürzeres Transaktionszeitfenster von fünf Transaktionen vor bis 10 Transaktionen nach dem Ereignis gewählt.[320] Es kann angenommen werden, dass der dadurch erfasste Zeitraum für die Marktteilnehmer ausreicht, um auf das Ereignis zu reagieren. Als Ereigniszeitpunkt gilt die Ausführung der Blocktransaktion.

Die Schätzperiode dient dazu, Referenzwerte für die Schätzung der später verwendeten Betafaktoren und Renditevolatilitäten zu erhalten, die sich ohne das Informationsereignis ergeben hätten. Deshalb sollte hier ein Zeitraum gewählt werden, in dem keine Blocktransaktion stattfindet. Die Schätzperiode liegt in der Regel außerhalb der Ereignisperiode und wird gewöhnlich zeitlich vor dieser positioniert.[321] Auch bei den bisher vorgestellten empirischen Studien lag der Schätzzeitraum überwiegend *vor* dem Ereigniszeitpunkt. Dadurch soll erreicht werden, dass die Vergleichsparameter aus der Schätzperiode nicht durch ereignisinduzierte Änderungen verfälscht werden.

Üblicherweise wird bei der Ermittlung abnormaler Renditen für die Schätzperiode ein längerer Zeitraum als für die Ereignisperiode gewählt. Lediglich für die Untersu-

---

318 Vgl. Oerke (1999), S. 51.

319 Lediglich bei der Anwendung des marktbereinigten Modells ist keine Schätzperiode notwendig.

320 Eine Ausdehnung der Ereignisperiode auf bis zu 20 Transaktionen vor dem Block liefert keine substantiell abweichenden Ergebnisse bezüglich der Preisanpassung vor und nach dem Ereignis.

321 Vgl. z.B. Campbell/Lo (1997), S. 152.

chung der Renditevolatilität wird eine Schätzperiode mit der gleichen Transaktionsanzahl wie in der jeweiligen Ereignisperiode benötigt.[322] Die Berechnung der abnormalen Renditen erfolgt anhand des theoretisch anspruchsvollen markt- und risikoadjustierten Modells (vgl. Kapitel 4.4.1.4.2). In diesem Rahmen bedarf es ebenfalls einer Schätzperiode für die Ermittlung der Betafaktoren. Dabei handelt es sich allerdings um Größen, die über einen längeren Zeitraum anhand von täglichen Renditen ermittelt werden müssen, was für die einzelnen Unterstichproben zu unterschiedlichen Schätzzeiträumen führen kann.[323]

Des weiteren muss gewährleistet sein, dass sich in der Nähe einer identifizierten Blocktransaktion kein zweiter Block befindet, da ansonsten die Ergebnisse der durchschnittlichen Kursreaktion innerhalb des Zeitfensters verfälscht würden. Deshalb erfolgt eine Verringerung der Stichprobe anhand von drei Filtern, die derartige Verschmutzungen ausschließen sollen:[324] Zunächst wird festgelegt, dass sich 20 Transaktionen (bzw. 10 für die SMAX-Stichprobe) nach einer identifizierten Blocktransaktion kein weiterer Block derselben Aktie befindet. Außerdem müssen im entsprechenden Transaktionszeitfenster (also –10 bis +20 Transaktionen bzw. –5 bis +10 Transaktionen) genügend Kurse des selben Handelstages verfügbar sein. Durch den letztgenannten Filter werden Blocks ausgeschlossen, die ganz am Anfang bzw. Ende eines Handelstages liegen. Die Anwendung dieses Filters führt in den Stichproben zu einer leichten Übergewichtung von Blocktransaktionen mit relativ hoher Transaktionshäufigkeit.[325]

4.4.1.2 Renditeberechnung

Der Kurs einer Aktie kann sich im Rahmen der vorliegenden Intraday-Daten theoretisch in unendlich kurzen Zeiträumen verändern. Deshalb wird für die Renditeberechnung die stetige (kontinuierliche) Rendite verwendet, die sich aus logarithmierten Verhältniszahlen errechnet.[326] Da es sich um eine reine Intraday-Betrachtung

---

322 Für die Untersuchung auf statistisch signifikante Abweichungen bei der Volatilitätsentwicklung ist ein identisches Transaktionszeitfenster notwendig, da die Volatilitätsbestimmung immer abhängig von der Länge der gewählten Zeitperiode (bzw. des Transaktionszeitfensters) ist. Vgl. Röder/Bamberg (1995), S. 22. Somit wird für die DAX-, MDAX- und NEMAX-Stichprobe jeweils ein Schätzzeitraum von 30 Transaktionen und für die SMAX-Stichprobe von 15 Transaktionen vor dem Ereignis gewählt.

323 Vgl. zur Schätzung von Betafaktoren anhand eines Zeitfensters vor und nach dem Ereignis Röckemann (1995), S. 129. Vgl. zur Schätzung der einzelnen Betawerte Kapitel 4.4.1.5.

324 Vgl. zu dieser Vorgehensweise z.B. Ellul (1999).

325 Je mehr Transaktionen pro Tag stattfinden, um so niedriger ist die Wahrscheinlichkeit, dass zwei aufeinanderfolgende Blocks im selben Zeitfenster liegen und deshalb aus der Stichprobe ausgeschlossen werden müssen.

326 Vgl. dazu z.B. Zimmermann (1997), S. 54. Stetige Renditen finden bei empirischen Untersuchungen häufig Verwendung. Ihre Vorteile liegen in der besseren Addierbarkeit bei der Bildung kumulierter Renditen, der einfacheren Mittelwertbildung und einer stärkeren Annäherung an die Normalverteilungsannahme. Vgl. zu diesen Punkten ausführlich Fama (1976), S. 20 und S. 31; Rudd/Clasing (1988), S. 39-42 und Uhlir/Steiner (1994), S. 129-130.

handelt, ist keine Bereinigung der Renditen um Kapitalmaßnahmen, Dividenden etc. erforderlich. Die Rendite zwischen zwei aufeinanderfolgenden Transaktionen (R_{iT}) im Umfeld einer Blocktransaktion stellt sich dar als:

(4-1) $$R_{iT} = \ln(S_{iT+1}) - \ln(S_{iT})$$

mit: S_{iT} = Kurs der Aktie i zum Zeitpunkt der Transaktion T

S_{iT+1} = Kurs der Aktie i zum Zeitpunkt der Transaktion T+1

Als darauffolgender Kurs (T+1) gilt die zeitlich am nächsten gelegene Transaktion, die an einem der Börsenplätze bzw. dem XETRA-Handelssystem stattfindet. Die Berücksichtigung sämtlicher Kursfeststellungen bildet alle Handelsmöglichkeiten im Umfeld einer Blocktransaktion ab. Die Kursfeststellungen an den unterschiedlichen Regionalbörsen und auf XETRA weisen, zumindest für liquide DAX-Werte, einen hohen Integrationsgrad auf, was nur sehr geringe Preisunterschiede zwischen den einzelnen Börsenplätzen impliziert. Tendenziell werden Geschäftsvorfälle an den Regionalbörsen mit geringer Zeitverzögerung zu Kursen getätigt, die sich an Transaktionen der Frankfurter Börse (auf dem elektronischen XETRA-System bzw. dem Parketthandel) orientieren.[327]

4.4.1.3 Berechnung der Renditevolatilität

Bei der Berechnung der abnormalen Rendite handelt es sich um Mittelwertbetrachtungen über die Renditeentwicklung im Verlauf einer Blocktransaktion. Für den Fall, dass die Ausführung der Blocktransaktion mit einer kurzfristigen Abweichung von dem Gleichgewichtskurs verbunden ist, beinhaltet dieses Ereignis implizit auch eine höhere Volatilität der Renditen. Die Standardabweichung σ der Renditen berechnet sich für die Ereignisperiode wie folgt:

(4-2) $$\sigma(R_T) = \sqrt{\frac{1}{N}\sum_{i=1}^{N}(R_{iT} - \overline{R_{iT}})^2}$$

$$\text{mit } \overline{R_{iT}} = \frac{1}{N}\sum_{i=1}^{N} R_{iT}$$

327 Vgl. zu diesen Aussagen die Ergebnisse der empirischen Studie zur Preisführerschaft und Informationsverarbeitung am deutschen Aktienmarkt von Kirchner (1999), S. 192-195. In der genannten Untersuchung werden IBIS-Daten verwendet. Die grundsätzlichen Ergebnisse von Kirchner lassen sich aber durchaus auch auf das Nachfolgesystem XETRA übertragen. Für einen Überblick US-amerikanischer Studien zur Preisführerschaft vgl. Hasbrouck (1995).

Ob es sich bei den ermittelten Volatilitäten um statistisch signifikante Werte handelt, wird anhand der Standardabweichung für die Renditen der Schätzperiode überprüft (Vgl. auch die Darstellung der statistischen Testverfahren in Kapitel 4.4.1.6.1).[328] Durch die Verwendung des kurzen Schätzzeitraumes können auch die bereits beschriebenen typischen Kursmuster innerhalb eines Handelstages bei Renditevolatilitäten berücksichtigt werden.[329]

4.4.1.4 Auswahl geeigneter Referenzmodelle

Mit der Wahl eines geeigneten Referenzmodells für die vorliegende Ereignisstudie wird der grundsätzlichen Frage nachgegangen, welche Renditen ohne das Eintreten des Ereignisses „Ausführen einer Blocktransaktion" aufgetreten wären. Durch den Vergleich mit dieser Benchmark kann später festgestellt werden, ob in der Nähe des Ereignisses eine betragsmäßig auffällig große Abweichung der realisierten Transaktionsrendite vorliegt.

Bei bisherigen Ereignisstudien[330] wurden mittelwertbereinigte und marktbereinigte Referenzmodelle verwendet.[331] Das *mittelwertbereinigte Modell* geht von der Annahme aus, dass die erwartete Rendite (bzw. Renditevolatilität) einer Aktie über einen bestimmten Zeitraum hinweg konstant bleibt und sich unabhängig von der allgemeinen Marktentwicklung verhält. Zur Anwendung dieses Modells wird ein Schätzzeitraum benötigt, um die Referenzrendite zu ermitteln.

Das *marktbereinigte Modell* beruht hingegen auf der Hypothese, dass zwischen der Marktrendite und der Rendite jeder einzelnen Aktie der gleiche konstant lineare Zusammenhang besteht.[332] Für das marktbereinigte Modell wird keine Schätzperiode benötigt. Aufgrund dieser Beschränkung und der Eignung nur für spezifische Untersuchungen, wird empfohlen als erweitertes Referenzmodell das sogenannte *markt- und risikobereinigte Modell* zu verwenden, da sonst Ungenauigkeiten bei der Ergebnis-

---

328 Volatilitätsuntersuchungen im Rahmen von Ereignisstudien wurden bereits bei Brown/Warner (1985) eingesetzt. Im Zusammenhang mit Blocktransaktionen wurde die Volatilität der Renditen bei Ball/Finn (1989), Holthausen/Leftwich/Mayers (1990) und Ellul (1999) in die Untersuchung miteinbezogen (Vgl. die ausführliche Darstellung der bisherigen Studien in Kap. 2.8). Die hier angewandte Methodik wird in Anlehnung an die Studie Holthausen/Leftwich/Mayers (1990) durchgeführt.

329 Vgl. Kapitel 4.3.2 zu Besonderheiten bei Intraday-Daten.

330 Vgl. dazu auch die Methodik der bisherigen empirischen Studien in Kapital 2.8.

331 Vgl. z.B. Campbell/Lo (1997), S. 151.

332 Dieses Modell ist konsistent mit dem CAPM unter der Bedingung, dass alle Aktienwerte genau ein systematisches Risiko von eins aufweisen. Vgl. Brown/Warner (1980), S. 208.

berechnung die Folge sind.[333] Aus theoretischer Sicht ist dieses Modell den zuvor erwähnten Referenzmodellen vorzuziehen.[334]

Im Rahmen dieser Studie wird das markt- und risikobereinigte Modell zur Berechnung der abnormalen Renditen verwendet. Lediglich für die Ermittlung der Renditevolatilität wird das mittelwertbereinigte Modell benötigt. Beide Methoden werden im Folgenden erläutert.

4.4.1.4.1 Mittelwertbereinigtes Modell

Bei der Mittelwertbereinigung der Renditevolatilität, gemessen durch die Höhe der Standardabweichung, wird davon ausgegangen, dass die Standardabweichung über einen bestimmten Zeitabschnitt konstant ist und der zukünftigen erwarteten Standardabweichung entspricht. Es werden die Abweichungen zwischen der beobachteten und der erwarteten Standardabweichung gemessen, wobei die erwartete Volatilität über den Schätzzeitraum berechnet wird.[335] Formal lautet der Vergleich der Standardabweichungen bzw. Varianzen:

(4-3) $$\sigma_T^{\,2} = \sigma^2 \, (E(R_{iT}))$$

Im Rahmen der Berechnung von Renditevolatilitäten (vgl. **Ellul (1999), Holthausen/Leftwich/Mayers (1990)** und **Ball/Finn (1989)**) wurde bei den bisherigen Studien ebenfalls überwiegend das mittelwertbereinigte Modell angewandt.

4.4.1.4.2 Markt- und Risikobereinigung

Dieses Modell umfasst neben der reinen Marktentwicklung auch das systematische Risiko der betrachteten Aktien. Die Beziehung der einzelnen Größen lässt sich formal folgendermaßen darstellen:

(4-4) $$R_{iT} = \alpha_i + \beta_i R_{mT} + \epsilon_{iT}$$

mit den Variablen:

---

333 Vgl. z.B. Campbell/Lo (1997), S. 156. Das reine Marktmodell eignet sich z.B. dann, wenn keine Schätzperiode für den Betafaktor ermittelt werden kann, der zeitlich vor der Ereignisperiode liegt. Dies ist etwa bei Studien zum Underpricing-Phänomen der Fall.

334 Vgl. Röckemann (1995), S. 110.

335 Für die SMAX-Stichprobe beträgt der Schätzzeitraum 15 Transaktionen, für die restlichen Marktsegmente 30 Transaktionen.

R_{iT} = Rendite der Aktie i zum Zeitpunkt der Transaktion T

R_{mT} = Rendite des entsprechenden Marktindexes zum Zeitpunkt der Transaktion T

α_i = Achsenabschnittsparameter

β_i = Steigungskoeffizient der Geraden[336]

$\in_{iT}$ = Störterm

Es gilt: $E[\in_{iT}]=0$; $Var[\in_{iT}]=\sigma^2_{\in i}$

Der Steigungskoeffizient der Regressionsgeraden stellt das systematische Risiko der Aktie i dar. Das reine Marktmodell kann als Spezialfall der Gleichung (4-4) interpretiert werden, bei dem für $\beta_i = 1$ und für den Achsenabschnitt $\alpha_i = 0$ gilt. Aufgrund der separaten Berechnung von Betafaktoren für unterschiedliche Marktsegmente der Gesamtstichprobe wird später (vgl. Kapitel 4.4.1.5) eine detaillierte Schätzung der Betafaktoren für das markt- und risikobereinigte Modell vorgenommen.

Die abnormale Rendite der betrachteten Aktie i zum Zeitpunkt der Transaktion T lässt sich auf Basis der obigen Gleichung folgendermaßen berechnen:

$$(4\text{-}5) \qquad AR_{iT} = R_{iT} - (\alpha_i + \beta_i R_{mT})$$

Zur Ermittlung der Überrenditen wird das arithmetische Mittel aus den einzelnen Überrenditen gebildet. Je nach Lage der aufeinanderfolgenden Transaktionen um den Ereigniszeitpunkt werden die abnormalen Renditen der Blocktransaktionen - getrennt nach Kauf- und Verkaufsblocks - zu Querschnittsportefeuilles zusammengefasst. Jede Transaktion relativ zum Zeitpunkt des Ereignisses definiert ein separates Portefeuille :

$$(4\text{-}6) \qquad AR_T = \frac{1}{N}\sum_{i=1}^{N} AR_{iT}$$

mit:

AR_T = durchschnittliche Überrendite der Stichprobe zum Zeitpunkt der Transaktion T

N = Anzahl der Blocktransaktionen in der Stichprobe

[336] Der sogenannte Betafaktor drückt die Sensitivität der Aktie i im Verhältnis zur relativen Kursänderungen des Marktindexes aus. Vgl. zur Schätzung dieser Größe Kapitel 4.4.1.5.

Zusätzlich werden kumulierte Überrenditen auf Ebene der Stichproben berechnet, die sich aus der Summe der durchschnittlichen Überrenditen der jeweiligen Transaktionen ergeben:

$$CAR_{v,w} = \sum_{T=v}^{w} AR_T \qquad (4\text{-}7)$$

mit:

$CAR_{v,w}$ = kumulierte durchschnittliche Überrendite für den Zeitraum von T = v bis T = w

Die genauere Ermittlung der Betafaktoren im Rahmen des markt- und risikobereinigten Modells unter Verwendung unterschiedlicher Schätzperioden wird im folgenden Kapitel vorgenommen.

4.4.1.5 Schätzung geeigneter Betafaktoren im Rahmen des markt- und risikobereinigten Modells

Der Betafaktor stellt in diesem Referenzmodell das systematische Risiko jeder einzelnen Aktie in den separaten Stichproben dar. Dieses Risiko kann nicht durch weitere Diversifikation eliminiert werden.[337] Als Endergebnis der Betaschätzung kann in der Ereignisstudie das systematische Risiko jeder einzelnen Aktie für die Berechnung der abnormalen Renditen berücksichtigt werden.

Die Schätzung adäquater Betafaktoren erfolgt üblicherweise nicht anhand von Intraday-Daten sondern auf der Basis täglich ermittelter Renditen.[338] Auf folgende wichtige Schätzparameter wird in diesem Unterkapitel ausführlich eingegangen:[339]

- Referenzindex
- Schätzverfahren
- Rendite-Intervall
- Länge der Schätzperiode

[337] Vgl. Gerke/Bank (1998), S. 209.

[338] Vgl. z.B. Poddig/Dichtl/Petersmeier (2000), S. 260-263.

[339] Die Art der Renditeberechnung hat keinen signifikanten Einfluss auf das Schätzergebnis. Vgl. Zimmermann (1997), S.206. Bei der Verwendung von wahlweise diskreten oder stetigen Renditen kommt der Autor in einer umfangreichen Studie für den deutschen Aktienmarkt zu identischen Ergebnissen. Für die vorliegende Studie wird die Schätzung der Betafaktoren anhand logarithmierter täglicher Renditen durchgeführt.

Bei der Wahl eines adäquaten *Referenzindex* kommen grundsätzlich mehrere Marktindizes in Frage. Folgt man dem originären Marktmodell von **Sharpe (1963)**, dann sollte der verwendete Index möglichst alle existierenden Anlagealternativen umfassen. Dieser Forderung nach einer breiten Streuung ließe sich lediglich durch die Verwendung eines internationalen Aktienindex nachkommen. In empirischen Untersuchungen wird allerdings häufig festgestellt, dass auch nationale Indizes für den jeweiligen Heimatmarkt gute Referenzindizes darstellen.[340] Die Verwendung eines unvollständig diversifizierten Index kann demnach zur Schätzung von Betawerten in der Praxis durchaus geeignet sein. Die verbreitete Verwendung des Betafaktors im modernen Portfoliomanagement beruht letztlich auf der Orientierung an einer Benchmark, die durch einen allgemein anerkannten Index abgebildet wird.[341] Auch im Zuge der zunehmenden Bedeutung institutioneller Investoren gewinnt der Benchmarkcharakter von Aktienindizes immer mehr an Bedeutung. Die Verwendung unterschiedlicher, allgemein anerkannter Indizes für die vier Marktsegmente erscheint demnach als praktikabel. Ein weiteres Argument für diese Vorgehensweise liefert der vielfach untersuchte Small-Firm-Effekt, der belegt, dass die Aktien kleinerer Unternehmen tendenziell höhere Renditen erzielen als Aktien großer Unternehmen.[342] Bei der Verwendung eines einheitlichen Index für die gesamte Stichprobe würde die stärkere Gewichtung der großen Unternehmen mit hoher Marktkapitalisierung, wie z.B. DAX-Werte, zu Fehlspezifikationen der Teststatistik führen.[343]

Für die vorliegende Studie werden die bereits vorgestellten und gut verfügbaren[344] Indizes DAX 30, MDAX, NEMAX50 und SDAX zur Schätzung der Betafaktoren verwendet. Alle genannten Indizes - außer dem DAX 30 - werden zur Zeit der Untersuchung im Minutenabstand aktualisiert. Für die Werte der DAX-Stichprobe ist es aufgrund der hohen Handelsfrequenz wichtig, dass dieser Index bereits sehr früh zu Handelsbeginn verfügbar ist und dass er als einziger Referenzindex alle 15 Sekunden neu berechnet wird.

Als nächster Schritt erfolgt die Wahl eines geeigneten *Schätzverfahrens* zur Ermittlung der Betawerte. Hier bietet sich die Methode der Kleinsten Quadrate (Ordinary Least Squares, OLS) als Standardverfahren der linearen Regressionsanalyse an. Bei empirischen Vergleichen des OLS-Schätzverfahrens mit der Generalized Least Squares (GLS) Methode können keine signifikanten Unterschiede hinsichtlich der Ergebnisse

---

340 Vgl. z.B. für den europäischen Kapitalmarkt die Ergebnisse der Studie Drummen/Zimmermann (1992), S. 25.
341 Vgl. Becker (2000), S. 47.
342 Vgl. für den deutschen Kapitalmarkt die Untersuchung von Oertmann (1994).
343 Vgl. Brown/Warner (1985), S. 20.
344 Für Intraday-Untersuchungen werden Indizes benötigt, die möglichst häufig innerhalb eines Tages neu berechnet werden.

festgestellt werden.[345] Das Regressionsverfahren der OLS erweist sich auch im Vergleich mit anderen Methoden als geeignet und wird an dieser Stelle verwendet. Wichtige Voraussetzungen für valide Schätzergebnisse sind das Fehlen von Autokorrelation und Heteroskedastizität bei den Störtermen, sowie eine annähernde Normalverteilung der Residuen.[346] Diese Voraussetzungen sind für die Stichprobe bei der Verwendung täglicher Renditen gegeben. Das OLS-Schätzverfahren unterstellt die Stabilität der Parameter im Zeitablauf, d.h. es wird davon ausgegangen, dass die im Marktmodell enthaltenen Größen α und β (vgl. Gleichung (4-4)) konstante Werte darstellen.

Als weiterer Parameter beschreibt das *Rendite-Intervall* die Fristigkeit der verwendeten (täglichen, wöchentlichen etc.) Renditen. Die Veränderung des Rendite-Intervalls hat von allen genannten Faktoren den größten Einfluss auf die Schätzung der Betawerte.[347] Vor allem bei der Untersuchung relativ illiquider Aktien treten Probleme hinsichtlich der Schätzung eines adäquaten Betafaktors auf, die unter dem Begriff Intervalling-Effekt in der Literatur bekannt sind.[348] Als Intervalling-Effekt wird die systematische Änderung des Betafaktors in Abhängigkeit von dem zugrundeliegenden Rendite-Intervall bezeichnet.[349] Je illiquider der Handel in den untersuchten Aktientiteln ist, desto stärker ist der Effekt ausgeprägt.[350] Dieses Phänomen könnte damit zumindest für die Unterstichprobe der SMAX-Werte zutreffen. Der genannte Effekt wird damit begründet, dass alle Aktien zwar in der Regel mindestens einmal täglich gehandelt werden, aber Aktientitel mit niedriger Marktkapitalisierung, die keine kontinuierliche Kursfeststellung aufweisen, auf das Eintreffen neuer Informationen nicht sofort durch Kursänderungen reagieren können.

Durch diesen Zusammenhang schlagen sich neue Informationen u.U. schneller im Marktindex nieder als in den einzelnen Aktientiteln.[351] So lässt sich bei wenig liquiden Aktien ein positiver Intervalling-Effekt feststellen, der sich dadurch äußert, dass der Betawert mit zunehmendem Rendite-Intervall ebenfalls steigt.[352] Eine Verlänge-

---

345 Vgl. für einen ausführlichen Vergleich unterschiedlicher Verfahren zur Schätzung von Betawerten die Untersuchung Zimmermann (1997), S. 207.

346 Unter *Autokorrelation* versteht man den linearen Zusammenhang zwischen beobachteten Daten, die einen bestimmten zeitlichen Abstand zueinander aufweisen. *Heteroskedastizität* liegt vor, wenn die Varianz des Störterms keinen konstanten Wert aufweist. Vgl. ausführlich zur Herleitung der genannten Annahmen Poddig/Dichtl/Petersmeier (2000), S. 293-324.

347 Vgl. Zimmermann (1997), S. 206.

348 Vgl. Thiele/Cremers/Robé (2000), S. 8.

349 Dieser Effekt konnte bereits in vielen empirischen Untersuchungen nachgewiesen werden. Vgl. z.B. Zimmermann (1997), Frantzmann (1990), Smith (1978), Levhari/Levy (1977).

350 Vgl. die erste Untersuchung mit diesem Ergebnis bei Scholes/Williams (1977). Dieser Effekt wird in der Literatur auch als Lawrence-Fisher-Effekt bezeichnet. Vgl. dazu Fisher (1966).

351 Vgl. Thiele/Cremers/Robé (2000), S. 13-14.

352 Bei kurzen Renditelaufzeiten sind die Betawerte illiquider Aktien sehr niedrig und liegen teilweise sogar im negativen Bereich. Vgl. Zimmermann (1997), S. 207.

rung des Rendite-Intervalls vermindert die Verzerrung durch den Intervalling-Effekt. Allerdings lässt die Zuverlässigkeit der geschätzten Beta-Werte bei ansteigendem Rendite-Intervall infolge des abnehmenden Stichprobenumfangs stark nach.[353]

Um eine aussagefähige und zuverlässige Schätzung für die Betawerte zu erhalten, benötigt man eine Mindestanzahl von Beobachtungen. Die Anzahl der Beobachtungswerte wird neben dem Rendite-Intervall auch durch die *Schätzperiodenlänge* determiniert, die den gesamten Zeitrahmen für die betrachteten Daten absteckt. Eine Verlängerung der Schätzperiode bewirkt aufgrund des größeren Stichprobenumfangs c.p. eine zuverlässigere Schätzung, was sich in einem geringeren Standardfehler der Betawerte wiederspiegelt.[354] Eine längere Schätzperiode führt aber nur dann zu einer erhöhten Stabilität der Schätzwerte, wenn in dem Beobachtungszeitraum keine Strukturbrüche auftreten. Dabei kann im allgemeinen von einem Strukturbruch gesprochen werden, wenn sich mindestens ein Parameter in der Regressionsfunktion zu einem bestimmten Zeitpunkt sprunghaft verändert.[355] Eine zu lange Schätzperiode erhöht allerdings die Wahrscheinlichkeit von Strukturbrüchen und wirkt sich demzufolge negativ auf die Zuverlässigkeit der Schätzwerte aus.[356]

Die weitere Vorgehensweise ist wie folgt. Zunächst wird der dargestellte Trade Off zwischen der Wahl des optimalen *Rendite-Intervalls* und der optimalen *Schätzperiodenlänge* bei der vorliegenden Stichprobe untersucht. Daraufhin werden die Voraussetzungen für eine möglichst zuverlässige Betaschätzung gebildet. Dies geschieht durch die simultane Berücksichtigung der beiden genannten Parameter, die anhand der Kriterien Bestimmtheitsmaß und Mean Squared Error (MSE) optimiert werden.

Wahl der Rendite-Intervalle für die Betaschätzung der Stichprobe

Abbildung 4-2 zeigt zunächst Betaschätzungen mit zwei verschiedenen Rendite-Intervallen für alle 64 untersuchten Einzelaktien. Es ist offensichtlich erkennbar, dass die Betaschätzer bei der Verwendung täglicher und wöchentlicher Rendite-Intervalle unterschiedlich ausfallen. Im Falle identischer Schätzwerte für die beiden Intervalle würden sich alle Werte der Punktewolke ausschließlich auf der durchgezogenen Diagonale (45°-Achse) befinden.

---

[353] Diese Aussage gilt bei gegebener Länge der Schätzperiode.

[354] Vgl. Zimmermann (1997), S. 98 und S. 233-234.

[355] Vgl. Schneeweiß (1990), S.118. Bei bisherigen empirischen Untersuchungen kann das Vorliegen eines Strukturbruches oft mit politischen, gesamtwirtschaftlichen oder unternehmensspezifischen Ereignissen in Verbindung gebracht werden. Für einen Überblick der bisherigen Untersuchungen vgl. die Tabelle bei Zimmermann (1997), S. 216-217.

[356] Auf diese Problematik weist bereits Gonedes (1973), S. 416-417 hin. Vgl. auch Alexander/Chervany (1980), S. 128; Dimson/Marsh (1983), S. 772-773.

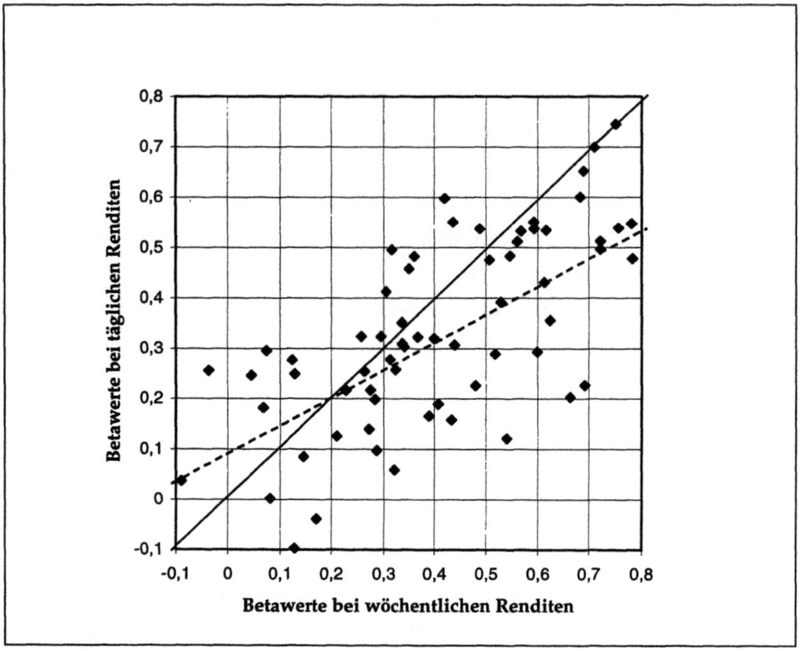

Abbildung 4-2: Vergleich von Betaschätzungen mit unterschiedlichen Rendite-Intervallen für die 64 Aktien der Gesamtstichprobe

Die gestrichelt eingezeichnete Regressionsgerade verläuft dagegen flacher und schneidet die y-Achse deutlich oberhalb der 45°-Achse. Empirischen Studien zufolge ist die Genauigkeit bei der Schätzung von Betafaktoren für Portfolios höher als für einzelne Aktienwerte.[357] Deshalb wird für die weitere Vorgehensweise eine getrennte Betrachtung der vier Marktsegmente durchgeführt.

Eine verlässliche statistische Schätzung der Betawerte ist erst ab einer bestimmten Mindestanzahl von Beobachtungswerten erreicht. Deren Umfang wird wiederum durch die Länge der Schätzperiode und des Rendite-Intervalls vorgegeben. Häufig wird als Richtlinie für den Stichprobenumfang bei Regressionen angegeben, dass deren Zahl möglichst über dem 10fachen der verwendeten Regressionskoeffizienten liegen soll.[358] Dies entspricht bei der vorliegenden Stichprobe über insgesamt sechs Monate einer Anzahl von $N > 20$. Mit dieser Mindestvorgabe lassen sich für die gesamte Stichprobe Rendite-Intervalle von maximal sechs Tagen berechnen. Abbildung 4-3 zeigt die durchschnittlichen Betawerte für gleichgewichtete Portfolios aus den

[357] Vgl. die Untersuchungsergebnisse bei Frantzmann (1990) und Smith (1978).

[358] Vgl. z.B. Sincich (1994), S. 426. Von anderen Autoren wird häufig auch ein wesentlich höherer Stichprobenumfang gefordert, wie z.B. eine Mindestanzahl von 60 bei Uhlir/Steiner (1994), S. 178.

einzelnen Unterstichproben.[359] Es handelt sich dabei um eine Querschnittsuntersuchung über alle Aktien der jeweiligen Unterstichprobe.

Bei allen Marktsegmenten lässt sich ein positiver Intervalling-Effekt feststellen, d.h. mit zunehmendem Rendite-Intervall steigt auch der ermittelte Betawert an. Besonders ausgeprägt ist dieser Effekt bei der SMAX-Stichprobe. Hier liegen ab einem Rendite-Intervall von fünf Tagen die durchschnittlichen Betawerte sogar über denen der MDAX-Stichprobe. Eine solche Überschneidung der Kurven wird bei bisherigen empirischen Untersuchungen gewöhnlich nicht festgestellt. Sie lässt sich auf einen stark negativen Ausreißer in der MDAX-Stichprobe zurückführen.[360] Die Wahl des optimalen Renditeintervalls für die Betaschätzung wird anhand des Betas getroffen, das den höchsten Erklärungsgehalt für einen bestimmten Untersuchungsabschnitt aufweist.[361]

[359] Der Übersichtlichkeit halber werden die Berechnungen zu den Betawerten nicht anhand von Einzelwerten sondern im Portefeuillezusammenhang dargestellt. Für die spätere Risikoadjustierung wird wieder auf die Betas der Einzelwerte zurückgegriffen.

[360] Ohne die Aktie der SGL Carbon (WKN 723530), die für das 5- Tagesintervall mit dem Wert -0,09 und für das 6-Tagesintervall mit dem Wert -0,45 den durchschnittlichen Betawert stark nach unten zieht, würde die Linie für die MDAX-Stichprobe ab dem fünften Rendite-Intervall steiler nach oben verlaufen und fortwährend innerhalb des Korridors aus der NEMAX- und der SMAX-Stichprobe liegen.

[361] Für die Anwendung einer alternativen Vorgehensweise, nämlich das durchschnittliche Beta der betrachteten Monatsrenditen zu verwenden, liegen nicht genügend Beobachtungspunkte vor. Vgl. zu den beiden genannten Ansätzen Thiele/Cremers/Robé (2000), S. 16.

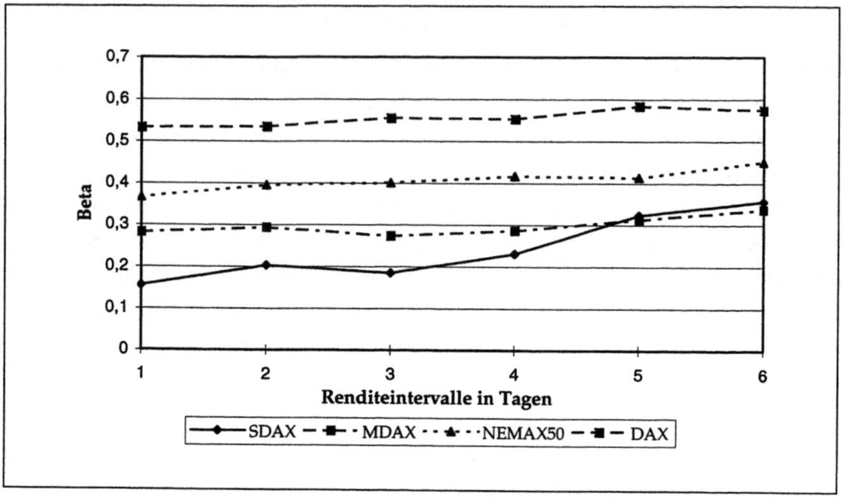

Abbildung 4-3: Mittlere Durchschnittsbetas der vier Unterstichproben

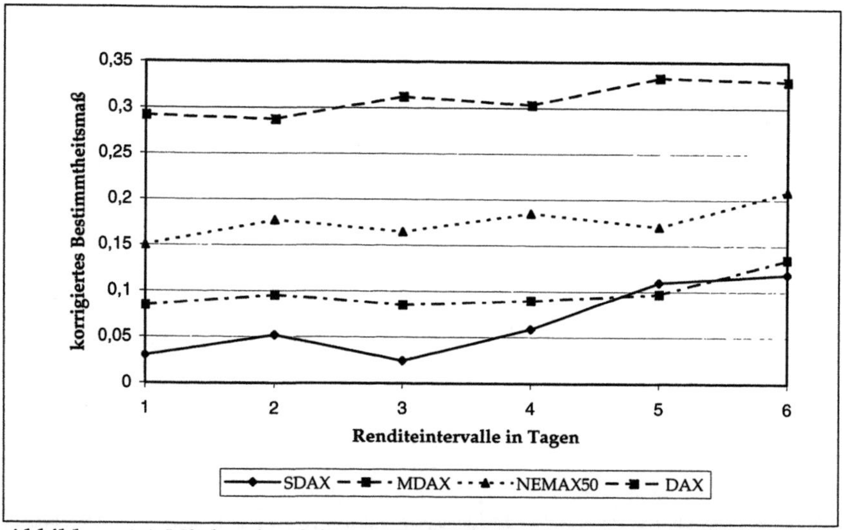

Abbildung 4-4: Mittlere korrigierte Bestimmtheitsmaße der vier Unterstichproben

Abbildung 4-4 zeigt die korrigierten Bestimmtheitsmaße für die einzelnen Stichproben.[362] Deren Verlauf zeigt, dass zunächst die Betawerte mit dem größten Rendite-Intervall von sechs Tagen als optimal zu betrachten sind, da sie über alle Portfolios hinweg den höchsten Erklärungsgehalt aufweisen.

Aus diesen Ergebnissen für den gesamten Beobachtungszeitraum lässt sich die Forderung nach einem möglichst langen Rendite-Intervall für alle vier Marktsegmente ableiten. Besonders für die SMAX-Stichprobe sollte zumindest ein Rendite-Intervall von einem oder drei Tagen vermieden werden, da hier die niedrigsten Werte für das korrigierte Bestimmtheitsmaß der gesamten Stichprobe vorliegen.

Wahl der Schätzperiodenlänge für die Betaschätzung der Stichprobe

Im letzten Abschnitt wurde bei der Wahl des optimalen Rendite-Intervalls lediglich auf den gesamten Beobachtungszeitraum von sechs Monaten abgestellt. Das Ziel bei der Festlegung der optimalen *Schätzperiodenlänge* besteht darin, Betafaktoren zu erhalten, die über die gesamte Schätzperiode hinweg ein relativ stabiles Maß für die Risiken der einzelnen Aktientitel darstellen. Deshalb wird im folgenden Abschnitt zusätzlich die Stabilität der geschätzten Betawerte in verschiedenen Unterzeiträumen ermittelt.[363]

Die Stabilität der Betaschätzer sollte im Idealfall auf Basis der optimalen Rendite-Intervalle erfolgen, die im obigen Abschnitt ermittelt wurden. Um allerdings monatliche Unterstichproben bilden zu können, ist die Datenbasis für eine Regression im Rahmen des OLS-Verfahrens nicht ausreichend. Deshalb muss an dieser Stelle auf das Rendite-Intervall von einem Tag zurückgegriffen werden.

In der rechten Spalte in Tabelle 4-3 werden die Standardabweichungen der geschätzten Betawerte über monatliche Unterzeiträume berechnet.[364] Insgesamt können relativ hohe Schwankungen festgestellt werden, wobei die NEMAX-Stichprobe mit einer Standardabweichung von rund 12% die niedrigste Prognosestabilität aufweist. Bei fast allen Marktsegmenten kann insbesondere ab dem Monat November eine Zunahme der Schwankungsbreite für die Betaschätzer festgestellt werden.

---

[362] Da der Wert R^2 als Bestimmtheitsmaß der Stichprobe meist die Güte der Anpassung des Modells an die Grundgesamtheit zu optimistisch darstellt, wird das korrigierte R^2 verwendet, welches die Güte der Anpassung des Modells in der Grundgesamtheit genauer wiederspiegelt. Dieses sog. adjustierte Bestimmtheitsmaße ist grundsätzlich niedriger als das Bestimmtheitsmaß R^2.

[363] In diesem Rahmen wird lediglich die Stabilität der Betawerte innerhalb der Schätzperiode betrachtet. Zu weiterführenden Untersuchungsmethoden der Betastabilität, auch im Rahmen von Autoregressionsuntersuchungen, vgl. z.B. Zimmermann (1997), S. 209-257.

[364] Vgl. zu dieser Vorgehensweise Thiele/Cremers/Robé (2000), S. 18.

	Aug.	Sept.	Okt.	Nov.	Dez.	Jan.	Ø	Stabw.
DAX	0,681	0,562	0,601	0,477	0,390	0,514	0,538	0,101
NEMAX	0,400	0,455	0,486	0,321	0,193	0,515	0,395	0,120
MDAX	0,359	0,279	0,283	0,221	0,142	0,371	0,276	0,086
SMAX	0,252	0,192	0,036	0,142	0,077	0,234	0,156	0,087
Ø	0,423	0,373	0,352	0,290	0,201	0,409		

Tabelle 4-3: Durchschnittsbetas der Stichproben bei monatlichen Schätzperioden unter Verwendung eines täglichen Rendite-Intervalls

Diese erste Überprüfung auf der Basis monatlicher Unterstichproben lässt damit auf eine relativ niedrige Stabilität der Betaschätzer schließen. Folglich scheint eine Aufteilung des gesamten Beobachtungszeitraumes angezeigt, um die Ergebnisse insgesamt zu verbessern.

Für diesen Zweck kann die Stabilität der Betawerte anhand des Mean Squared Error (MSE) –Verfahrens genauer quantifiziert werden, das für diesen Zweck am häufigsten angewandt wird.[365] Der MSE beinhaltet die durchschnittliche quadrierte Abweichung der tatsächlichen von den prognostizierten Betawerten.[366]

(4-8) $$MSE = \frac{1}{N}\sum_{i=1}^{N}\left(\beta_{i,q} - \beta^{p}{}_{i,q}\right)^{2}$$

mit: $\beta_{i,q}$ = tatsächlicher Betafaktor des Aktientitels i in der Periode q

$\beta^{p}{}_{i,q}$ = prognostizierter Betafaktor des Aktientitels i für die Periode q

Je niedriger der Wert ausfällt, umso höher ist die Stabilität der Schätzung im Zeitablauf. Ein genau definierter Grenzwert, ab dem eine hinreichende Stabilität festgestellt werden kann, ist in der Literatur nicht existent.[367] Somit sind lediglich Stabilitätsvergleiche sinnvoll, nicht jedoch absolute Aussagen über das Ausmaß der Stabilität.

Bei der Verwendung eines zweitägigen Rendite-Intervalls kann aufgrund des begrenzten Stichprobenumfangs maximal eine Aufteilung der Daten in drei gleich große Unterzeiträume erfolgen. Alternativ dazu wird verglichen, ob eine Einteilung in zwei Blöcke á drei Monate insgesamt zu einer höheren Stabilität der Schätzwerte führt. In Tabelle 4-4 zeigt sich für die einzelnen Stichproben ein sehr differenziertes

365 Vgl. z.B. Klemkosky/Martin (1975), S. 1123; Bauer (1992), S. 147.

366 Vgl. Becker (2000),S. 50. Beim Vorliegen einer exakten Prognose beträgt der Wert des MSE folglich Null. Zu einer weitergehenden Unterteilung des MSE in die Komponenten Bias, Ineffizienz und Zufall vgl. z.B. Zimmermann (1997), S. 74.

367 Vgl. Zimmermann (1997), S. 76.

Bild. Lediglich für die MDAX und die SMAX-Stichprobe nimmt der MSE-Wert für den Schätzfehler bei der Bildung von Untergruppen weiter ab.

Tabelle 4-4: Durchschnittliche MSE-Werte für die Stichproben bei einem Rendite-Intervall von zwei Tagen

	MSE Gesamtstichprobe [Aug.-Jan.]	Ø MSE 2 Untergruppen [Aug.-Okt./ Nov.-Jan.]	Ø MSE 3 Untergruppen [Aug.-Sept./Okt.-Nov./Dez.-Jan.]
DAX	**0,000827**	0,000838	0,000860
MDAX	0,005740	**0,005469**	0,005704
NEMAX	**0,006964**	0,006977	0,007055
SMAX	0,004827	0,004856	**0,004720**

Fett markierte Werte = niedrigster Schätzfehler

Simultane Optimierung des Rendite-Intervalls und der Schätzperiodenlänge

Als Endergebnis muss nun für jedes Marktsegment abgewogen werden, bei welcher Aufteilung in entsprechende Unterperioden das Bestimmtheitsmaß und der MSE insgesamt die optimalen Werte aufweisen.

Tabelle 4-5 zeigt, dass für alle vier Portfolios der Marktsegmente das durchschnittliche Bestimmtheitsmaß durch eine Aufteilung der Stichprobe ansteigt. Für den Fall der SMAX-Stichprobe liegt sogar bei der Aufteilung in drei Untergruppen das maximale Bestimmtheitsmaß vor.[368]

Damit bietet sich nach den Ergebnissen der Tabelle 4-5 und Tabelle 4-4 für die einzelnen Marktsegmente die Wahl unterschiedlicher Unterteilungen der Schätzperiode zur Ermittlung der Betawerte an. Für die SMAX-Stichprobe legen die Werte für den MSE und das Bestimmtheitsmaß eindeutig nahe, die Stichprobe in drei Untergruppen aufzuteilen, wodurch ein Rendite-Intervall von zwei Tagen Verwendung findet.[369]

368 Die jeweils höchsten Durchschnittswerte für das korrigierte Bestimmtheitsmaß bei den Unterstichproben liegen für alle vier betrachteten Marktsegmente über den Werten der Gesamtstichprobe.

369 Würde man lediglich den Intervalling-Effekt bei der SMAX-Stichprobe berücksichtigen, so wäre die Wahl eines möglichst langen Rendite-Intervall angebracht. Aber das höhere Bestimmtheitsmaß und der niedrigere Schätzfehler sprechen für das oben beschriebene Vorgehen.

Tabelle 4-5: Betawerte und Bestimmtheitsmaße bei der Bildung von Untergruppen mit unterschiedlicher Schätzperiodenlänge

	2 Untergruppen		Ø	3 Untergruppen			Ø
	Aug-Okt	Nov-Jan		Aug-Sep	Okt-Nov	Dez-Jan	
DAX Beta	0,627	0,478	0,553	0,657	0,504	0,490	0,550
DAX R^2	0,388	0,227	**0,307**	0,420	0,252	0,224	0,298
MDAX Beta	0,297	0,298	0,298	0,324	0,271	0,386	0,327
MDAX R^2	0,115	0,089	**0,102**	0,132	0,063	0,136	0,111
NEMAX Beta	0,439	0,381	0,410	0,397	0,439	0,422	0,419
NEMAX R^2	0,209	0,161	**0,185**	0,183	0,186	0,183	0,184
SMAX Beta	0,214	0,219	0,216	0,268	0,115	0,226	0,203
SMAX R^2	0,053	0,050	0,051	0,098	0,023	0,051	**0,057**

Fett markierte Werte = größtes Bestimmtheitsmaß, Differenzen bei der Durchschnittsbildung erklären sich durch nachträgliches Runden der Endergebnisse

Für die MDAX-Werte sollte eine Einteilung in zwei Untergruppen vorgenommen werden. Bei der DAX- und der NEMAX-Stichprobe hingegen ist die Wahl der optimalen Referenzwerte nicht ganz eindeutig. Die Werte des MSE und des Bestimmtheitsmaßes bewegen sich hier in unterschiedliche Richtungen. Aufgrund der starken Schwankungen bei den ermittelten Betawerten (vgl. Tabelle 4-3) wird für diese beiden Marktsegmente eine Einteilung in zwei separate Untergruppen gewählt. Der MSE-Wert weist in beiden Fällen lediglich eine geringe Verschlechterung auf im Vergleich zur Verwendung der Gesamtstichprobe als Schätzperiode. Damit kommen als Endergebnis folgende Schätzperioden und Rendite-Intervalle für die Berechnung der Betawerte zur Anwendung:

Tabelle 4-6: Rendite-Intervalle und Schätzperiodenlänge für die Betaschätzung in den einzelnen Marktsegmenten der Stichprobe

DAX	MDAX	NEMAX	SMAX
jeweils: 2 Untergruppen, 2 Tages-Rendite-Intervall			3 Untergruppen, 2 Tages-Rendite-Intervall

D.h., für alle Blocktransaktionen einer Aktie, die in der entsprechenden Untergruppe liegen, nimmt der geschätzte Betafaktor den gleichen Wert an.

4.4.1.6 Angewandte Teststatistik

4.4.1.6.1 Parametrische Testverfahren

Untersuchung der abnormalen Renditen

Parametrische Verfahren setzen voraus, dass die untersuchten Werte der jeweiligen Stichprobe normalverteilt sind. Als parametrischer Signifikanztest wird für die abnormalen Renditen der ,cross-sectional' t-Test verwendet.[370] Dabei wird die Nullhypothese H_0: $AR_T = 0$ gegen die Alternativhypothese H_1: $AR_T \neq 0$ getestet. Formal ergibt sich folgende Prüfgröße:[371]

$$(4\text{-}9) \qquad t_{AR_T} = \frac{AR_T}{\frac{1}{\sqrt{N}}\sqrt{\frac{1}{N-1}\sum_{i=1}^{N}(AR_{iT}-AR_T)^2}}$$

Werden kumulierte abnormale Renditen verwendet, so lautet die Prüfgröße

$$(4\text{-}10) \qquad t_{CAR_{v,w}} = \sqrt{N}\,\frac{CAR_{v,w}}{S(CAR_{v,w})}$$

mit $S(CAR_{v,w}) =$ Standardabweichung der kumulierten abnormalen Renditen der Transaktionen von T = v bis T = w

Diese Prüfgrößen sind unter der Nullhypothese studentverteilt mit N-1 Freiheitsgraden.

Untersuchung der Renditevolatilität

Zur Überprüfung, ob die Standardabweichungen bzw. Varianzen der Renditen aus der Ereignisperiode sich signifikant von den Werten der Schätzperiode unterscheiden, wird der parametrische F-Test verwendet.[372] Die Voraussetzungen einer näherungsweise normalverteilten Grundgesamtheit der Varianzen sind für die vorliegende Stichprobe gegeben. Die Prüfgröße setzt die Varianz des Ereignisperiode $\sigma^2(R_T)$ in Relation zur Varianz des Schätzzeitraumes $\sigma^2(E(R))$. Die Zufallsvariable F_T folgt einer F-Verteilung:

---

370 Bei diesem Testverfahren wird die durchschnittliche abnormale Rendite zum Zeitpunkt der Transaktion T mit der Standardabweichung der individuellen abnormalen Renditen zu diesem Transaktionszeitpunkt standardisiert.

371 Vgl. Peterson (1989), S. 47-48.

372 Vgl. zu dieser Vorgehensweise Holthausen/Leftwich/Mayers (1990), S. 81.

(4-11) $$F_T = \frac{\sigma^2(R_T)}{\sigma^2(E(R))}$$

4.4.1.6.2 Nichtparametrische Testverfahren

Bei nichtparametrischen oder verteilungsfreien Testverfahren werden schwächere Annahmen über die Wahrscheinlichkeitsverteilung der untersuchten Stichprobe getroffen als bei parametrischen Verfahren. Diese Kategorie der Teststatistik ist damit nicht von der spezifischen Form der Verteilungsfunktion in der Grundgesamtheit abhängig, aus der die Stichprobe stammt.[373] Der am häufigsten verwandte nichtparametrische Test zur Bestimmung von Lagealternativen bei Verteilungen ist der sogenannte Wilcoxon-Vorzeichen-Rangtest.[374]

Dieses Testverfahren überprüft, ob der Median der Grundgesamtheit Null beträgt.[375] Hierzu werden die betragsmäßigen (kumulierten) Überrenditen aller N Aktien der Stichprobe in eine aufsteigende Rangfolge gebracht. Jedem Wert wird dabei eine Rangzahl zugeordnet, so dass der kleinste Wert die Rangzahl eins und der größte Wert die Rangzahl N erhält. Anschließend wird jeder Rangzahl das Vorzeichen der dazugehörigen Überrendite zugewiesen. Die Prüfgröße W^+ ergibt sich dann aus der Summe der positiven Rangzahlen. Die kritischen Werte dieses Testverfahrens sind bis N=20 tabelliert. Für größere Stichprobenumfänge lässt sich folgende Prüfgröße verwenden, die approximativ standardnormalverteilt ist:

(4-12) $$Z = \frac{W^+ - \frac{N(N+1)}{4}}{\sqrt{\frac{N(N+1)(2N+1)}{24}}}$$

Bereits bei den Transaktionsrenditen der MDAX-Stichprobe, aber insbesondere bei den DAX-Werten treten verstärkt Bindungen auf, d.h. mindestens zwei absolute Werte in der Stichprobe sind identisch und erhalten damit später den gleichen Rang zugewiesen, indem die zugehörigen Rangzahlen gemittelt werden. In diesem Fall

[373] Vgl. Büning/Trenkler (1994), S. 1. Im Rahmen dieser Arbeit werden die Begriffe verteilungsfrei und nichtparametrisch als Synonyme benutzt. Für eine detaillierte Differenzierung zwischen beiden Begriffen vgl. Büning/Trenkler (1994), S. 1 - 2.

[374] Vgl. Büning/Trenkler (1994), S. 135.

[375] Zur Anwendung dieses Testverfahrens vgl. bspw. Büning/Trenkler (1994), S. 96 - 99.

wird die Approximation an die Normalverteilung besser durch folgende Formel dargestellt:[376]

(4-13) $$Z = \frac{W^{+} - \frac{N(N+1)}{4}}{\sqrt{\frac{1}{24}\left[N(N+1)(2N+1) - \frac{1}{2}\sum_{j=1}^{g} t_j(t_j-1)(t_j+1) \right]}}$$

Die Variable g stellt die Gesamtzahl der gebundenen Gruppen dar. Dementsprechend beinhaltet t_j die Anzahl der Elemente in der jeweiligen Gruppe.

Der häufig bei Ereignisstudien verwendete Rangsummentest[377] nach **Corrado (1989)** findet in dieser Studie keine Verwendung, da hier zusätzlich eine relativ lange Schätzperiode benötigt wird, was aufgrund der auftretenden overnight-Renditen die Ergebnisse stark verzerren würde. Dieses Testverfahren wurde bei bisherigen Studien deshalb auch ausschließlich im Rahmen von Ereignisstudien verwendet, die auf der Basis *täglicher* Renditen erfolgen.[378]

4.4.1.7 Definition der Preiseffekte

Wie bereits im theoretischen Teil der Arbeit (vgl. Kapitel 2.2) ausgeführt wurde, lassen sich bei der Kursreaktion im Umfeld einer Blocktransaktion totale, temporäre und permanente Preiseffekte unterscheiden. In dieser Arbeit wird in Anlehnung an **Holthausen/Leftwich/Mayers (1990)** eine häufig verwendete Definition für Intraday-Daten zur Ermittlung dieser unterschiedlichen Preiseffekte angewandt. In einer allgemeingültigen formalen Schreibweise lautet diese wie folgt:

(4-14) $$\text{Temporärer Preiseffekt} = In\left(\frac{S_b}{S_{g+1}}\right)$$

(4-15) $$\text{Permanenter Preiseffekt} = In\left(\frac{S_{g+1}}{S_{g-1}}\right)$$

(4-16) $$\text{Totaler Preiseffekt} = In\left(\frac{S_b}{S_{g-1}}\right)$$

---

[376] Vgl. dazu z.B. Hartung/Elpelt/Klösener (1991), S. 246.

[377] Der Test wird in der Originalquelle als "nonparametric test on mean ranked excess returns" bezeichnet. Vgl. Corrado (1989).

[378] Vgl. z.B. die Studien Oerke (1999), Röckemann (1995).

mit:

S_b : Kurs der Blocktransaktion

S_{g-1} : Gleichgewichtskurs vor der Blocktransaktion

S_{g+1} : Gleichgewichtskurs nach der Blocktransaktion

Dabei stellt S_{g-1} den Gleichgewichtskurs vor der Blocktransaktion dar, in dem annahmegemäß keinerlei Informationen über den bevorstehenden Block enthalten sind. Häufig wird als Gleichgewichtskurs die Transaktion direkt vor dem Block, d.h. zum Zeitpunkt T=-1 definiert. Dieser gängigen Festlegung wird auch in der vorliegenden Arbeit gefolgt. Dabei wird davon ausgegangen, dass vor der Aufgabe der Blockorder kein Informationsleck (sog. „information leakage") existiert. Ob in den Stichproben tatsächlich keine signifikanten Kursbewegungen *vor* der Ausführung eines Blocks auftreten, kann anhand der abnormalen Renditen im Ereigniszeitfenster festgestellt werden.

Mit S_{g+1} wird der Gleichgewichtskurs nach der Blocktransaktion bezeichnet. Zum Zeitpunkt dieser Transaktion ist der temporäre Preiseffekt des Blocks abgeschlossen. Als Gleichgewichtskurs wird, der Studie **Holthausen/Leftwich/Mayers (1990)** folgend, die erste Transaktion nach Durchführung des Blocks definiert, die keine abnormale Rendite aufweist. Dadurch ist es möglich, für die getrennt analysierten Marktsegmente zu unterschiedlichen Transaktionszeitpunkten einen neuen Gleichgewichtskurs zu erhalten.

Die logarithmierte Differenz zwischen den beiden genannten Gleichgewichtskursen stellt den permanenten Effekt dar, der zumindest über mehrere Transaktionen hinweg anhält. Die logarithmierte Differenz zwischen dem Kurs der Blocktransaktion und dem Gleichgewichtskurs nach dem Block beinhaltet den kurzfristigen Preiseffekt. Der totale Preiseffekt, der mit einer Blocktransaktion verbunden ist, setzt sich aus den beiden genannten Komponenten des temporären und des permanenten Preiseffektes zusammen und beinhaltet die gesamten impliziten Transaktionskosten.

Aufgrund der bereits erwähnten denkbaren Problematik eines auftretenden Informationslecks kann die gewählte Definition des permanenten Preiseffektes die tatsächliche Kursänderung als Ergebnis der Blocktransaktion unterschätzen. Die Stärke des Informationslecks spiegelt sich dann im Kurs unmittelbar vor der Blocktransaktion wider.[379]

[379] Vgl. z.B. Burdett/O' Hara (1987), Keim/ Madhavan (1996b), Nelling (1992).

4.4.2 Untersuchte Fragestellungen

Die identifizierten Blocktransaktionen werden auf das Vorliegen temporärer, permanenter und totaler Preiseffekte untersucht. Dabei werden verschiedene Teilstichproben gebildet. Durch die Einteilung in die vier Marktsegmente DAX, MDAX, NEMAX und SMAX können zunächst Unterschiede der Preiseffekte in Abhängigkeit von der Marktkapitalisierung der untersuchten Aktien festgestellt werden. Dabei wird davon ausgegangen, dass eine Blocktransaktion einen permanenten und einen temporären Preiseffekt auslöst, wobei der permanente Effekt umso größer ausfällt, je kleiner das Unternehmen (hinsichtlich dessen Marktkapitalisierung) ist.

Bei Aktien von Unternehmen mit niedriger Marktkapitalisierung kann davon ausgegangen werden, dass nur wenige Analysten diesen Titel in einem bestimmten Untersuchungszeitraum beobachten und kaum zusätzliche bewertungsrelevante Informationen über das Unternehmen zur Verfügung stellen. Der durchschnittliche Informationseffekt, der von einer Blocktransaktion ausgeht, ist somit als relativ hoch einzustufen. Bei Werten mit hoher Marktkapitalisierung, wie z.B. DAX-Aktien, ist dagegen von weniger stark ausgeprägten Informationsasymmetrien auszugehen, weshalb eine Blocktransaktion hier annahmegemäß einen niedrigeren permanenten Preiseffekt beinhaltet. Mit abnehmender Marktkapitalisierung wird somit von einem steigenden Anteil des permanenten Effektes am totalen Preiseffekt ausgegangen.

Zusätzlich wird für jedes Marktsegment untersucht, ob der (temporäre, totale und permanente) Preiseffekt einer Blocktransaktion linear abhängig von der Größe des Blocks ist.[380] Es wird ebenfalls getestet, ob im Umfeld eines Blocks die Marktunsicherheit, gemessen an der Renditevolatilität, zunimmt.[381] Außer bei den Volatilitätsuntersuchungen in den bereits vorgestellten Studien (vgl. Kapitel 3), wird auch in ähnlich gelagerten Untersuchungen ein positiver Zusammenhang zwischen Aktienkursvolatilität und Handelsvolumen hergestellt.[382]

Eine zweite Einteilung der Stichproben erfolgt durch den Handel von Blocks an unterschiedlichen Handelssystemen. Hier wird die Hypothese untersucht, ob Preiseffekte im Umfeld von Blocktransaktionen, die auf dem Parkett ausgeführt werden, insgesamt schwächer ausfallen als im XETRA-System. Auf dem Parkett ist der Käufer bzw. Verkäufer eines Blocks häufig bekannt kann und sich im Laufe der Zeit durch sein Verhalten Reputation erwerben. In XETRA hingegen wird ausschließlich

---

380 Vgl. das Modell bei Seppi (1990).

381 Vgl. zu Volatilitätsuntersuchungen z.B. Ellul (1999), S. 9.

382 Die meisten Studien zu dieser Thematik betrachten den längerfristigen Zusammenhang zwischen täglichem oder monatlichem Handelsvolumen und der Volatilität über diesen Zeitraum. Vgl. z.B. Chan/Fong (2000), Gallant/Rossi/Tauchen (1992), Schwert (1989).

anonym gehandelt. Hier ist das Risiko, an einen besser informierten Marktteilnehmer zu gelangen, vergleichsweise größer. Als weitere Erklärung sind die bereits erwähnten adversen Effekte im Vorfeld der Blocktransaktion zu nennen. In diesem Zusammenhang kann auch die Vermutung getroffen werden, dass tendenziell größere Blocks, die nicht informationsmotiviert sind, im fortlaufenden Handel eher über das Parkett ausgeführt werden als auf dem anonymen elektronischen Handelssystem XETRA.

Beim Vergleich der beiden Stichproben börsliche und außerbörsliche Blocktransaktionen wird untersucht, ob außerbörsliche Blocks aufgrund der weitgehenden Intransparenz des Handels keine permanente Kurswirkung auf den Börsenkurs der entsprechenden Aktie nach sich ziehen.

Als denkbare Einflussfaktoren auf die Höhe der genannten Preiseffekte kommt neben der bereits angesprochenen Volumenhöhe des Blocks und der Art des Handelssystems außerdem in Frage, ob ein Block im Rahmen des Eigenhandels oder als Kundengeschäft durchgeführt wird und wie hoch die Anzahl der Marktteilnehmer auf der Gegenseite des Blocks ist. Je niedriger (im fortlaufenden Handel) die Anzahl der Marktteilnehmer auf der anderen Transaktionsseite, umso eher wird von der Nachfrage nach kurzfristig benötigter Liquidität (Sofortigkeitsservice) ausgegangen.

Außerdem soll die Hypothese getestet werden, dass zum Ende des Handelstages aufgrund von Positionsglattstellungen verstärkt Verkaufsblocks stattfinden, um das sogenannte „overnight risk" zu vermeiden. Daher ist mit einem stärkeren Preiseffekt bei Verkaufsblocks zu rechnen, die zum Handelsschluss durchgeführt werden.[383]

Zusätzlich wird für die Implementierung eines Softwareagenten überprüft, ob eine Handelsstrategie formuliert werden kann, die lediglich auf den Informationen einer ausgeführten Blocktransaktion beruht und ob diese Strategie Überrenditen erwirtschaften kann.

4.4.3 Überblick über die Gesamtstichprobe

Bevor die Blocktransaktionen für die einzelnen Marktsegmente definiert und untersucht werden, erfolgt eine Darstellung aller wesentlichen Merkmale für die Daten der Gesamtstichprobe. Zu beachten ist, dass als Ausgangsbasis immer die einzelnen *Geschäftsvorfälle* (ausgeführte Kauf- und Verkaufaufträge) angeführt werden. In Tabelle 4-7 und Tabelle 4-8 wird die Volumenverteilung der Gesamtstichprobe ge-

[383] Vgl. zu dieser Überlegung z.B. Holthausen/Leftwich/Mayers (1987), S. 248 – 249.

trennt nach dem Kriterium börslich und außerbörslich dargestellt. Aus dieser Stichprobe werden später die Blocktransaktionen herausgefiltert.

Die börslichen Volumina in Tabelle 4-7 weisen für alle Marktsegmente eine relativ hohe Schiefe auf, was sich auch an dem wesentlich niedrigeren Median im Vergleich zum Mittelwert zeigt. Die Durchschnittsvolumina sinken, beginnend mit dem Marktsegment des DAX, von links nach rechts kontinuierlich ab. Für die Werte des MDAX und NEMAX, die beide eine ähnliche Marktkapitalisierung aufweisen, sind die Volumina der Geschäftsvorfälle unterschiedlich verteilt. Die MDAX-Stichprobe weist ein wesentlich höheres Durchschnittsvolumen auf. Auch die Volumina der oberen Perzentile liegen deutlich über jenen der NEMAX-Stichprobe. Die angesprochenen Unterschiede bei der Größe der einzelnen Geschäftsvorfälle können als Hinweis darauf gedeutet werden, dass in den NEMAX-Werten ein höherer Anteil privater Investoren am Marktgeschehen beteiligt ist als bei der MDAX-Stichprobe.

Tabelle 4-7: Volumenverteilung aller börslichen Geschäftsvorfälle

	DAX Stichprobe*	MDAX Stichprobe	NEMAX Stichprobe	SMAX Stichprobe
N	30.144.606	3.830.578	7.042.372	1.084.153
Mittelwert	36.357,65	15.834,49	9.643,38	6.315,06
Median	6.006,00	4.050,00	3.200,00	2.249,00
Minimum	32,00	11,50	9,82	8,60
Maximum	23.361.000,00	6.859.500,00	5.443.000,00	1.450.000,00
Stabw.	189.573,22	62.371,36	33.037,62	20.994,17
10. Perzentil	987,50	655,00	627,30	370,00
25. Perzentil	2.499,00	1.685,00	1.460,00	988,00
75. Perzentil	19.950,00	12.390,00	7.800,00	5.400,00
90. Perzentil	75.900,00	34.550,00	20.800,00	12.643,49
95. Perzentil	148.135,00	59.500,00	35.400,00	21.124,20
Schiefe	37,58	23,20	36,73	21,70

* Aufgrund der enormen Datenkapazität wurde die Verteilungsstatistik für die DAX-Werte aus dem Durchschnitt mehrerer Zufallsstichproben ermittelt, die jeweils 25% der Grundgesamtheit repräsentieren.

Die Durchschnittsvolumina der Geschäftsvorfälle im außerbörslichen Handel (Tabelle 4-8) betragen mindestens das zwanzigfache der börslichen Geschäftsvorfälle. Im untersten Perzentil sind in allen vier Segmenten noch keine großen Unterschiede zu den börslichen Volumina feststellbar, was hauptsächlich auf die sogenannten außerbörslichen „Kleinsttransaktionen" mit sehr niedrigen Volumina zurückzuführen ist.[384]

Die Schiefe der außerbörslichen Einzelaufträge weist in allen Marktsegmenten bis auf den SMAX einen höheren Wert auf als für die börslichen Daten. Die stärker ausgeprägte Schiefe bei den börslichen Aufträgen der SMAX-Stichprobe ist auf die Vielzahl kleiner Volumina im unteren Perzentilbereich zurückzuführen.

384 Diese stellen zum Großteil Aufträge von privaten Kleinanlegern dar, die unter der vorgeschriebenen Mindeststückzahl der jeweiligen Börse liegen und von Intermediären zu größeren handelbaren Einheiten zusammengefasst werden. Diese Transaktionen können von dem Intermediär über die Börse weitergeleitet oder in den eigenen Bestand genommen werden. Vgl. Stenzel (1995), S. 49.

Tabelle 4-8: Volumenverteilung aller außerbörslichen Geschäftsvorfälle

	DAX Stichprobe*	MDAX Stichprobe	NEMAX Stichprobe	SMAX Stichprobe
N	492.270	27.833	35.879	3.536
Mittelwert	623.628,08	292.776,13	209.845,467	359.426,43
Median	62.160,00	52.313,80	26.945,00	35.369,50
Minimum	5,80	1,50	0,80	1,10
Maximum	389.211.746,00	82.163.636,20	94.664.020,00	42.583.260,00
Stabw.	4.251.415,96	1.117.538,63	957.561,82	2.289.870,56
10. Perzentil	4.225,00	2.538,20	2.546,60	3.050,00
25. Perzentil	13.300,00	11.275,00	6.663,34	9.125,75
75. Perzentil	314.440,00	215.009,74	149.280,00	140.075,00
90. Perzentil	1.201.841,80	668.164,25	500.000,00	412.500,00
95. Perzentil	2.436.100,00	1.275.745,50	949.000,00	895.500,00
Schiefe	44,36	30,12	58,24	13,47

Der Umfang des außerbörslichen Handels im Verhältnis zu den börslichen Transaktionen ergibt sich unmittelbar aus den Werten der Tabelle 4-7 und Tabelle 4-8.[385] Für Aktien aus dem DAX liegt der Volumenanteil mit rund 28% am höchsten, gefolgt von 18,5% für die SMAX-Stichprobe, 13,4% für die MDAX-Werte und lediglich 11,1% bei der NEMAX-Stichprobe. Der höhere außerbörsliche Anteil für die Werte der MDAX-Stichprobe kann als weiteres Indiz für einen höheren Anteil Institutioneller in diesem Marktsegment im Vergleich zum NEMAX interpretiert werden.

Transaktionen im außerbörslichen Handel kommen praktisch ausschließlich durch das direkte Zusammenführen zweier gleichgroßer Aufträge zustande, wohingegen an der Börse – insbesondere bei den periodischen Auktionen - unterschiedlich hohe Volumina auf beiden Transaktionsseiten vorhanden sind. Aufgrund dieser Unterschiede in der Transaktionsgestaltung und der lediglich indirekten Wirkung, die von einer außerbörslichen Blocktransaktion auf den Börsenkurs der entsprechenden Aktie ausgeht, wird die Marktwirkung außerbörslicher Blocks im Laufe der weiteren Untersuchung als gesonderte Stichprobe für die jeweiligen Marktsegmente angeführt.

[385] Die Anzahl der Aufträge multipliziert mit den Mittelwerten ergibt jeweils das gesamte (doppelt gezählte) Handelsvolumen.

Tabelle 4-9: Anteil interessewahrender Geschäftsvorfälle

DAX-Stichprobe		MDAX-Stichprobe		NEMAX-Stichprobe		SMAX-Stichprobe	
Anteil*	Ø-Vol.	Anteil*	Ø-Vol.	Anteil*	Ø-Vol.	Anteil*	Ø-Vol.
0,1%	135.991 €	0,3%	40.398 €	0,1%	29.231 €	0,1%	12.069 €

*Anteil an allen Börsenaufträgen der jeweiligen Teilstichprobe (gemessen nach der Anzahl)

In Tabelle 4-9 wird die Anzahl interessewahrender Aufträge beim börslichen Handel betrachtet. Dabei fällt besonders der hohe Anteil interessewahrender Abschlüsse für die MDAX-Stichprobe auf. Geht man von der naheliegenden Annahme aus, dass vorwiegend institutionelle Anleger diesen Auftragszusatz verwenden, so kann für Werte des MDAX mit einem hohen Volumenanteil dieser Anlegergruppe gerechnet werden. Das Durchschnittsvolumen der interessewahrenden Abschlüsse erreicht in allen Marktsegmenten relativ hohe Werte. Ein Vergleich mit den Angaben in Tabelle 4-7 zeigt, dass die angegebenen Volumina in fast allen Teilstichproben über dem 90. Perzentil liegen.[386] Zu beachten ist dabei, dass hinter jedem interessewahrenden Börsengeschäft ein noch größerer Transaktionswunsch vermutet werden kann. Die Ergebnisse scheinen die Aussage zu bekräftigen, dass die weitere Aufteilung dieses Transaktionswunsches im Durchschnitt zu wesentlich kleineren Aufträgen als für die Blockdefinition nach Volumen (0,5% größtes Volumen) führt.

4.4.4 Verteilung der Handelsvolumina und Geschäftsvorfälle auf die Börsenplätze

Die genaue Betrachtung der Handelsaktivität für die einzelnen Marktsegmente und Börsenplätze ist von Interesse, wenn im Rahmen der Ereignisstudie das Kursverhalten an nur einem Börsenplatz bzw. Handelssystem betrachtet werden soll. Dazu werden Kriterien wie ein gewisser Mindestanteil am Handelsvolumen bzw. an den Einzeltransaktionen benötigt, um festzustellen, ob an der betrachteten Börse zuverlässige Referenzkurse für eine getrennte Betrachtung vorliegen.

Für das elektronische XETRA-Handelssystem fällt auf, dass mit abnehmender durchschnittlicher Börsenkapitalisierung und Umsatzvolumina in den einzelnen Marktsegmenten auch der Anteil des XETRA-Handelsvolumens sinkt (vgl. Tabelle 4-10). Angefangen bei rund 50% für die DAX-Stichprobe, nimmt dieser bei den MDAX-Werten und der NEMAX Stichprobe kontinuierlich ab und erreicht mit 6,3% für die

[386] Lediglich für die SMAX-Stichprobe liegt das gemessene Durchschnittsvolumen knapp unter den Werten für das 90. Perzentil.

SMAX-Stichprobe den niedrigsten Wert.[387] Für diese letztgenannte Stichprobe erscheint damit die ausschliessliche Verwendung von XETRA-Kursen problematisch, da diese sonst ein sehr verzerrtes Bild bei der Kursanpassung im Umfeld von Blocktransaktionen liefern. Im XETRA-System finden sich für die MDAX-, NEMAX- und SMAX-Stichprobe jeweils andere Regionalbörsen, die ähnlich hohe Anteile an den Geschäftsvorfällen vorweisen können. Zumindest für die Dax-Stichprobe ist eine gesonderte Verwendung von XETRA-Kursen aufgrund des hohen Anteils bei der Handelsaktivität möglich.

Tabelle 4-10: Verteilung der Geschäftsvorfälle auf die einzelnen Börsenplätze und das XETRA-Handelssystem

	DAX-Stichprobe		MDAX-Stichprobe		NEMAX-Stichprobe		SMAX-Stichprobe	
	Vol.	GA	Vol.	GA	Vol.	GA	Vol.	GA
XETRA	49,7%	19,8%	14,4%	7,4%	12,9%	8,6%	6,3%	2,9%
Ffm. (Parkett)	42,1%	53,3%	77,6%	71,3%	70,7%	57,3%	80,7%	75,3%
Berlin	0,3%	2,6%	0,8%	2,9%	4,5%	9,6%	2,7%	5,1%
Bremen	0,9%	1,0%	0,2%	0,4%	0,3%	0,6%	0,1%	0,1%
Düsseldorf	1,9%	5,5%	1,7%	4,7%	1,6%	3,1%	1,9%	3,2%
Hamburg	1,3%	2,4%	1,2%	1,5%	0,6%	0,9%	2,0%	1,8%
Hannover	0,2%	0,8%	0,1%	0,4%	0,0%	0,0%	0,1%	0,1%
München	1,2%	5,8%	1,2%	4,0%	2,5%	5,9%	3,5%	5,5%
Stuttgart	2,3%	8,8%	2,8%	7,4%	6,8%	14,0%	2,7%	6,0%
Σ	**100%**	**100%**	**100%**	**100%**	**100%**	**100%**	**100%**	**100%**

(Angaben teilweise gerundet)

Der Quotient aus Volumenanteil (Vol.) und Anteil an der Zahl der Geschäftsabschlüsse (GA) gibt für die Handelsplätze an, wie hoch das durchschnittliche Volumen eines Geschäftsvorfalles ist.[388] Das XETRA-Handelssystem erreicht hier über alle Stichproben hinweg den höchsten Wert für diese Verhältniszahl, was zum Großteil auf die vorgegebene Mindestschlussgröße zurückzuführen ist. Für die DAX-Stichprobe erzielt XETRA mit dem 2,5-fachen des Volumens im Verhältnis zu den getätigten Einzelaufträgen den absolut höchsten Wert. Dies kann als Indiz dafür

[387] Zu beachten ist, dass für die SMAX-Stichprobe und für die MDAX-Werte im fortlaufenden XETRA-Handel zum Zeitpunkt der Untersuchung eine Mindestschlussgröße von 100 Stück vorgeschrieben war. Bei den am Neuen Markt auf XETRA gehandelten Titeln gilt hingegen keine Mindestschlussgröße. Vgl. Bosch (2001), S. 161. An den Regionalbörsen konnte in den meisten Aktien bereits ab einem Stück fortlaufend gehandelt werden.

[388] Je niedriger der Anteil der Transaktionen im Verhältnis zum Volumenanteil, umso größer ist das durchschnittliche Volumen einer Transaktion an diesem Börsenplatz bzw. Handelssystem.

gesehen werden, dass im elektronischen Handel mit großer Wahrscheinlichkeit auch Blocktransaktionen überproportional stark vertreten sind.[389]

Das Frankfurter Parkett erreicht für fast alle Unterstichproben in beiden Kategorien (Volumen und Geschäftsvorfälle) mit Abstand den höchsten Anteil. Der hohe Volumenanteil im DAX-Bereich ist darauf zurückzuführen, dass die Statistik in Tabelle 4-10 nicht nur Orderbuchumsätze enthält, sondern auch direkte Kursabschlüsse, die z.B. unter Banken über das BÖGA-System getätigt werden und somit dem Frankfurter Parkett zuzurechnen sind. Vor allem für die MDAX, NEMAX- und SMAX-Stichprobe ist auf dem Frankfurter Parkett von zuverlässigen Referenzkursen auszugehen. Aufgrund der höheren zeitlichen Dichte bei den Kursfeststellungen empfiehlt es sich für alle Stichproben, zunächst die Transaktionen an allen aufgeführten Börsenplätzen für die Renditeberechnung in den Ereigniszeitfenstern zu verwenden.

4.4.5 Ergebnisse der DAX-Stichprobe

4.4.5.1 Börsliche Blocktransaktionen

Tabelle 4-11: Verteilungseigenschaften der DAX-Blocks (0,5%größtes Volumen)

	Volumen in €		Ø Volumen gesamt*		Ø Volumen täglich+	
Transaktionsseite	K	V	K	V	K	V
N	4.909	4.362	4.909	4.362	4.909	4.362
Mittelwert	1.475.374,33	1.458.265,59	40,13	41,45	40,93	41,93
Median	1.028.720,00	992.275,00	26,66	26,54	27,34	27,41
Minimum	363.300,00	363.500,00	12,28	12,64	7,79	5,26
Maximum	18.795.600,00	23.361.000,00	747,72	747,24	737,22	784,03
Stabw.	1.580.187,17	1.680.280,78	45,75	49,26	47,96	50,22
10. Perzentil	498.100,00	469.832,50	17,50	17,55	16,26	16,44
25. Perzentil	708.495,00	676.000,00	20,25	20,36	20,26	20,42
75. Perzentil	1.567.395,00	1.549.750,00	40,56	41,48	42,08	43,00
90. Perzentil	2.747.925,00	2.711.006,34	72,22	74,34	73,99	74,68
95. Perzentil	3.878.397,50	3.955.250,31	109,32	116,39	112,61	113,60
99. Perzentil	9.146.417,42	8.885.648,00	216,87	261,81	234,28	269,46

* Vielfaches des durchschnittlichen Volumens im gesamten Untersuchungszeitraum
+ Vielfaches des durchschnittlichen Volumens am jeweiligen Handelstag

[389] Diese Aussage berücksichtigt zunächst nur die Durchschnittswerte und beinhaltet noch keine Annahmen über die Schiefe der Volumenverteilung.

Für die Gesamtstichprobe der DAX-Werte können 73.738 Geschäftsvorfälle als Blocks nach dem Volumenkriterium (0,5% größtes Volumen) identifiziert werden. Nach Einsatz der besprochenen Filterregeln verbleiben davon 12,57% für die Untersuchung. Da zum Zeitpunkt der Auktionen häufig mehrere Blocks gleichzeitig auftauchen, wurden diese Transaktionen aufgrund des Filters praktisch vollständig aus der Ausgangsstichprobe entfernt. Deren Anteil beträgt lediglich noch rund 0,1%. Aufgrund dieser geringen Anzahl kann keine getrennte Betrachtung von Blocktransaktionen in den periodischen Auktionen erfolgen, die statistisch aussagekräftig ist.

Wie aus Tabelle 4-11 ersichtlich ist, werden mit rund 53% der untersuchten Blocks die Mehrheit der Transaktionen als Käufe identifiziert. Rund 39% aller Blocktransaktionen finden in XETRA statt und 58% am Frankfurter Parkett. Ca. 30% der Blocktransaktionen beinhalten nur eine Marktgegenseite, bei den restlichen 70% verteilt sich das Blockvolumen auf mehrere Transaktionspartner der Marktgegenseite. Lediglich für die genannten 30% ist somit eine Zuordnung durch die Tickregel notwendig, weil bei zwei gleichgroßen Transaktionsseiten nicht direkt die aktive Marktseite des Blocks festgestellt werden kann.

Die erste Spalte der Tabelle 4-11 mit den Volumenangaben stellt die Ausgangsbasis für die folgenden Untersuchungen dar. Die mittlere Spalte enthält als ergänzende Angaben das Vielfache der jeweiligen Blockvolumina zum Durchschnittsvolumen im gesamten Untersuchungszeitraumes.[390] Ein Wert von 40 bedeutet z.B. das 40-fache des durchschnittlichen Volumens. Die rechte Spalte enthält ergänzend Angaben der alternativen Blockdefinition (0,5% höchste Werte im Verhältnis zum täglichen Durchschnittsvolumen).

Die beiden Lageparameter Mittelwert und Median liegen für Käufe und Verkäufe sehr eng beieinander. Ähnliche Verteilungseigenschaften lassen sich auch aus dem Vergleich der Perzentile ableiten. Es kann somit davon ausgegangen werden, dass für die Kauf- und Verkaufsblocks der DAX-Stichprobe keine charakteristischen Differenzen in Bezug auf die Verteilung der Volumina bestehen. Sollten demzufolge Abweichungen bei der Marktwirkung von Kauf- und Verkaufsblocks festgestellt werden, so kann der Faktor „Größe und Verteilung der Blocktransaktionen" mit großer Wahrscheinlichkeit keinen Erklärungshintergrund liefern.

[390] Es soll ergänzend angemerkt werden, dass die Definition der 0,5% größten Volumina in Relation zu einer fixen Bezugsgröße wie dem Durchschnittsvolumen des gesamten Zeitraumes genau die gleiche Stichprobe hervorbringt wie die Wahl der 0,5% absolut größten Volumina.

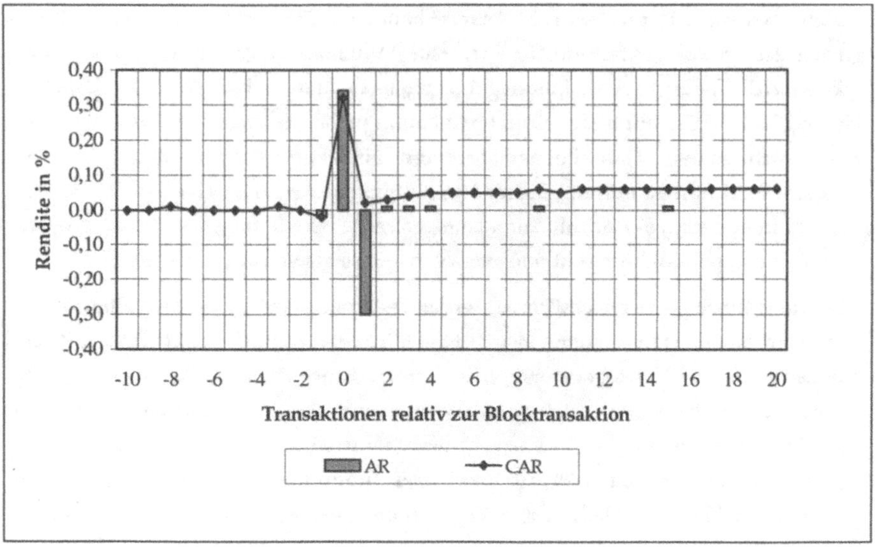

Abbildung 4-5: Abnormale Renditen für die DAX-Stichprobe bei Kaufblocks (0,5% größtes Volumen)

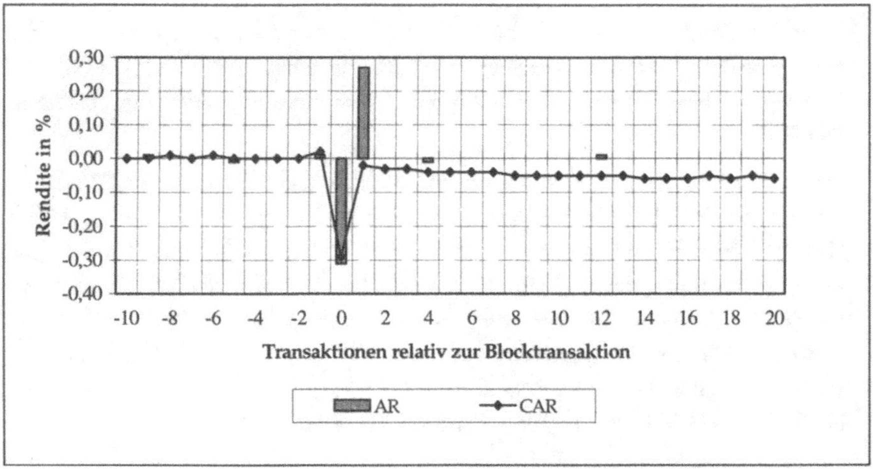

Abbildung 4-6: Abnormale Renditen für die DAX-Stichprobe bei Verkaufsblocks (0,5% größtes Volumen)

Das bei den Befragungen Institutioneller in Kapitel 2.6 ermittelte Handelsvolumen bei DAX-Werten von mindestens 0,4 Mio. € wird fast für die gesamte Stichprobe erreicht. Daher kann davon ausgegangen werden, dass es sich hier zum Großteil auch um Transaktionen institutioneller Anleger handelt.

Tabelle 4-12 beinhaltet die abnormalen (AR) bzw. kumulierten abnormalen Renditen (CAR) für die Blocks der DAX Gesamtstichprobe nach dem Volumenkriterium zu den Transaktionszeitpunkten T. Auf diesen Werten der Intraday-Untersuchung basieren auch Abbildung 4-5 und Abbildung 4-6.

Vor dem Zeitpunkt der Blocktransaktion lassen sich geringe, aber leicht signifikante abnormale Renditen feststellen, wobei dieses Muster bei Verkäufen etwas stärker ausgeprägt ist als bei Käufen (bei Verkäufen bereits zu den frühen Transaktionszeitpunkten T= –9, –5 und -1, bei Käufen erst bei –2 und –1). Ob die Ursache für diese Kursbewegungen in Antizipationseffekten aufgrund des offenen XETRA-Orderbuches zu finden ist oder auf ein Informationsleck („information leakage") beim Handel über das Parkett zurückgeführt werden kann, obliegt einem späteren Vergleich dieser beiden Handelssysteme. Eine eindeutige Begründung wird dadurch erschwert, dass die abnormalen Renditen im Vorfeld des Blocks unterschiedliche Vorzeichen aufweisen.

Die Blocktransaktion selbst erzeugt bei beiden Gruppen eine ähnlich hohe abnormale Rendite von +0,34% für Käufe und -0,31% für Verkäufe. Die Reaktion auf das Ereignis (gemessen an den signifikanten abnormalen Renditen) erstreckt sich jeweils bis vier Transaktionen nach dem Block. Über das gesamte Zeitfenster lässt sich bis zwanzig Transaktionen nach dem Block ein identischer Absolutwert für die kumulierten abnormalen Renditen von +0,6% bzw. –0,6% feststellen. Die kumulierten Werte sind allerdings statistisch nicht signifikant.

Die Durchführung der Blocktransaktion hat demnach lediglich einen kurzfristigen Preiseffekt zur Folge. Auch die abnormale Rendite der Gegenreaktion fällt bei Käufen und Verkäufen im Verhältnis zur Kursreaktion beim Ereigniszeitpunkt ähnlich hoch aus, was auf eine rein liquiditätsbedingte Kursbewegung schließen lässt. Die genaue Aufteilung der Effekte in temporäre und permanente Preiseffekte erfolgt im Rahmen der vergleichenden Betrachtung aller vier Marktsegmente in Kapitel 4.4.9.

Tabelle 4-12: Abnormale Renditen der DAX-Blocks (0,5% größtes Volumen)

	Käufe (N=4.909)					Verkäufe (N=4.362)				
T	Min.	AR	Z-Wilcoxon	t-Test	CAR	Min.	AR	Z-Wilcoxon	t-Test	CAR
-10	00:24	0,00	-0,48	-0,21	0,00	00:25	0,00	-0,15	-0,10	0,00
-9	00:25	0,00	-0,05	0,40	0,00	00:25	0,01	-1,96*	1,84	0,00
-8	00:25	0,00	-1,74	1,89	0,01	00:25	0,00	-0,28	0,44	0,01
-7	00:25	0,00	-1,09	-0,93	0,00	00:26	0,00	-1,34	-0,99	0,00
-6	00:24	0,00	-0,43	0,45	0,00	00:25	0,00	-1,62	0,86	0,01
-5	00:25	0,00	-0,82	-0,45	0,00	00:25	-0,01	-3,81**	-3,18**	0,00
-4	00:25	0,00	-0,73	0,17	0,00	00:26	0,00	-1,47	1,51	0,00
-3	00:26	0,00	-0,76	0,77	0,01	00:25	0,00	-0,48	-0,38	0,00
-2	00:25	0,00	-2,23*	-1,57	0,00	00:25	0,00	-1,84	1,32	0,00
-1	00:25	-0,02	-8,91***	-8,19***	-0,02	00:26	0,01	-5,39***	5,67***	0,02
0	00:31	0,34	-59,76***	45,14***	0,32	00:32	-0,31	-55,98***	-43,55***	-0,29
1	00:30	-0,30	-49,74***	-38,93***	0,02	00:30	0,27	-45,51***	36,92***	-0,02
2	00:25	0,01	-5,06***	4,32***	0,03	00:25	0,00	-2,86**	-1,98*	-0,03
3	00:24	0,01	-3,71***	2,06*	0,04	00:25	0,00	-2,18*	-1,43	-0,03
4	00:24	0,01	-2,38*	3,21**	0,05	00:25	-0,01	-1,98*	-2,39*	-0,04
5	00:24	0,00	-0,11	0,23	0,05	00:25	0,00	-1,53	-0,99	-0,04
6	00:24	0,00	-0,13	0,12	0,05	00:26	0,00	-1,55	-1,75	-0,04
7	00:24	0,00	-0,37	0,56	0,05	00:25	0,00	-1,78	-0,40	-0,04
8	00:25	0,00	-0,10	0,10	0,05	00:25	0,00	-0,70	-1,26	-0,05
9	00:25	0,01	-2,49*	2,19*	0,06	00:26	0,00	-1,03	-0,66	-0,05
10	00:25	0,00	-1,02	-0,77	0,05	00:26	0,00	-0,04	-0,06	-0,05
11	00:24	0,00	-0,30	0,98	0,06	00:26	0,00	-1,43	-1,37	-0,05
12	00:25	0,00	-0,12	-0,32	0,06	00:25	0,01	-1,12	2,15*	-0,05
13	00:24	0,00	-0,20	0,56	0,06	00:24	0,00	-0,87	-1,57	-0,05
14	00:25	0,00	-0,14	-0,05	0,06	00:25	0,00	-0,39	-1,13	-0,06
15	00:25	0,01	-1,72	2,47*	0,06	00:24	0,00	-1,24	-0,31	-0,06
16	00:25	0,00	-0,98	-0,75	0,06	00:25	0,00	-0,12	-0,19	-0,06
17	00:24	0,00	-0,30	-0,36	0,06	00:24	0,00	-0,29	0,85	-0,05
18	00:24	0,00	-0,49	1,49	0,06	00:24	0,00	-0,39	-0,76	-0,06
19	00:24	0,00	-1,37	-1,16	0,06	00:25	0,00	-0,60	1,30	-0,05
20	00:24	0,00	-1,12	0,03	0,06	00:24	0,00	-0,50	-0,96	-0,06

* = 5% Signifikanzniveau, ** = 1% Signifikanzniveau *** = 0,1% Signifikanzniveau (jeweils zweiseitig)

Das Transaktionsfenster umfasst eine Spanne von durchschnittlich 13 Minuten. (12:52 Minuten für Käufe und 13:09 Minuten für Verkäufe, vgl. Tabelle 4-12). Die Zeitdauer vor der Blocktransaktion von ca. fünf Minuten erscheint als ausreichend, um mögliche Kursbewegungen im Vorfeld des Ereignisses erfassen zu können. Nach Durchführung der Blocktransaktion beträgt der betrachtete Zeitraum rund acht Minuten, was für die Marktteilnehmer ebenfalls als genügend lange Zeitspanne für eine mögliche Reaktion gesehen werden kann. Die Durchführung der Blocktransaktion und die darauffolgende Gegenbewegung dauern nur geringfügig länger als die übrigen Kursfeststellungen im Beobachtungszeitraum.

In Abbildung 4-7 werden die kumulierten abnormalen Renditen der beiden Blockdefinitionen „0,5% größtes Volumen" und „0,5% größtes Volumen im Verhältnis zum täglichen Durchschnittsvolumen" einander gegenübergestellt. Die Unterschiede der kumulierten abnormalen Renditen fallen selbst zum Zeitpunkt des Blocks nur gering aus (+0,36% und –0,32% statt der bisherigen +0,34% und –0,31%), die Signifikanz der abnormalen Rendite verläuft identisch zur ersten Blockdefinition.

Aufgrund der deckungsgleichen Aussagen beider Definitionen auch für die übrigen Marktsegmente werden bei den folgenden Untersuchungen als alleinige Blockdefinition die größten Geschäftsvorfälle nach dem Volumenkriterium verwendet. Diese anschauliche Definition erleichtert auch den späteren Vergleich mit den Volumina der Blocktransaktionen im außerbörslichen Handel.

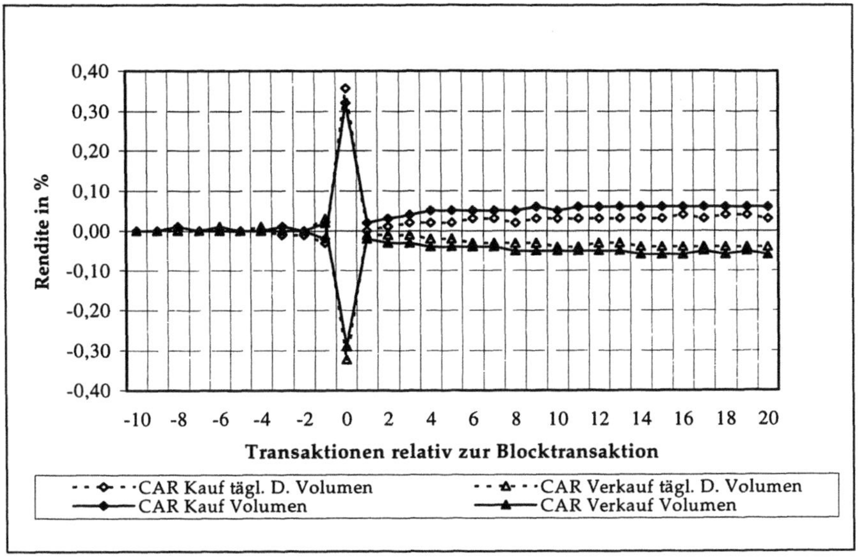

Abbildung 4-7: Vergleich der kumulierten Rendite unterschiedlicher Blockdefinitionen der DAX-Stichprobe

In Tabelle 4-13 wird als weitere Dimension neben der abnormalen Rendite die Volatilität der Transaktionsrenditen, gemessen durch die Standardabweichung, für die Blockdefinition „größtes Volumen" berechnet. Dadurch soll die steigende Marktunsicherheit im Umfeld der Blocktransaktion untersucht werden. Zum Zeitpunkt der Blocktransaktion zeigt sich eine um den Faktor zehn erhöhte Volatilität, die hoch signifikant ist. Bei den Käufen ist die Streuung der Renditen zum Zeitpunkt des Blocks etwas stärker ausgeprägt als bei den Verkäufen. Im Vorfeld der Blocktransaktion sind keine signifikant hohen Standardabweichungen feststellbar. Ein statistisch signifikanter Wert zeigt sich lediglich bis zur Gegenbewegung, nachdem der Block ausgeführt wurde. Dies kann so interpretiert werden, dass im Vorfeld des Ereignisses keine steigende Unsicherheit am Markt herrscht und die Volatilität nach Durchführung des Blocks und der Gegenbewegung in T=+1 sofort wieder zu ihrem Ausgangswert zurückkehrt.

Tabelle 4-13: Standardabweichung der Transaktionsrenditen für die DAX-Stichprobe

T	Käufe (N=4.909)	Verkäufe (N=4.362)
	Stabw. (in %)	Stabw. (in %)
-10	0,04	0,03
-9	0,03	0,03
-8	0,03	0,04
-7	0,04	0,03
-6	0,03	0,03
-5	0,04	0,03
-4	0,04	0,03
-3	0,04	0,03
-2	0,04	0,04
-1	0,03	0,03
0	0,38***	0,31***
1	0,38***	0,30***
2	0,03	0,03
3	0,04	0,03
4	0,05	0,04
5	0,04	0,03
6	0,03	0,03
7	0,04	0,03
8	0,04	0,03
9	0,04	0,03
10	0,04	0,03
11	0,04	0,03
12	0,04	0,03
13	0,04	0,04
14	0,03	0,03
15	0,04	0,03
16	0,04	0,03
17	0,04	0,03
18	0,04	0,03
19	0,04	0,04
20	0,03	0,03

* = 5% Signifikanzniveau, ** = 1% Signifikanzniveau *** = 0,1% Signifikanzniveau (jeweils einseitig).
Angegeben ist die Signifikanz des F-Tests

Blocks an unterschiedlichen Handelssystemen: XETRA versus Frankfurter Parkett

Da für die DAX-Stichprobe sowohl das XETRA-Handelssystem als auch das Frankfurter Parkett einen hohen Anteil an der Handelsaktivität aufweisen (vgl. Tabelle 4-10) und gleichzeitig eine große Anzahl an Blocktransaktionen vorliegt, lassen sich auch nach einer weiteren Unterteilung der Stichprobe statistisch fundierte Aussagen über die Preiseffekte an unterschiedlichen Marktstrukturen treffen.

Im folgenden werden deshalb Blocktransaktionen, die am Frankfurter Parkett ausgeführt werden und Blocks auf dem XETRA-Handelssystem miteinander verglichen. Aufgrund der Verwendung von zwei getrennten Kursdatenbanken (nur XETRA-Kurse bzw. nur Kurse des Frankfurter Parketts) sind in der endgültigen Stichprobe weniger Blocks vertreten.[391]

Wie aus Tabelle 4-14 ersichtlich, weicht das Verhalten der abnormalen Renditen in der XETRA-Stichprobe stark von der gesamten DAX-Stichprobe ab. Die abnormale Rendite zum Ereigniszeitpunkt liegt für das elektronische Handelssystem mit +0,19% bzw. –0,14% wesentlich unter den Werten der DAX-Gesamtstichprobe (+0,34% bzw. –0,31%). Demgegenüber ist die kumulierte abnormale Rendite 20 Transaktionen nach dem Block mit ± 0,19% rund dreimal so hoch wie bei der gesamten Stichprobe, obwohl der durch das Ereigniszeitfenster erfasste Zeitraum nicht wesentlich länger ist.[392]

Aus der Abbildung 4-8 geht für die XETRA-Stichprobe deutlich hervor, dass bereits vor dem Ereignis ein großer Anteil der kumulierten Überrenditen erreicht wird. Diese Ursache kann dahingehend interpretiert werden, dass die Marktteilnehmer auf das Einstellen der Blockaufträge in das offene Orderbuch reagieren, wodurch sich die Kurse der entsprechenden Aktien bereits im Vorfeld des Blocks sukzessive nach oben (bzw. unten) bewegen.[393] Nach der Gegenbewegung bei T=+1 verharrt der Kurs bis zum Ende des Zeitfensters auf diesem Niveau (für die Käufe), bzw. bewegt sich wieder in Richtung des Kurses, zu dem die Blocktransaktion ausgeführt wurde (für die Verkäufe).

---

391 Dies liegt in der Tatsache begründet, dass weniger Transaktionszeitpunkte zur Verfügung stehen, als bei der Verwendung sämtlicher Transaktionen über alle Börsenplätze. Dadurch ist für eine größere Anzahl von Blocks kein adäquates Zeitfenster vorhanden, was zu einem Ausschluss aus der Analyse führt.

392 Da lediglich die Kurse des XETRA-Handels für diese Stichprobe zugrundegelegt werden, fallen die Transaktionszeitpunkte der Frankfurter Präsenzbörse und der Regionalbörsen weg, was den abgedeckten Zeitraum geringfügig von zuvor ca. 13 auf rund 18 Minuten ausdehnt.

393 Vgl. die Ausführungen zu den Auswirkungen eines offenen Orderbuches bei der Durchführung von Blocktransaktionen in Kapitel 2.4.4.

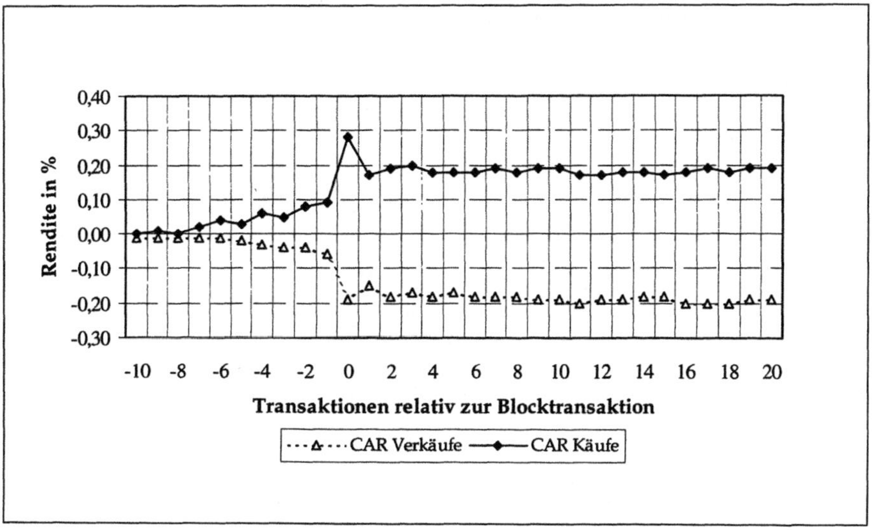

Abbildung 4-8: Kumulierte abnormale Renditen für Kauf- und Verkaufsblocks der DAX-Stichprobe auf dem XETRA-Handelssystem

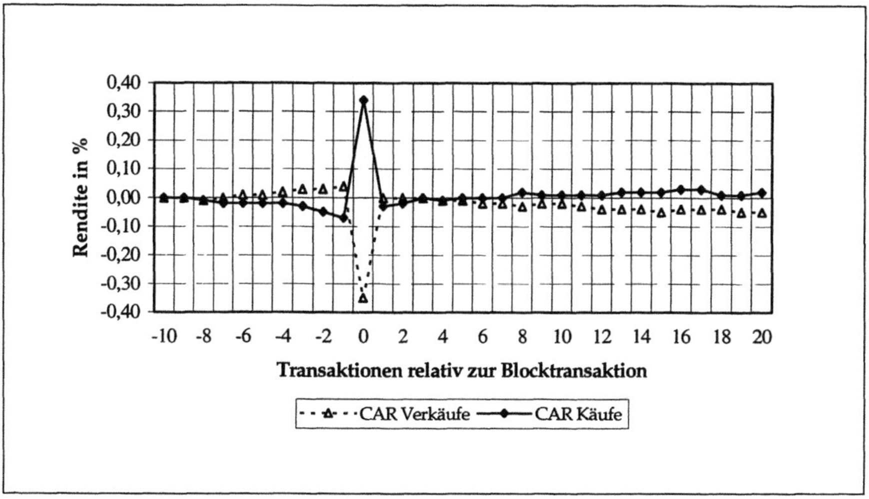

Abbildung 4-9: Kumulierte abnormale Renditen für Kauf- und Verkaufsblocks der DAX-Stichprobe auf dem Frankfurter Parkett

Tabelle 4-14: Abnormale Renditen der unterschiedlichen Handelssysteme der DAX-Stichprobe

	Käufe						Verkäufe					
	XETRA (N=434)			Parkett Ffm. (N=1007)			XETRA (N=411)			Parkett Ffm. (N=939)		
T	AR	Sign.	CAR	AR	Sign.	CAR	AR	Sign.	CAR	AR	Sign.	CAR
-10	0,00		0,00	0,00		0,00	-0,01		-0,01	0,00		0,00
-9	0,01		0,01	0,00		0,00	0,00		-0,01	-0,01		0,00
-8	0,00		0,00	-0,01		-0,01	0,00		-0,01	0,00		-0,01
-7	0,01	*	0,02	-0,01		-0,02	-0,01		-0,01	0,01		0,00
-6	0,02		0,04	-0,01		-0,02	0,00		-0,01	0,01		0,01
-5	-0,01	+	0,03	0,01		-0,02	-0,01	+	-0,02	0,00		0,01
-4	0,03	++ *	0,06	-0,01		-0,02	-0,01		-0,03	0,01	+	0,02
-3	-0,01	+	0,05	-0,01	+++ *	-0,03	-0,01	+	-0,04	0,00		0,03
-2	0,03	*	0,08	-0,01	++ **	-0,05	0,00		-0,04	0,01	+	0,03
-1	0,01	+++	0,09	-0,02	+++ ***	-0,07	-0,01	+ *	-0,06	0,01	*	0,04
0	0,19	+++ ***	0,28	0,41	+++ ***	0,34	-0,14	+++ ***	-0,19	-0,39	+++ ***	-0,35
1	-0,10	+++ ***	0,17	-0,37	+++ ***	-0,03	0,04	+++ ***	-0,15	0,35	+++ ***	0,00
2	0,01		0,19	0,02	+ *	-0,02	-0,02	+++ ***	-0,18	0,00		0,00
3	0,02		0,20	0,02	++ *	0,00	0,00		-0,17	0,00		0,00
4	-0,03	+	0,18	-0,01	*	-0,01	-0,01	+	-0,18	0,00		-0,01
5	0,00		0,18	0,01		0,00	0,01		-0,17	0,00		-0,01
6	0,00		0,18	0,01	+	0,00	0,00		-0,18	-0,01		-0,02
7	0,01		0,19	-0,01		0,00	0,00		-0,18	-0,01	+	-0,02
8	0,00		0,18	0,02	*	0,02	0,00		-0,18	0,00		-0,03
9	0,01		0,19	-0,01		0,01	-0,01	+	-0,19	0,01		-0,02
10	0,00		0,19	0,00		0,01	0,00		-0,19	0,00		-0,02
11	-0,02	+++ ***	0,17	0,00		0,01	-0,01		-0,20	-0,01	+	-0,03
12	0,01		0,17	0,01		0,01	0,00		-0,19	-0,01		-0,04
13	0,01		0,18	0,00		0,02	0,00		-0,19	0,00		-0,04
14	-0,01		0,18	0,00		0,02	0,01		-0,18	0,00		-0,04
15	-0,01		0,17	0,00		0,02	0,00		-0,18	-0,01		-0,05
16	0,01		0,18	0,01		0,03	-0,02	+ *	-0,20	0,00		-0,04
17	0,00		0,19	0,00		0,03	0,00		-0,20	0,00		-0,04
18	0,00		0,18	-0,01	+ *	0,01	0,00		-0,20	0,00		-0,04
19	0,01		0,19	0,00		0,01	0,01		-0,19	0,00		-0,05
20	0,00		0,19	0,01		0,02	0,00		-0,19	-0,01		-0,05

* = 5% Signifikanzniveau, ** = 1% Signifikanzniveau *** = 0,1% Signifikanzniveau (zweiseitige t-Statistik), + = 5% Signifikanzniveau, ++ = 1% Signifikanzniveau +++= 0,1% Signifikanzniveau (zweiseitige z-Statistik)

Die Mittelwerte der Blockvolumina im XETRA-Handelssystem sind mit 981.727 € (Käufe) und 951.640 € (Verkäufe) im Bereich des Medians der DAX-Gesamtstichprobe angesiedelt und liegen damit wesentlich unter dem Durchschnittsvolumen aller DAX-Blocks.[394] Die abnormalen Renditen für die Stichprobe

[394] Die maximalen Volumina liegen mit 9.520.830 € (Käufe) und 6.586.000 € (Verkäufe) wesentlich unter den Werten der Gesamtstichprobe.

des Frankfurter Parketts sind zum Zeitpunkt der Blocktransaktion ungefähr doppelt so hoch (für die Verkaufsblocks ist der Unterschied wesentlich größer) wie bei der XETRA-Stichprobe. Durch das geschlossene Orderbuch kommt es im Vorfeld der Transaktionsanbahnung erst wesentlich später als auf XETRA zu signifikanten abnormalen Kursreaktionen (erst ab T=-3 bei Käufen bzw. bei T=-4 für Verkäufe). Auf den hohen Ausschlag zum Zeitpunkt der Blocktransaktion folgt eine starke Kursgegenreaktion in T=+1, so dass die kumulierte abnormale Rendite zum Ende des Zeitfensters nahe Null ist. Der Vergleich des XETRA-Systems mit dem Frankfurter Parkett zeigt damit nicht nur zum Zeitpunkt der Blocktransaktion sondern auch kurz davor und danach unterschiedliche Marktreaktionen, die in der Gesamtstichprobe nicht erkennbar sind. Der quantitative Einfluss des Handelssystems auf den totalen Preiseffekt wird im Rahmen der Korrelationsanalyse in Kapitel 4.5.2 eingehender untersucht.

In Tabelle 4-15 wird zusätzlich die Volatilität der Transaktionsrenditen auf XETRA und dem Frankfurter Parkett miteinander verglichen. Zum Zeitpunkt der Blocktransaktion fällt die Standardabweichung für die XETRA-Stichprobe niedriger aus. Auffällig ist der hohe Abstand bei den Verkaufsblocks. Hier beträgt die Volatilität im XETRA-Handel ungefähr die Hälfte der Schwankungsbreite am Parkett. Verkaufsblocks verzeichnen jeweils im Vorfeld des Blocks und zwei Transaktionen danach keine signifikant hohe Volatilität. Im Vergleich dazu löst ein Kaufblock stärkere Marktschwankungen aus. Im XETRA-System steigt die Marktunsicherheit bereits im Vorfeld der Blocktransaktion an, während auf dem Parkett erst nach Ausführung des Blocks ein Ansteigen der Volatilität festgestellt werden kann. Hier zeigt sich eine Parallelität zur Höhe der abnormalen Renditen, die ebenfalls anhand des offenen Orderbuchs in XETRA erklärt werden können.

Tabelle 4-15: Standardabweichung der Transaktionsrenditen für die DAX-Stichprobe: Frankfurter Parkett vs. XETRA

	Kaufblocks		Verkaufsblocks	
	XETRA (N=434)	Parkett Ffm. (N=1007)	XETRA (N=411)	Parkett Ffm. (N=939)
T	Stabw. (in %).	Stabw. (in %).	Stabw. (in %)	Stabw. (in %)
-10	0,02	0,07	0,01	0,06
-9	0,03	0,10	0,01	0,04
-8	0,02	0,08	0,02	0,05
-7	0,02	0,04	0,01	0,06
-6	0,12*	0,05	0,02	0,04
-5	0,11	0,05	0,02	0,04
-4	0,07	0,03	0,02	0,04
-3	0,09	0,02	0,01	0,04
-2	0,07	0,02	0,02	0,04
-1	0,03	0,03	0,02	0,03
0	0,32***	0,39***	0,17***	0,39***
1	0,28***	0,39***	0,15***	0,38***
2	0,04	0,05	0,01	0,05
3	0,07	0,06	0,02	0,04
4	0,08	0,04	0,02	0,04
5	0,02	0,03	0,02	0,02
6	0,02	0,03	0,01	0,03
7	0,02	0,09	0,02	0,02
8	0,02	0,11*	0,02	0,02
9	0,02	0,05	0,01	0,03
10	0,02	0,04	0,01	0,03
11	0,02	0,03	0,01	0,03
12	0,02	0,03	0,01	0,03
13	0,02	0,03	0,01	0,05
14	0,01	0,03	0,01	0,04
15	0,03	0,03	0,01	0,04
16	0,05	0,04	0,02	0,03
17	0,05	0,05	0,03	0,04
18	0,04	0,04	0,03	0,04
19	0,02	0,02	0,02	0,04
20	0,01	0,06	0,02	0,04

* = 5% Signifikanzniveau, ** = 1% Signifikanzniveau *** = 0,1% Signifikanzniveau (jeweils einseitig)
angegeben ist die Signifikanz des F-Tests

Zusammenfassend kann somit anhand der ermittelten Volatilitäten und abnormalen Renditen vermutet werden, dass das offene Orderbuch in XETRA dazu führt, dass bereits im Vorfeld der Ausführung eines Blocks der Aktienkurs ansteigt. Aufgrund der bereits in Kapitel 2.4.4 beschriebenen Verhaltensweise bewegt sich der Aktienkurs in die entsprechende Richtung der Blocktransaktion, was einen erhöhten Market Impact zur Folge hat. Dadurch kommt es bereits im Vorfeld zu stärkeren Kursbewegungen in die vorhergesagte Richtung als auf dem Parkett. Die abnormale Kursreaktion zum Zeitpunkt der Blocktransaktion fällt daher in XETRA auch bedeutend schwächer aus als auf dem Parkett, gleichzeitig ist aber die langfristige Kurswirkung auf dem elektronischen Handelssystem über das gesamte Zeitfenster hinweg wesentlich höher als auf dem Parkett.

Dieses Ergebnis kann damit bereits für bestimmte Entscheidungssituationen angewandt werden. Steht ein institutioneller Anleger beispielsweise vor der Überlegung, mehrere Kaufblocks hintereinander zu tätigen, so bildet sich über das gesamte Zeitfenster gesehen in XETRA ein höherer Market Impact aus als auf dem Parkett, weil die nachfolgenden Blocks aufgrund des langfristigen Effektes jeweils auf einem erhöhten Kursniveau getätigt werden müssen. Im Falle mehrerer hintereinander ausgeführter Verkaufblocks fällt der Vergleich nicht so eindeutig aus. Hier wird die etwas geringere kumulierte abnormale Rendite bis zum Zeitpunkt der Blocktransaktion (im Vergleich zum Frankfurter Parkett) durch einen langfristig niedrigeren Kurs wieder mehr als ausgeglichen.

Volumenbetrachtung

Ergänzend wird neben der reinen Analyse der Kursentwicklung und der Volatilität die Entwicklung des Handelsvolumens im betrachteten Zeitfenster untersucht.[395] Die Höhe des gehandelten Volumens vor und nach einem Block ist auch für die spätere Evaluierung einer Handelsstrategie in Kapitel 4.5.3 von Interesse. Zu beachten ist dabei, dass das Volumen bereits als Auswahlkriterium für den Ereigniszeitpunkt vorgegeben ist. Durch die Anwendung der Filterregeln wird das Auftreten hoher Handelsvolumina vor und nach einem Block bereits ausgeschlossen. Aufgrund dieser systematischen Vorselektion des erwarteten Handelsvolumens hat die Berechnung abnormaler Umsätze, wie sonst in Ereignisstudien[396] üblich, in diesem Fall keine Aussagekraft. Deshalb wird an dieser Stelle das durchschnittliche Transaktionsvolumen des Frankfurter Parketts als Handelsplatz mit der größten Anzahl an Blocktransaktionen untersucht (vgl. Abbildung 4-10), ohne dabei eine weitere Bereinigung der Werte vorzunehmen. In die Berechnung gehen ausschließlich Volumina des fortlaufenden Handels ein.

Die Volumina liegen im betrachteten Zeitfenster auf dem Frankfurter Parkett leicht unter den Durchschnittsvolumina aller Geschäftsvorfälle (vgl. Tabelle 4-7) Es lassen

---

395 Die Untersuchung von Beaver (1968) berücksichtigt als erste den Einfluss von Änderungen des Handelsvolumens im Rahmen einer Ereignisstudie.

396 Vgl. zur Berechnung abnormaler Umsätze für den deutschen Markt z.B. die Studien Oerke (1999), S. 78-79 und Röckemann (1995), S. 122-125.

sich weder für Käufe noch für Verkäufe besondere Gesetzmäßigkeiten bei der Abfolge des Handelsvolumens beobachten.

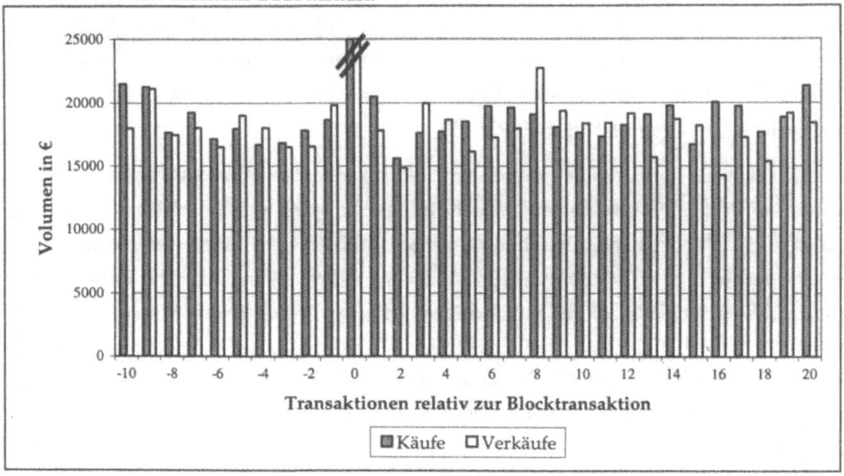

Abbildung 4-10 Handelsvolumen im Umfeld von DAX-Blocks (FWB, nur fortlaufender Handel)

4.4.5.2 Außerbörsliche Blocktransaktionen

Als separate Stichprobe werden zusätzlich alle außerbörslichen Transaktionen, die das Mindestvolumen der börslichen Blocktransaktionen von rund 363.300 € erreichen, als Blocks definiert und nach Anwendung der Filterregeln auf ihre börsliche Marktwirkung hin untersucht.[397] Bei dieser Einteilung wird von der Überlegung ausgegangen, dass ein institutioneller Marktteilnehmer ab dem genannten Volumen prinzipiell vor der Entscheidung steht, diesen Auftrag über die Börse oder außerbörslich abzuwickeln. Dabei wird die Annahme getroffen, dass eine außerbörsliche Blocktransaktion von anderen Marktteilnehmern auf informellem Wege wahrgenommen wird und somit auch eine Reaktion auf diesen Block als möglich erscheint. Eine Besonderheit bei außerbörslichen Orders besteht darin, dass in der Regel keine Teilausführungen stattfinden. Die einzige Ausnahme bilden sehr große Blocks, die von einem Intermediär auf mehrere Interessenten aufgeteilt werden. Weil im Gegensatz zu den börslichen Blocks meist keine „aktive" Marktseite (Seite mit dem größe-

[397] Es werden analog zur börslichen Gesamtstichprobe die Kurse sämtlicher Börsenplätze verwendet.

ren Volumen) identifiziert werden kann, wird bei der vorliegenden Teilstichprobe von „verkäuferinitiierten“ und „käuferinitiierten“ Blocks gesprochen.[398]

Die Untersuchung der abnormalen Renditen ergibt für diese Teilstichprobe lediglich zum Zeitpunkt des Ereignisses und eine Transaktion darauf signifikante Werte (Vgl. Tabelle 4-16). Die abnormale Rendite bei T=0 liegt für käuferinitiierte und verkäuferinitiierte Blocks wesentlich über den Werten der börslichen Gesamtstichprobe. Dies kann nur z.T. auf die höheren Durchschnittsvolumina der außerbörslichen Blocks zurückgeführt werden. Die hohe abnormale Kursreaktion zum Zeitpunkt des Blocks schlägt sich nicht über die Dauer des gesamten Zeitfensters in einem länger anhaltenden Preiseffekt nieder.

Für die Durchführung eines außerbörslichen Kaufblocks (Verkaufsblocks) in der untersuchten Stichprobe errechnet sich somit im Durchschnitt ein markt- und risikobereinigter Aufschlag (Abschlag) von 0,5% (-0,47%) auf den aktuellen Börsenkurs. Damit spielt der Börsenkurs lediglich die Rolle eines Referenzpreises für das außerbörsliche Geschäft. Dies wird auch durch die Beobachtung gestützt, dass sich eine hoch signifikante Kursreaktion lediglich in dem engen Zeitraum eine Transaktion vor bis eine Transaktion nach dem Block abspielt, wohingegen der Kursanpassungsprozess bei der Stichprobe börslicher Blocks wesentlich länger andauert.[399] Die Ausführung dieser außerbörslichen Blocktransaktion hat – zumindest in dem untersuchten Zeitfenster – keinerlei Einfluss auf den weiteren Börsenkurs der entsprechenden Aktie.

Der Grund für dieses Kursverhalten kann darin gesehen werden, dass die Information über die durchgeführte Blocktransaktion von den Marktteilnehmern in dem vorgegebenen Zeitrahmen nicht wahrgenommen wird oder dass ihr kein Informationsgehalt beigemessen wird. Zusätzlich muss beachtet werden, dass insbesondere die Ausführung von Blocks mit sehr großen Volumina meist vor Börseneröffnung erfolgt. Diese Blocks werden aufgrund der Filterregel in der Stichprobe nicht betrachtet.

---

[398] Die Einteilung in verkäuferinitiierte und käuferinitiierte Blocktransaktionen erfolgt anhand der bisher verwandten Tickregel.

[399] Vgl. Tabelle 4-12, S. 136.

Tabelle 4-16: Abnormale Renditen außerbörslicher Blocks der DAX-Stichprobe

T	Käuferinitiierte Blocks (N=6948)				Verkäuferinitiierte Blocks (N=6431)			
	AR	Z-Werte Wilcoxon	T-Test	CAR	AR	Z-Werte Wilcoxon	T-Test	CAR
-10	0,00	-0,85	0,46	0,00	0,01	-1,98*	2,31**	0,01
-9	0,00	-1,72	-1,99*	0,00	0,00	-0,02	0,02	0,01
-8	0,00	-0,23	-0,22	0,00	0,00	-0,19	-0,07	0,01
-7	0,00	-1,73	-1,42	-0,01	0,00	-1,56	1,54	0,01
-6	0,00	-0,03	0,70	-0,01	0,00	-1,48	1,74	0,01
-5	0,00	-0,32	0,31	-0,01	0,00	-0,17	-0,10	0,01
-4	0,00	-0,39	-1,29	-0,01	0,00	-0,99	0,78	0,01
-3	0,00	-2,52**	-0,66	-0,01	0,00	-0,92	-0,98	0,01
-2	0,00	-1,84	-1,67	-0,01	0,00	-1,62	1,98*	0,02
-1	-0,02	-12,88***	-10,98***	-0,04	0,02	-6,63***	7,81***	0,03
0	0,50	-71,81***	54,88***	0,46	-0,47	-68,98***	-52,72***	-0,43
1	-0,48	-65,36***	-50,70***	-0,01	0,44	-61,05***	48,32***	0,00
2	0,01	-1,23	2,31*	-0,01	0,00	-0,90	0,96	0,00
3	0,00	-2,20*	0,54	-0,01	0,00	-1,08	-0,68	0,00
4	0,01	-1,43	2,62**	0,00	0,00	-0,68	-0,47	0,00
5	0,00	-1,66	0,21	0,00	0,00	-1,58	-1,00	0,00
6	0,00	-0,78	0,02	0,00	0,00	-0,31	-0,05	0,00
7	0,00	-1,08	1,32	0,00	0,00	-0,99	-1,23	0,00
8	0,00	-0,52	-0,87	0,00	0,00	-0,39	-0,34	0,00
9	0,01	-1,49	2,26*	0,01	0,00	-0,41	0,57	0,00
10	0,00	-1,51	-1,02	0,01	0,00	-2,23*	0,33	0,00
11	0,00	-0,81	0,93	0,01	0,00	-1,95	-1,10	-0,01
12	0,00	-1,41	0,79	0,01	0,00	-0,65	-0,24	-0,01
13	0,00	-0,46	0,09	0,01	0,00	-0,34	0,10	-0,01
14	0,00	-0,72	-0,77	0,01	0,00	-0,25	0,00	-0,01
15	0,00	-1,46	1,55	0,01	0,00	-1,38	-0,84	-0,01
16	0,00	-0,96	-0,56	0,01	0,00	-0,14	-0,89	-0,01
17	0,00	-2,22*	0,79	0,01	0,00	-0,88	0,03	-0,01
18	0,00	-1,96*	-0,91	0,01	0,00	-0,38	-0,50	-0,01
19	0,00	-0,49	-0,27	0,01	0,00	-0,01	0,29	-0,01
20	0,00	-1,33	0,67	0,01	0,00	-1,03	-1,45	-0,01

* = 5% Signifikanzniveau, ** = 1% Signifikanzniveau *** = 0,1% Signifikanzniveau (jeweils zweiseitig)

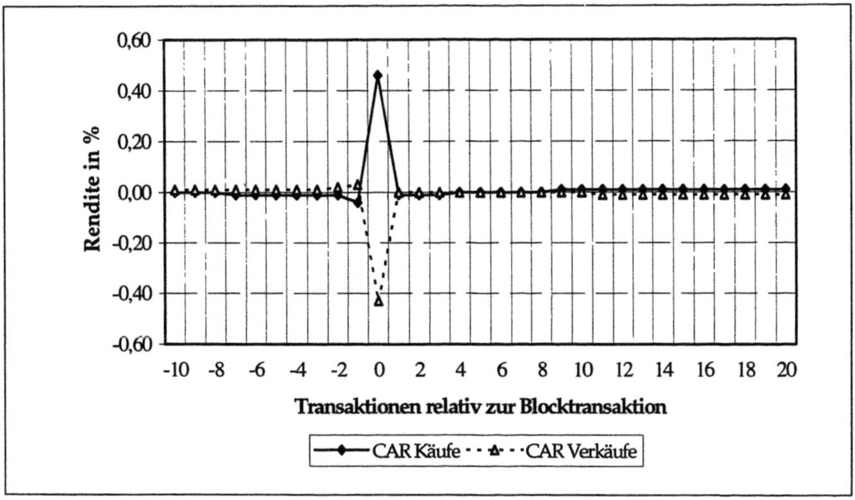

Abbildung 4-11: Kumulierte abnormale Renditen außerbörslicher Blocktransaktionen der DAX-Stichprobe

4.4.6 Ergebnisse der MDAX-Stichprobe

4.4.6.1 Börsliche Blocktransaktionen

Für die MDAX-Stichprobe können nach dem Volumenkriterium insgesamt 6.343 Geschäftsvorfälle als Blocks identifiziert werden. Nach Anwendung der Filterregeln verbleiben noch 15,13% in der Stichprobe. Wie aus Tabelle 4-17 ersichtlich ist, werden rund 44,4% der untersuchten Transaktionen als Käufe identifiziert. Damit haben die Verkäufe – im Gegensatz zur DAX-Stichprobe - ein deutliches Übergewicht. Die linke Spalte der Tabelle mit den Volumenangaben stellt wiederum die Ausgangsbasis für die folgenden Untersuchungen dar. Auffällig ist, dass die jeweiligen Mittelwerte und Mediane für Käufe und Verkäufe sehr dicht beieinander liegen.

Insgesamt werden rund 10% der Blocks über das XETRA-System abgewickelt, ca. 87% dagegen ereignen sich auf dem Frankfurter Parkett. Die Anzahl der Blocks mit lediglich einem Transaktionspartner auf der Marktgegenseite liegt bei 65% und damit wesentlich höher als für die DAX-Stichprobe.

Tabelle 4-17: Verteilungseigenschaften der MDAX-Stichprobe

	Volumen in €		Ø Volumen gesamt*		Ø Volumen täglich+	
Transaktionsseite	K	V	K	V	K	V
N	424	536	424	536	424	536
Mittelwert	467.193,52	466.814,11	29,72	30,92	30,93	31,12
Median	370.345,00	364.437,00	23,40	22,55	24,99	24,69
Minimum	84.504,03	83.006,00	11,62	11,42	5,02	8,16
Maximum	6.859.500,00	4.617.750,00	187,86	282,85	149,18	244,22
Stabw.	476.673,67	483.142,73	19,81	30,64	19,82	26,17
10. Perzentil	119.994,00	115.500,00	16,05	15,57	13,26	13,08
25. Perzentil	259.222,00	252.375,00	18,28	17,93	18,06	17,47
75. Perzentil	550.007,46	513.570,00	35,41	31,80	35,77	35,27
90. Perzentil	770.945,60	768.724,50	47,99	46,53	56,13	49,09
95. Perzentil	1.038.993,75	1.246.947,36	64,65	76,52	70,51	67,71
99. Perzentil	2.319.527,10	2.935.843,74	110,76	179,39	106,40	159,49

* Vielfaches des durchschnittlichen Volumens im gesamten Untersuchungszeitraum
+ Vielfaches des durchschnittlichen Volumens am jeweiligen Handelstag

Das durchschnittliche Volumen der untersuchten Blocktransaktionen beträgt, gemessen am Mittelwert, ungefähr ein Drittel des Volumens der DAX-Stichprobe. Das Auftragsvolumen Institutioneller bei MDAX-Werten, das sich aus den Befragungen institutioneller Anleger lediglich als Maximalwert von 1,3 Mio. € ergeben hatte, (vgl. Kapitel 2.6) wird etwa ab dem 95. Perzentil der Stichprobe erreicht.

Bei einem Mindestvolumen von rund 83.000 € liegt im Vergleich zu den ca. 363.000 € der DAX-Stichprobe hier die Wahrscheinlichkeit höher, dass zumindest im unteren Bereich auch private Investoren einen derartigen Block am Markt platzieren. Die Beteiligung von Designated Sponsors an der Durchführung der festgelegten Blocktransaktionen im XETRA-Handel erscheint als recht unwahrscheinlich. Das Mindestvolumen, zu dem die Designated Sponsors ihre Geld-Brief Spannen setzen, liegt für Werte des MDAX bei 20.000 € bzw. 30.000 €.[400] Der Anteil der Designated Sponsors im gesamten MDAX-Segment beträgt, gemessen am gehandelten Volumen in XETRA, lediglich rund 7 %.[401]

[400] Je nach Aktienwert gelten unterschiedliche Referenzgrößen. Vgl. Bosch (2001), S. 161-162.

[401] Vgl. Bosch (2001), S. 168. Die Zahlen entstammen einer Studie über Werte des MDAX, die in den Beobachtungszeitraum der vorliegenden Untersuchung fällt (August bis September 1999). Angaben über die durchschnittlichen Handelsvolumina der Designated Sponsors werden in der Untersuchung nicht gemacht.

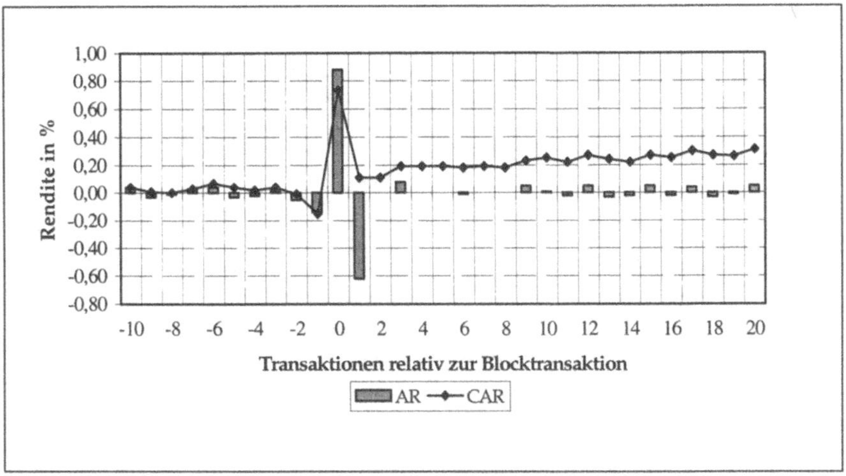

Abbildung 4-12: Abnormale Renditen für die MDAX-Stichprobe bei Kaufblocks (0,5% größtes Volumen)

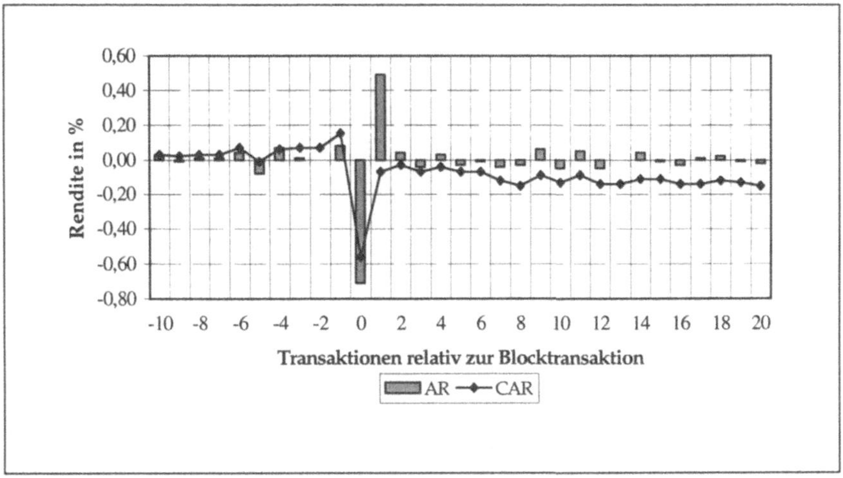

Abbildung 4-13: Abnormale Renditen für die MDAX-Stichprobe bei Verkaufsblocks (0,5% größtes Volumen)

Das Ereigniszeitfenster der MDAX-Stichprobe umfasst einen Zeitraum von ca. 20 Minuten (19:24 Min. für Käufe und 20:37 Min. für Verkäufe). Im Vorfeld der Blocktransaktion erfolgen sowohl bei den Kauf- als auch bei den Verkaufsblocks keine auffälligen Kursbewegungen (vgl. Tabelle 4-18). Lediglich die Ergebnisse der t-Statistik für die Verkaufsblocks weisen auf leicht signifikante abnormale Kursbewegungen hin, was durch die nichtparametrische Wilcoxon-Statistik nicht bestätigt wird.

Tabelle 4-18: Abnormale Renditen der MDAX-Stichprobe

	Käufe (N=424)					Verkäufe (N=536)				
T	Min.	AR	Z-Wilcoxon	t-Test	CAR	Min.	AR	Z-Wilcoxon	t-Test	CAR
-10	02:30	0,04	-1,72	1,29	0,04	02:33	0,03	-1,87	1,39	0,03
-9	02:17	-0,03	-0,58	-0,97	0,01	02:35	-0,01	-0,15	-0,41	0,02
-8	02:44	-0,01	-0,14	-0,37	0,00	02:23	0,01	-0,15	0,31	0,03
-7	02:36	0,03	-1,18	0,79	0,03	02:46	0,01	-0,25	0,19	0,03
-6	02:25	0,04	-0,79	1,13	0,07	02:19	0,04	-1,70	1,43	0,07
-5	02:32	-0,03	-0,13	-0,77	0,04	02:29	-0,08	-1,20	-2,57*	-0,01
-4	02:33	-0,02	-0,86	-0,60	0,02	02:40	0,07	-1,88	2,56*	0,06
-3	02:19	0,02	-0,07	0,53	0,04	02:38	0,01	-1,17	0,36	0,07
-2	02:13	-0,05	-1,69	-1,70	-0,01	02:44	0,00	-0,41	0,14	0,07
-1	02:31	-0,14	-3,95***	-3,49***	-0,15	01:59	0,08	-3,04**	3,83***	0,15
0	03:16	0,88	-17,74***	13,79***	0,73	03:25	-0,71	-19,92***	-18,96***	-0,56
1	02:54	-0,62	-11,83***	-9,62***	0,11	02:44	0,49	-13,69***	12,70***	-0,07
2	02:16	0,00	-0,56	-0,07	0,11	02:00	0,04	-1,29	1,41	-0,03
3	02:15	0,08	-3,21**	3,07*	0,19	02:48	-0,04	-1,58	-1,39	-0,07
4	02:45	0,00	-0,53	-0,05	0,19	02:14	0,03	-1,30	1,54	-0,04
5	02:48	0,00	-0,44	0,08	0,19	02:48	-0,03	-0,54	-1,21	-0,07
6	02:30	-0,01	-0,37	-0,24	0,18	02:32	-0,01	-0,75	-0,23	-0,07
7	02:36	0,00	-0,47	0,03	0,19	02:48	-0,04	-1,64	-1,87	-0,12
8	02:33	0,00	-1,04	-0,12	0,18	02:32	-0,03	-0,51	-1,02	-0,15
9	02:38	0,05	-0,79	1,37	0,23	02:44	0,06	-1,31	2,42*	-0,09
10	02:32	0,01	-0,35	0,43	0,25	02:36	-0,05	-1,34	-1,84	-0,13
11	03:04	-0,02	-0,96	-0,68	0,22	02:47	0,05	-1,75	2,02*	-0,09
12	02:45	0,05	-1,07	1,66	0,27	02:46	-0,05	-1,16	-2,03*	-0,14
13	02:30	-0,03	-0,16	-0,91	0,24	02:33	0,00	-0,41	-0,18	-0,14
14	02:36	-0,02	-0,63	-0,73	0,22	02:53	0,04	-1,35	1,54	-0,11
15	02:06	0,05	-1,55	1,38	0,27	02:43	-0,01	0,00	-0,31	-0,11
16	02:52	-0,02	-0,31	-0,49	0,25	02:45	-0,03	-0,59	-1,30	-0,14
17	02:26	0,04	-0,79	1,60	0,30	02:19	0,01	-0,34	0,30	-0,14
18	02:30	-0,03	-1,41	-0,87	0,27	02:35	0,02	-0,42	0,60	-0,12
19	02:30	-0,01	-0,01	-0,24	0,26	02:40	-0,01	-0,01	-0,42	-0,13
20	02:22	0,05	-0,99	1,33	0,31	02:19	-0,02	-0,77	-0,70	-0,15

* = 5% Signifikanzniveau, ** = 1% Signifikanzniveau *** = 0,1% Signifikanzniveau (jeweils zweiseitig)

Zum Zeitpunkt der Blocktransaktion fällt eine hohe abnormale Rendite von +0,88 % für die Käufe und –0,71% für die Verkäufe an. Damit ist der Absolutwert der Überrendite zu diesem Zeitpunkt jeweils doppelt so hoch wie für die DAX-Stichprobe.

Die Kursreaktion dauert für Käufe und Verkäufe drei Kursfeststellungen lang an, da bis zu diesem Zeitpunkt signifikante abnormale Renditen vorliegen. Es lässt sich für die Käufe (Verkäufe) bis zwanzig Transaktionen nach dem Block eine kumulierte abnormale Rendite von 0,31% (-0,15%) feststellen, womit die Reaktion der Verkäufe nur halb so hoch ausfällt. Die abnormale Rendite der Gegenreaktion in T=+1 ist mit –0,62% bei den Kaufblocks ebenfalls stärker ausgeprägt als bei den Verkäufen (+0,49%).

Tabelle 4-19: Standardabweichung der Transaktionsrenditen für die MDAX-Stichprobe

T	Käufe (N=424)	Verkäufe (N=536)
	Stabw. (in %)	Stabw. (in %)
-10	0,47	0,21
-9	0,45	0,25
-8	0,46	0,34
-7	0,59	0,42
-6	0,51	0,42
-5	0,45	0,54
-4	0,53	0,39
-3	0,49	0,27
-2	0,36	0,31
-1	0,67	0,25
0	2,49 ***	1,25***
1	2,20 ***	1,05***
2	0,40	0,45
3	0,33	0,47
4	0,38	0,23
5	0,37	0,26
6	0,44	0,26
7	0,39	0,29
8	0,56	0,5
9	0,58	0,37
10	0,47	0,34
11	0,38	0,28
12	0,31	0,34
13	0,36	0,37
14	0,49	0,29
15	0,53	0,23
16	0,49	0,28
17	0,32	0,22
18	0,39	0,35
19	0,53	0,4
20	0,46	0,3

* = 5% Signifikanzniveau, ** = 1% Signifikanzniveau *** = 0,1% Signifikanzniveau (jeweils einseitig).
Angegeben ist die Signifikanz des F-Tests

Die Renditevolatilität wird in Tabelle 4-19 dargestellt. Die Schwankungsbreite der Renditen fällt im gesamten Zeitfenster wesentlich höher aus als für die DAX-Stichprobe. Bei den Käufen ist die Streuung der Renditen zum Zeitpunkt der Blocktransaktion im Vergleich zu den Verkäufen auffallend hoch. Mit 2,49% beträgt sie fast das Doppelte der Verkaufsblocks, obwohl die abnormalen Renditen der beiden Transaktionsseiten ähnliche Werte aufweisen (Vgl. Tabelle 4-18).

Die Stichprobe der Käufe weist insgesamt zu fast jedem Transaktionszeitpunkt eine höhere Standardabweichung auf als bei den Verkäufen. Die Marktunsicherheit scheint demnach in der Umgebung von Kaufblocks weitaus höher zu liegen. Vor und nach dem Block sind für beide Transaktionsseiten keine signifikant hohen Standardabweichungen feststellbar. Ein signifikanter Wert für die Standardabweichung lässt sich lediglich bis zur Folgetransaktion des Blocks feststellen.

Volumenbetrachtung

Die Handelsvolumina im betrachteten Zeitfenster liegen im Rahmen des Durchschnittsvolumens aller Einzelaufträge (vgl. Tabelle 4-7). Allerdings ist die Kursgegenreaktion bei Käufen mit einem etwas höheren durchschnittlichen Handelsvolumen unterlegt als bei Verkäufen. Im weiteren Verlauf nimmt bei den Verkäufen das Handelsvolumen tendenziell leicht zu.

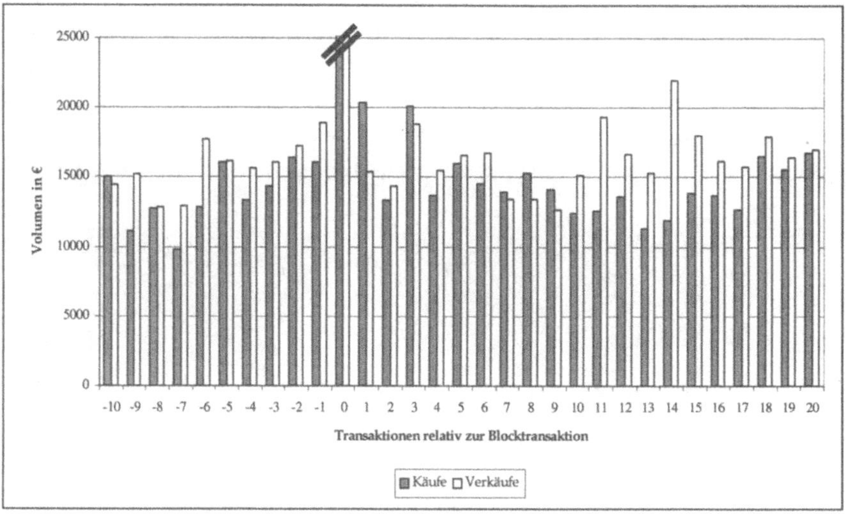

Abbildung 4-14: Handelsvolumen im Umfeld von MDAX-Blocks (FWB, nur fortlaufender Handel)

4.4.6.2 Außerbörsliche Blocktransaktionen

Als separate Stichprobe wird ebenfalls untersucht, ob die außerbörslichen Blocktransaktionen der MDAX-Stichprobe Preiseffekte an der Börse auslösen. Ähnlich wie bei der DAX- Stichprobe lassen sich im wesentlichen zum Ereigniszeitpunkt und eine Transaktion später statistisch signifikante abnormale Renditen feststellen (Vgl.

Tabelle 4-20). Die Überrenditen zum Zeitpunkt der Blocktransaktion liegen nur für verkäuferinitiierte Blocks über den Werten der börslichen Stichprobe.

Schwer zu deuten ist die schwächere Kursreaktion trotz höherer Durchschnittsvolumina für die käuferinitiierten Blocks im Vergleich zur börslichen Stichprobe (vgl. auch Abbildung 4-15). Ob die Ursache für diesen Unterschied eher durch einen temporären und damit liquiditätsbedingten oder einen permanenten Preiseffekt erklärt werden kann, wird im Rahmen von Kapitel 4.5.3 näher untersucht.

Bei den verkäuferinitiierten Transaktionen beträgt auch am Ende des gesamten Zeitfensters die kumulierte abnormale Rendite -0,08% und ist damit ungefähr halb so hoch wie bei den börslichen Blocks der MDAX-Stichprobe, allerdings liegt dieser Wert nicht in einem statistisch signifikanten Bereich. Die verkäuferinitiierten Blocktransaktionen weisen dagegen zum Ende des Zeitfensters niedrige kumulierte Überrenditen auf, die nur geringfügig von Null verschieden sind.

Damit muss lediglich für die verkäuferinitiierten Blocks im außerbörslichen Handel mit einem höheren (markt- und risikobereinigten) Kursabschlag zum Zeitpunkt der Blocktransaktion gerechnet werden als bei einer Durchführung dieser Transaktion über die Börse. Für die käuferinitiierten Blocks fällt dagegen ein vergleichbar niedriger Kursaufschlag von durchschnittlich 0,8% auf den aktuellen Börsenkurs an, trotz des wesentlich höheren Durchschnittsvolumens der außerbörslichen Stichprobe.

Tabelle 4-20: Abnormale Renditen außerbörslicher Blocks der MDAX-Stichprobe

T	Käuferinitiierte Blocktransaktionen (N= 704)				Verkäuferinitiierte Blocktransaktionen (N = 683)			
	AR	Z-Werte Wilcoxon	T-Test	CAR	AR	Z-Werte Wilcoxon	T-Test	CAR
-10	0,05	-0,32	1,04	0,05	-0,01	-1,45	-0,34	-0,01
-9	-0,08	-1,07	-1,50	-0,02	0,02	-0,10	0,95	0,01
-8	-0,01	-0,52	-0,30	-0,03	0,00	-1,11	-0,15	0,01
-7	0,01	-0,97	0,55	-0,02	0,00	-0,33	0,12	0,01
-6	0,00	-0,44	0,07	-0,02	0,01	-0,48	0,48	0,02
-5	-0,04	-1,74	-1,65	-0,06	0,02	-1,24	1,12	0,04
-4	0,02	-0,75	1,10	-0,03	-0,01	-0,35	-0,59	0,03
-3	-0,04	-1,97*	-1,90	-0,07	0,02	-1,04	1,32	0,05
-2	-0,01	-0,77	-0,57	-0,08	0,03	-2,30*	1,45	0,08
-1	-0,12	-6,63***	-5,20***	-0,20	0,04	-2,05*	2,28*	0,12
0	0,80	-22,95***	17,86***	0,60	-0,76	-22,54***	-18,80***	-0,63
1	-0,65	-17,03***	-14,16***	-0,05	0,60	-17,26***	14,51***	-0,03
2	0,03	-1,98*	1,62	-0,02	0,02	-0,85	1,09	-0,01
3	0,02	-0,77	0,95	0,00	-0,02	-1,47	-0,81	-0,03
4	0,00	-0,38	-0,05	0,00	0,02	-0,68	1,28	0,00
5	-0,03	-0,26	-1,10	-0,03	-0,01	-0,20	-0,71	-0,02
6	0,03	-0,90	1,48	0,00	-0,02	-1,79	-0,99	-0,03
7	0,02	-0,62	0,92	0,02	0,02	-1,32	1,06	-0,01
8	0,00	-0,05	0,03	0,02	-0,03	-2,07*	-1,62	-0,05
9	-0,04	-1,27	-1,87	-0,02	0,02	-0,27	0,88	-0,03
10	0,00	-0,46	-0,23	-0,02	-0,02	-1,40	-0,77	-0,05
11	0,01	-0,25	0,49	-0,01	-0,02	-0,08	-0,52	-0,06
12	0,02	-1,64	0,83	0,01	0,02	-1,00	0,83	-0,04
13	0,00	-0,11	-0,04	0,00	-0,03	-2,93**	-1,90	-0,07
14	-0,02	-0,26	-0,73	-0,01	0,00	-0,32	-0,15	-0,07
15	0,05	-2,24*	2,37*	0,04	0,00	-1,09	0,00	-0,07
16	-0,04	-2,33*	-2,32*	0,00	-0,01	-1,10	-0,78	-0,09
17	0,01	-0,88	0,77	0,01	0,02	-1,12	0,87	-0,07
18	-0,01	-0,02	-0,40	0,00	-0,01	-1,01	-0,56	-0,08
19	0,02	-1,06	0,86	0,02	0,00	-0,91	0,25	-0,08
20	0,02	-0,12	0,83	0,03	0,00	-0,81	0,09	-0,08

* = 5% Signifikanzniveau, ** = 1% Signifikanzniveau *** = 0,1% Signifikanzniveau (jeweils einseitig). Angegeben ist die Signifikanz des F-Tests.

Die Ausführung eines außerbörslichen Kaufblocks hat keinerlei langfristigen Einfluss auf die weitere Börsenkursbildung der entsprechenden Aktie. Im Falle der verkäuferinitiierten Blocks lassen sich bis zum Ende des Ereigniszeitfensters nur geringe kumulierte Preiseffekte in Höhe von –0,08% feststellen. Bei den verkäuferinitiierten Blocks im außerbörslichen Handel kommt es noch zu späteren Zeitpunkten (T=8 und T=13) zu negativen abnormalen Kursreaktionen, so dass davon ausgegangen werden kann, dass erst verspätet auf den Block mit weiterer Verkaufsneigung reagiert wird.

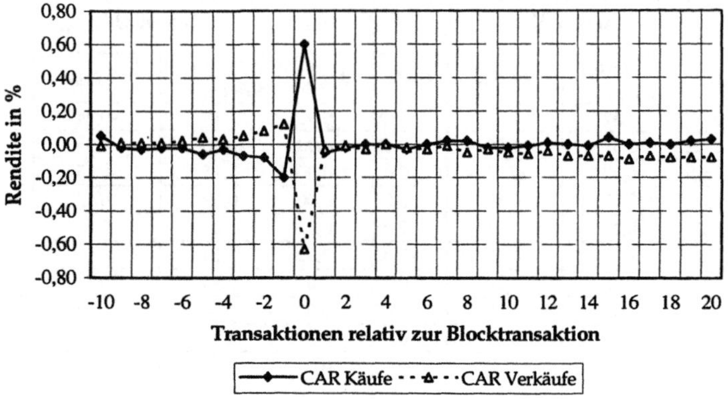

Abbildung 4-15: Kumulierte abnormale Renditen außerbörslicher Blocktransaktionen der MDAX -Stichprobe

4.4.7 Ergebnisse der NEMAX-Stichprobe

4.4.7.1 Börsliche Blocktransaktionen

Insgesamt können für die NEMAX-Stichprobe 1.1825 Geschäftsvorfälle nach dem Volumenkriterium als Blocks identifiziert werden. Es verbleiben nach Anwendung der Filterregeln noch 16,43% der Blocks in der endgültigen Stichprobe, die in Tabelle 4-21 dargestellt wird. Rund 50% der Blocktransaktionen werden demnach als Verkäufe identifiziert. Die Volumina der betrachteten Blocks unterscheiden sich trotz ähnlicher Werte für die Marktkapitalisierung (vgl. Tabelle 4-1) stark von der zuvor untersuchten MDAX-Stichprobe. So ist das durchschnittliche Volumen der NEMAX-Blocks nur etwa halb so groß und die Volumina in den höheren Perzentilen deuten darauf hin, dass auch die Schiefe der NEMAX-Stichprobe wesentlich niedrigere Werte aufweist als bei der MDAX-Stichprobe. Dies zeigt sich darin, dass bei den Aktien des MDAX überproportional viele Blocks der obersten Größenkategorie vorhanden sind. Der Anteil der Xetra-Blocks an der Stichprobe beträgt rund 10% und liegt damit im gleichen Bereich wie bei den MDAX-Werten.[402] Bei rund 69% der Blocks ist nur einer Gegenseite vorhanden.

Tabelle 4-21: Verteilungseigenschaften der NEMAX-Stichprobe

	Volumen in €		Ø Volumen gesamt*		Ø Volumen täglich+	
Transaktionsseite	K	V	K	V	K	V
N	963	980	963	980	963	980
Mittelwert	291.358,20	257.166,01	28,90	26,35	28,64	27,78
Median	219.600,00	202.725,00	20,98	20,18	21,97	22,54
Minimum	61.939,00	62.640,00	11,91	11,94	4,11	7,13
Maximum	4.748.943,78	5.443.000,00	437,78	473,98	333,47	413,07
Stabw.	335.955,78	256.420,12	29,32	25,04	24,33	23,14
10. Perzentil	90.215,60	91.000,00	14,96	15,02	13,10	12,82
25. Perzentil	148.000,00	139.162,50	16,78	16,52	16,32	16,72
75. Perzentil	310.977,50	287.950,00	30,76	27,78	32,40	31,45
90. Perzentil	504.030,00	474.985,00	45,64	43,06	47,61	46,17
95. Perzentil	690.919,25	599.797,50	65,15	55,72	65,18	59,25
99. Perzentil	1.679.688,00	1.162.000,00	158,19	108,20	128,06	119,91

* Vielfaches des durchschnittlichen Volumens im gesamten Untersuchungszeitraum
\+ Vielfaches des durchschnittlichen Volumens am jeweiligen Handelstag

Das Mindestvolumen der Designated Sponsors liegt zum Zeitpunkt der Untersuchung für den Neuen Markt bei 20.000 €.[403] Vergleicht man die Mindestvolumina der Blockdefinition, erscheint es auch für die NEMAX-Stichprobe als unwahrscheinlich, dass Designated Sponsors direkt an der Durchführung einer Blocktransaktion beteiligt sind.[404] Die durchschnittlichen Transaktionsvolumina der Designated Sponsors liegen unter dem Mindestvolumen einer Blocktransaktion. In einer Untersuchung, deren Stichprobe in den Beobachtungszeitraum dieser Studie fällt, liegt der Volumen anteil der Designated Sponsors an NEMAX-Titeln auf XETRA bei rund 16% und damit deutlich höher als für Aktien aus dem MDAX.[405]

---

402 Der Anteil des Frankfurter Parketts an den Blocks liegt bei rund 84% und damit leicht höher als bei der MDAX-Stichprobe.

403 Gemeint ist das Mindestvolumen beim Stellen der Geld-Brief Spanne. Vgl. Bosch (2001), S. 161.

404 Im Präsenzhandel des Neuen Marktes lag das durchschnittliche Transaktionsvolumen der Betreuer für eine repräsentative Stichprobe aus dem Jahr 1998 bei rund 60.400 €. Vgl. die Studie von Bosch (2001), S. 122.

405 Vgl. Bosch (2001), S. 168. Der Untersuchungszeitraum umfasst die Monate August bis September 1999. Für den genannten Zeitraum liegen keine Angaben über die durchschnittlichen Handelsvolumina der Designated Sponsors vor. Damit kann allerdings nicht ausgeschlossen werden, dass die Designated Sponsors sich im Umfeld, also kurz vor oder nach der Ausführung einer Blocktransaktion, gezielt am Marktgeschehen beteiligen.

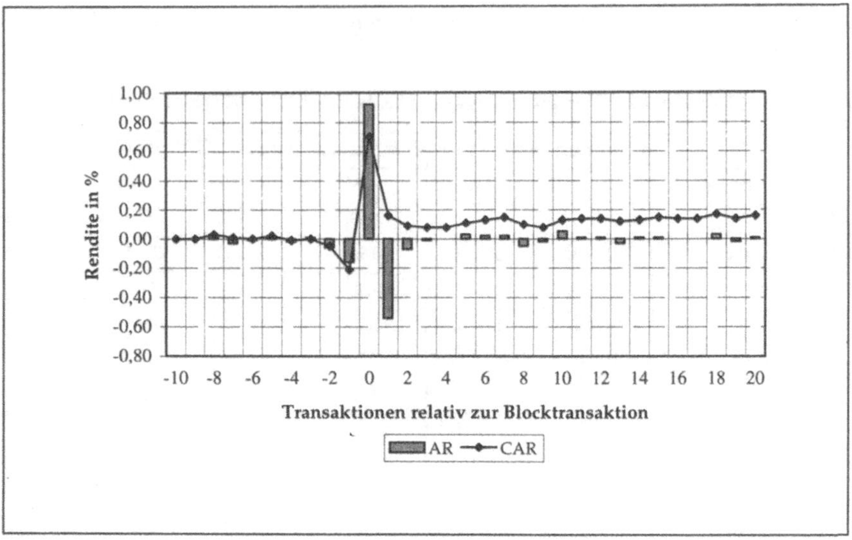

Abbildung 4-16: Abnormale Renditen für die NEMAX-Stichprobe bei Kaufblocks (0,5% größtes Volumen)

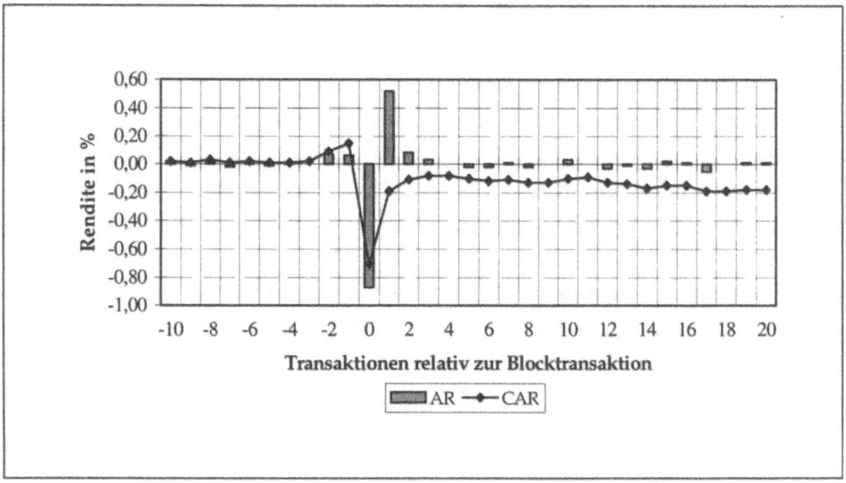

Abbildung 4-17: Abnormale Renditen für die NEMAX Stichprobe bei Verkaufsblocks (0,5% größtes Volumen)

Sowohl bei den Käufen als auch bei den Verkäufen umfasst das betrachtete Ereignisfenster eine Zeitspanne von rund 52 Minuten (Vgl. Tabelle 4-22). Erst zwei Transaktionen vor der Ausführung eines Blocks können signifikant abnormale Renditen festgestellt werden (vgl. Tabelle 4-22). Die Blocktransaktion selbst ist durch eine relativ hohe abnormale Rendite in Höhe von +0,92 % (Käufe) bzw. –0,87% (Verkäufe) gekennzeichnet. Damit fällt die abnormale Kursreaktion insbesondere bei den Verkaufsblocks zum Ereigniszeitpunkt wesentlich höher aus als für die MDAX-Stichprobe. Die absolute Überrendite der Gegenreaktion ist mit –0,54 % bei den Kaufblocks nur unwesentlich größer als bei den Verkäufen (+0,52%). Die Kursreaktion dauert länger an als bei der MDAX-Stichprobe. Signifikante abnormale Renditen sind bis zu 10 (für Käufe) bzw. 17 (für Verkäufe) Transaktionen nach dem Ereignis noch messbar, was analog zur MDAX-Stichprobe auf eine ausgedehntere Verarbeitungszeit der Verkaufsblocks hindeutet. Es lässt sich 20 Transaktionen nach dem Block für beide Transaktionsseiten annähernd das gleiche Ausmaß bei den kumulierten abnormalen Renditen von + 0,16% bzw. –0,18% feststellen.

Tabelle 4-22: Abnormale Renditen der NEMAX-Gesamtstichprobe

	Käufe (N=963)					Verkäufe (N=980)				
T	**Min.**	**AR**	**Z-Wilcoxon**	**t-Test**	**CAR**	**Min.**	**AR**	**Z-Wilcoxon**	**t-Test**	**CAR**
-10	01:40	0,00	-0,24	-0,10	0,00	01:49	0,02	-0,91	1,15	0,02
-9	01:47	0,00	-0,43	0,10	0,00	01:50	-0,01	-0,19	-0,55	0,01
-8	01:42	0,03	-0,68	1,44	0,03	01:47	0,02	-0,29	0,83	0,03
-7	01:43	-0,03	-1,05	-1,12	0,01	01:44	-0,02	-0,01	-1,01	0,01
-6	01:37	-0,01	-0,04	-0,38	0,00	01:36	0,01	-0,30	0,53	0,02
-5	01:42	0,02	-0,70	0,93	0,02	01:48	-0,01	-0,05	-0,43	0,01
-4	01:42	-0,02	-0,84	-0,98	-0,01	01:46	0,01	-0,71	0,29	0,01
-3	01:37	0,01	-0,68	0,50	0,00	01:39	0,00	-0,36	0,11	0,02
-2	01:40	-0,06	-2,36*	-2,42*	-0,05	01:42	0,07	-4,40***	3,05**	0,09
-1	01:23	-0,16	-7,10***	-6,78***	-0,21	01:22	0,06	-3,67***	3,29**	0,15
0	02:15	0,92	-26,67***	25,72***	0,70	02:07	-0,87	-26,75***	-27,85***	-0,71
1	01:32	-0,54	-14,99***	-13,79***	0,16	01:33	0,52	-16,09***	15,45***	-0,19
2	01:28	-0,07	-3,00**	-3,26**	0,09	01:33	0,08	-3,63***	3,54***	-0,11
3	01:40	-0,01	-0,49	-0,36	0,08	01:38	0,03	-1,79	1,15	-0,08
4	01:41	0,00	-0,10	0,16	0,08	01:33	0,00	-0,82	-0,15	-0,08
5	01:44	0,03	-1,26	1,11	0,11	01:32	-0,02	-0,71	-0,90	-0,10
6	01:44	0,02	-0,53	0,67	0,13	01:41	-0,02	-1,09	-1,00	-0,12
7	01:37	0,02	-0,57	0,96	0,15	01:40	0,01	-0,61	0,52	-0,11
8	01:44	-0,05	-2,16*	-2,34*	0,10	01:49	-0,02	-0,91	-0,78	-0,13
9	01:48	-0,02	-1,00	-0,57	0,08	01:39	0,00	-0,34	0,04	-0,13
10	01:37	0,05	-1,97*	1,92	0,13	01:41	0,03	-2,10*	1,50	-0,10
11	01:50	0,01	-0,08	0,38	0,14	01:41	0,00	-0,34	0,10	-0,09
12	01:49	0,01	-0,53	0,27	0,14	01:46	-0,03	-1,22	-1,62	-0,13
13	01:48	-0,03	-0,76	-1,04	0,12	01:43	-0,01	-0,58	-0,46	-0,14
14	01:35	0,01	-0,70	0,66	0,13	01:45	-0,03	-1,03	-1,47	-0,17
15	01:46	0,01	-0,35	0,60	0,15	01:40	0,02	-0,59	0,87	-0,15
16	01:41	0,00	-0,50	-0,12	0,14	01:30	0,01	-0,40	0,47	-0,15
17	01:42	0,00	-0,21	0,00	0,14	01:41	-0,05	-2,31*	-2,17*	-0,19
18	01:39	0,03	-1,03	1,23	0,17	01:37	0,00	-0,14	0,01	-0,19
19	01:43	-0,02	-0,62	-1,22	0,14	01:39	0,01	-0,47	0,31	-0,18
20	01:32	0,01	-0,14	0,61	0,16	01:39	0,01	-1,09	0,30	-0,18

* = 5% Signifikanzniveau, ** = 1% Signifikanzniveau *** = 0,1% Signifikanzniveau (jeweils zweiseitig)

Bei den Verkaufsblocks fällt der Preiseffekt über das gesamte Ereigniszeitfenster für beide Midcap-Segmente (NEMAX und MDAX) somit trotz unterschiedlich hoher Durchschnittsvolumina ähnlich aus. Bei Kaufblöcken der NEMAX-Stichprobe ist der langfristige Preiseffekt dagegen nur halb so groß wie für MDAX-Werte. Diese Ergebnisse können als Hinweis dafür gesehen werden, dass die Unterschiede hinsichtlich der Kurswirkung von Blocktransaktionen zwischen den beiden genannten Stichproben (NEMAX und MDAX) nicht allein aufgrund der zugrundeliegenden Volumendifferenzen erklärbar sind.

Tabelle 4-23: Standardabweichung der Transaktionsrenditen für die NEMAX-Stichprobe

T	Käufe (N=963) Stabw. (in %)	Verkäufe (N=980) Stabw. (in %)
-10	0,55	0,37
-9	0,51	0,49
-8	0,52	0,46
-7	0,58	0,47
-6	0,64	0,41
-5	0,50	0,46
-4	0,54	0,47
-3	0,47	0,54
-2	0,54	0,56
-1	0,57	0,38
0	2,05 ***	1,69***
1	1,80 ***	1,38***
2	0,46	0,57
3	0,40	0,61
4	0,50	0,54
5	0,59	0,47
6	0,52	0,44
7	0,52	0,50
8	0,53	0,61
9	0,72	0,49
10	0,60	0,53
11	0,48	0,59
12	0,54	0,45
13	0,59	0,56
14	0,44	0,49
15	0,52	0,43
16	0,64	0,40
17	0,52	0,44
18	0,42	0,44
19	0,40	0,48
20	0,47	0,46

* = 5% Signifikanzniveau, ** = 1% Signifikanzniveau *** = 0,1% Signifikanzniveau (jeweils einseitig). Angegeben ist die Signifikanz des F-Tests.

Die Volatilität im Umfeld der Blocktransaktionen wird in Tabelle 4-23 dargestellt. Lediglich zum Zeitpunkt des Blocks und eine Transaktion darauf ist sowohl bei den Käufen als auch bei den Verkäufen eine signifikant hohe Standardabweichung feststellbar. Die Blocktransaktion selbst wird bei beiden Gruppen von der höchsten Standardabweichung (2,05 % für Käufe bzw. 1,69 % für Verkäufe) begleitet. Die Volatilität zum Ereigniszeitpunkt ist damit lediglich für die Verkaufsblocks höher als in der MDAX-Stichprobe, bei Kaufblocks liegt die Schwankungsbreite dagegen niedriger. Die Standardabweichung zum Zeitpunkt der Kursgegenreaktion fällt ebenfalls hoch aus. Die Volatilitäten liegen für die Kaufblocks weitaus niedriger als bei der Stichprobe der MDAX-Werte.

Volumenbetrachtung

Die Handelsvolumina im Umfeld der Blocktransaktion weisen eine etwas höhere Umsatztätigkeit im Vorfeld des Blocks auf. Nach der Blocktransaktion fällt das Umsatzvolumen wieder auf den Wert eines durchschnittlichen Einzelauftrags zurück (vgl. Abbildung 4-18).

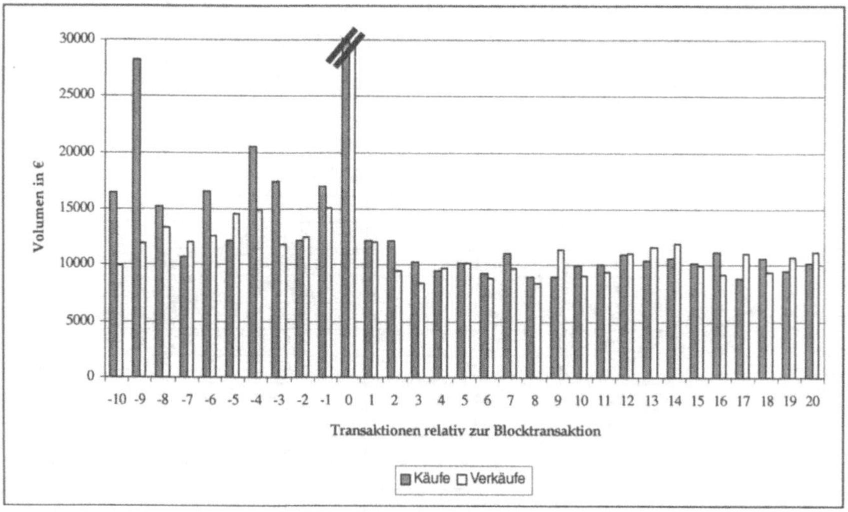

Abbildung 4-18: Handelsvolumina im Umfeld von NEMAX-Blocks (FWB., fortlaufender Handel)

4.4.7.2 Außerbörsliche Blocktransaktionen

Auch für das Marktsegment des NEMAX wird zusätzlich die potentielle Kurswirkung außerbörslicher Blocktransaktionen untersucht. Es lassen sich für Kaufblocks, wie bereits in den Stichproben zuvor, lediglich eine Transaktion vor bis eine Transaktion nach dem Block hoch signifikante abnormale Renditen feststellen (Vgl. Tabelle 4-24). Für die verkäuferinitiierten Blocks ergeben sich jedoch bereits zum Zeitpunkt T= -6 und T= -2 signifikante abnormale Renditen, die allerdings in die falsche Richtung zeigen, um den Verdacht eines bestehenden Informationslecks bestätigen zu können.

Die Überrenditen zum Zeitpunkt der Blocktransaktion liegt für käuferinitiierte und verkäuferinitiierte Blocks wiederum wesentlich über den Werten der börslichen Gesamtstichprobe. Die stärkere Reaktion zum Zeitpunkt des Blocks schlägt sich lediglich bei den käuferinitiierten Fällen auch in einer kumulierten abnormalen Rendite über das gesamte Zeitfenster nieder. Diese liegt wesentlich niedriger als bei den börslichen Blocks. Bei den verkäuferinitiierten Blocktransaktionen ergeben sich – wie bereits bei den vorangegangenen Marktsegmenten - zum Transaktionszeitpunkt T= 20 kumulierte Überrenditen, die nur geringfügig von Null verschieden sind.

Tabelle 4-24: Abnormale Renditen außerbörslicher Blocks der NEMAX-Stichprobe

T	Käuferinitiierte Blocktransaktionen (N= 1341)				Verkäuferinitiierte Blocktransaktionen (N = 1324)			
	AR	Z-Wilcoxon	t-Test.	CAR	AR	Z-Wilcoxon	t-Test	CAR
-10	0,00	-0,18	-0,12	0,00	0,00	-0,21	0,14	0,00
-9	0,00	-0,62	-0,17	-0,01	0,00	-0,40	0,00	0,00
-8	0,00	-0,97	0,12	0,00	0,02	-1,38	1,11	0,02
-7	-0,01	-0,27	-0,79	-0,02	-0,02	-0,39	-1,22	0,00
-6	-0,01	-0,48	-0,29	-0,02	0,04	-2,30**	2,48*	0,05
-5	0,00	-0,25	-0,21	-0,03	-0,01	-0,21	-0,47	0,04
-4	-0,02	-0,64	-0,90	-0,04	0,00	-0,63	0,13	0,04
-3	0,01	-0,30	0,30	-0,04	-0,02	-0,97	-1,24	0,02
-2	-0,03	-1,29	-1,78	-0,07	0,07	-4,20***	3,50***	0,09
-1	-0,13	-7,82***	-7,36***	-0,20	0,06	-3,50***	2,90**	0,15
0	1,13	-31,65***	28,88***	0,93	-1,09	-31,45***	-29,94***	-0,94
1	-0,90	-22,41***	-21,42***	0,03	0,90	-23,50***	22,50***	-0,04
2	-0,02	-0,24	-1,08	0,01	0,02	-0,90	1,11	-0,02
3	0,03	-0,82	1,34	0,03	0,00	-0,17	0,13	-0,01
4	-0,03	-0,92	-1,57	0,00	0,00	-0,27	0,00	-0,01
5	0,03	-0,14	1,35	0,03	0,00	-0,14	-0,03	-0,01
6	0,00	-0,70	-0,12	0,03	0,00	-0,13	-0,01	-0,01
7	0,02	-1,09	0,79	0,04	-0,03	-2,21*	-1,94	-0,05
8	0,01	-0,08	0,70	0,06	0,03	-2,19*	1,61	-0,02
9	-0,02	-0,67	-0,94	0,04	-0,02	-1,06	-1,28	-0,05
10	0,00	-0,30	-0,13	0,04	0,03	-0,65	1,53	-0,02
11	0,00	-0,22	0,11	0,04	-0,01	-0,19	-0,70	-0,03
12	0,01	0,00	0,56	0,05	-0,01	-0,44	-0,71	-0,04
13	0,03	-2,76**	1,39	0,08	0,00	-0,92	-0,12	-0,04
14	-0,01	-1,02	-0,64	0,06	0,00	-0,02	-0,16	-0,05
15	-0,02	-0,70	-0,97	0,05	0,03	-0,75	1,25	-0,02
16	0,02	-0,27	0,96	0,06	0,03	-0,91	1,51	0,01
17	0,01	-0,45	0,56	0,07	-0,03	-0,40	-1,84	-0,03
18	0,00	-0,14	-0,18	0,07	0,00	-0,48	-0,20	-0,03
19	0,01	-1,22	0,52	0,08	0,00	-0,81	0,06	-0,03
20	0,02	-1,16	1,01	0,10	0,00	-0,56	-0,11	-0,03

* = 5% Signifikanzniveau, ** = 1% Signifikanzniveau *** = 0,1% Signifikanzniveau (jeweils zweiseitig)

Der Börsenkurs nimmt wiederum bei den außerbörslichen Verkaufsblocks lediglich die Rolle eines Referenzpreises ein, da die Ausführung eines Blocks in dem untersuchten Zeitfenster keinerlei signifikanten Einfluss auf die Börsenkursbildung der entsprechenden Aktie ausübt. Im Falle des Kaufblocks zeigen sich leichte langfristige Preiseffekte auf den Aktienkurs. Diese Asymmetrie bei der Kurswirkung außerbörslicher Blocks kann lediglich aufgrund des stark vorherrschenden Aufwärtstrends am Neuen Markt erklärt werden, weshalb bei den Kursbewegungen insgesamt eine Aufwärtsbewegung wahrscheinlicher ist als eine Abwärtsbewegung.

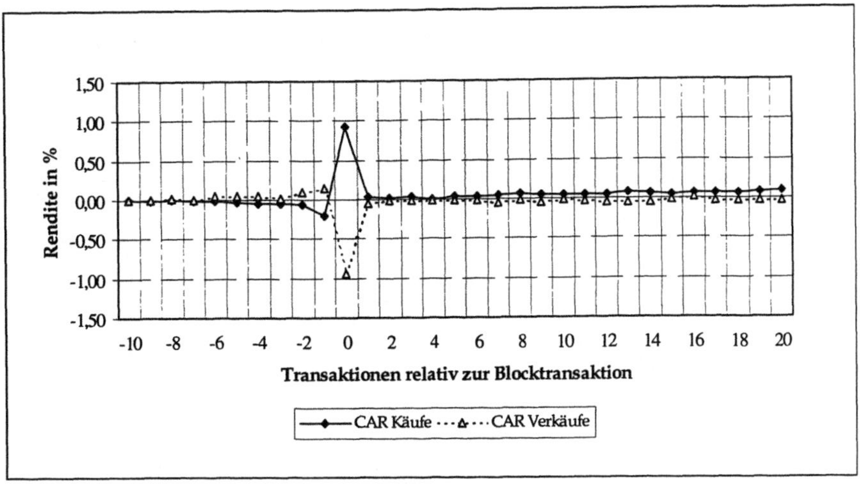

Abbildung 4-19: Kumulierte abnormale Renditen außerbörslicher Blocktransaktionen der NEMAX-Stichprobe

4.4.8 Ergebnisse der SMAX-Stichprobe

4.4.8.1 Börsliche Blocktransaktionen

Bei der SMAX-Stichprobe werden nach dem Volumenkriterium insgesamt 1.915 Geschäftsvorfälle als Blocks identifiziert, wovon nach Anwendung der Filterregeln 19,32% in der endgültigen Stichprobe verbleiben. Mit 51,6% der untersuchten Blocktransaktionen haben die Käufe in der SMAX-Stichprobe ein leichtes Übergewicht. Aus Tabelle 4-25 lässt sich ablesen, dass die Käufe einen höheren Mittelwert und Median aufweisen als die Verkäufe. Die durchschnittlichen Blockvolumina sind etwa halb so groß wie die der NEMAX-Stichprobe. Allerdings weisen die Verkaufsblocks ab dem 99. Perzentil höhere Volumina als die Verkäufe auf, was sich auch in einem wesentlich größeren Maximalwert niederschlägt. Von den untersuchten Blocktransaktionen werden rund 6% über XETRA und 90%am Frankfurter Parkett ausgeführt. Bei der überwiegenden Mehrheit von rund 72% der Blocks liegt nur ein Handelspartner auf der anderen Transaktionsseite vor.

Tabelle 4-25: Verteilungseigenschaften der SMAX-Blocks

	Volumen in €		Ø Volumen gesamt*		Ø Volumen täglich+	
Transaktionsseite	**K**	**V**	**K**	**V**	**K**	**V**
N	191	179	191	179	191	179
Mittelwert	138.657,50	126.232,22	22,66	22,41	19,46	18,91
Median	97.500,00	79.200,00	18,58	16,98	16,69	16,50
Minimum	37.500,00	37.770,00	10,03	9,95	4,92	3,12
Maximum	1.053.200,00	1.450.000,00	115,42	332,02	68,38	115,16
Stabw.	128.164,96	168.389,73	14,03	26,08	11,49	12,50
10. Perzentil	54.575,00	50.375,00	11,82	11,53	8,65	9,15
25. Perzentil	65.340,00	62.300,00	14,43	13,62	11,27	11,01
75. Perzentil	153.300,00	118.440,00	26,61	23,43	23,35	22,70
90. Perzentil	292.510,00	205.000,00	35,33	34,63	36,96	31,50
95. Perzentil	402.800,00	394.993,70	47,70	45,00	42,12	37,37
99. Perzentil	721.600,00	1.227.909,00	93,59	111,61	61,37	86,06

* Vielfaches des durchschnittlichen Volumens im gesamten Untersuchungszeitraum
\+ Vielfaches des durchschnittlichen Volumens am jeweiligen Handelstag

Die linke Seite der Tabelle 4-25 mit den Volumina stellt wieder die Ausgangsbasis für die folgenden Untersuchungen dar. Für das SMAX-Segment liegen über den Volumenanteil der Designated Sponsors im XETRA-Handel keine Angaben vor. Aufgrund des geringen XETRA-Anteils im Vergleich zum Frankfurter Parkett erscheint die Wahrscheinlichkeit, dass sich ein Designated Sponsor an der Abwicklung einer Blocktransaktion beteiligt als vernachlässigbar gering.

Der insgesamt durch das wesentlich kleinere Ereignisfenster abgedeckte Zeitraum beträgt jeweils rund 1,5 Stunden (für Käufe 1:22:53 Stunden und für Verkäufe 1:31:56 Stunden). Vor der Durchführung der Blocktransaktion finden sich sowohl bei den Kauf- als auch bei den Verkaufsblocks keine signifikanten abnormalen Renditen (Vgl.Tabelle 4-26). Die Blocktransaktion selbst löst bei Käufen und Verkäufen eine hohe abnormale Rendite von +1,15 % bzw. –0,92% aus. Beide Werte liegen über den Ergebnissen der bereits untersuchten Marktsegmente, wobei die Kursreaktion zum Zeitpunkt des Blocks für Kauftransaktionen deutlich höher ausfällt.

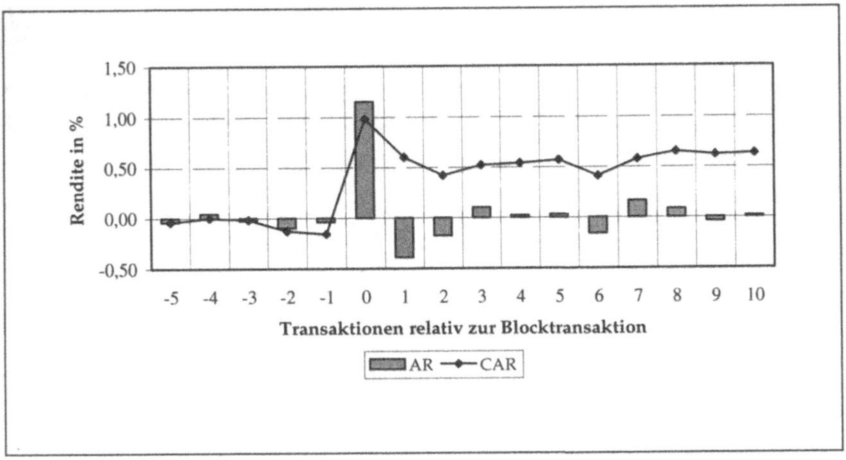

Abbildung 4-20: Abnormale Renditen für die SMAX-Stichprobe bei Kaufblocks (0,5% größtes Volumen)

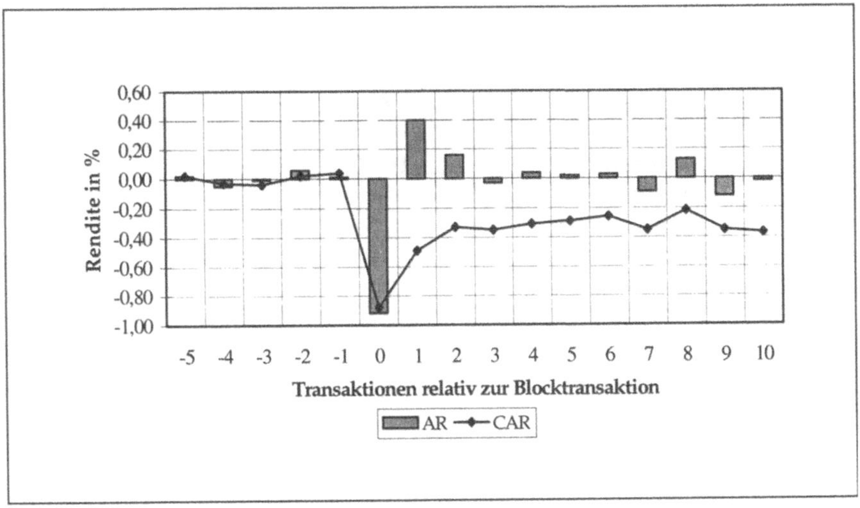

Abbildung 4-21: Abnormale Renditen für die SMAX-Stichprobe bei Verkaufsblocks (0,5% größtes Volumen)

Die unmittelbare Reaktion auf das Ereignis dauert ein (Käufe) bzw. zwei (Verkäufe) Kursfeststellungen lang an. Zehn Transaktionen nach dem Block lässt sich eine wesentlich höhere kumulierte abnormale Rendite von +0,63% für die Stichprobe der Käufe feststellen im Vergleich zu –0,37% bei den Verkäufen. Damit fallen diese Werte bei der gleichen Asymmetrie für Käufe und Verkäufe etwa doppelt so hoch aus wie bei der MDAX-Stichprobe, obwohl nur bis T = 2 signifikant abnormale Renditen erreicht werden.

Tabelle 4-26: Abnormale Renditen der SMAX-Stichprobe „Volumen"

	Käufe (N=191)					Verkäufe (N=179)				
T	Min.	AR	Z-Wilcoxon	t-Test	CAR	Min.	AR	Z-Wilcoxon	t-Test	CAR
-5	05:02	-0,04	-0,49	-0,58	-0,04	05:58	0,02	-0,56	0,33	0,02
-4	04:44	0,04	-1,00	0,73	0,00	06:26	-0,05	-0,70	-0,60	-0,03
-3	05:18	-0,03	-0,10	-0,30	-0,02	05:19	-0,01	-0,33	-0,23	-0,04
-2	04:31	-0,10	-1,37	-1,12	-0,13	05:36	0,06	-0,88	0,87	0,02
-1	04:17	-0,04	-1,68	-0,56	-0,16	04:15	0,01	-0,50	0,28	0,04
0	06:21	1,15	-11,88***	12,95***	0,98	07:34	-0,92	-11,44***	-11,45***	-0,88
1	04:10	-0,39	-5,36***	-4,65***	0,60	04:26	0,40	-6,10***	5,11***	-0,49
2	05:08	-0,18	-1,81	-2,11*	0,42	05:05	0,16	-2,37*	2,70**	-0,33
3	04:51	0,10	-1,13	1,33	0,52	04:49	-0,03	-0,59	-0,45	-0,35
4	05:26	0,02	-0,71	0,22	0,54	05:23	0,04	-0,28	0,51	-0,31
5	05:57	0,03	-0,23	0,49	0,57	06:28	0,02	-0,47	0,37	-0,29
6	05:09	-0,16	-1,44	-1,70	0,41	06:25	0,03	-0,09	0,50	-0,26
7	04:12	0,16	-1,30	1,89	0,58	06:26	-0,09	-0,27	-1,02	-0,35
8	07:51	0,08	-0,87	1,24	0,65	06:04	0,13	-0,98	1,79	-0,22
9	04:35	-0,04	-0,32	-0,52	0,62	05:03	-0,12	-1,57	-1,74	-0,35
10	05:21	0,01	-0,59	0,08	0,63	06:39	-0,02	-1,19	-0,34	-0,37

* = 5% Signifikanzniveau, ** = 1% Signifikanzniveau *** = 0,1% Signifikanzniveau (jeweils zweiseitig)

Die lange Reaktionszeit von mehreren Minuten zwischen den Transaktionen führt dazu, dass bereits zum Zeitpunkt T =+1 (Käufe) bzw. T= +2 (Verkäufe) das gesamte Ereignis im Kurs verarbeitet wird. Die abnormale Rendite der Gegenreaktion fällt mit rund ±0,4 % bei Käufen und Verkäufen nahezu identisch aus. Dieses Ergebnis lässt vermuten, dass die Kaufblocks eine stärkere kurzfristige Liquiditätswirkung enthalten als die Verkäufe.

Tabelle 4-27: Standardabweichung der Transaktionsrenditen für die SMAX-Stichprobe

T	Käufe (N=191)	Verkäufe (N=179)
	Stabw. (in %)	Stabw. (in %)
-5	0,94	0,75
-4	0,69	1,08
-3	1,37*	0,69
-2	1,56**	0,87
-1	0,71	0,53
0	2,63***	1,94***
1	1,47**	1,21
2	1,39 *	0,67
3	1,06	0,55
4	0,91	0,92
5	0,93	0,57
6	1,71***	0,67
7	1,42**	1,36*
8	0,79	0,89
9	0,93	0,83
10	1,20	0,84

* = 5% Signifikanzniveau, ** = 1% Signifikanzniveau *** = 0,1% Signifikanzniveau (jeweils einseitig)
angegeben ist die Signifikanz des F-Tests

Die Werte für die Standardabweichungen der Transaktionsrenditen sind in Tabelle 4-27 dargestellt. Die Streuung der Renditen erreicht zum Zeitpunkt des Blocks mit 2,63% (Käufe) bzw. 1,94% (Verkäufe) die höchsten Werte. Im Laufe der fünf Transaktionen vor dem Block sind ebenfalls hohe Standardabweichungen festzustellen, die signifikant sind. Auch nach der Ausführung des Blocks finden sich insbesondere bei den Kaufblocks mehrfach signifikant hohe Volatilitäten bis zur Transaktion T=+7. Analog zur insgesamt stärkeren Kurswirkung von Kaufblocks ist hier somit auch eine wesentlich stärkere Zunahme der Marktunsicherheit nach Ausführung des Blocks feststellbar.

Volumenbetrachtung

Die Handelsvolumina im betrachteten Zeitfenster liegen in etwa im Rahmen des Durchschnittsvolumens für alle Einzelaufträge. Es fällt lediglich auf, dass fast für alle Transaktionszeitpunkte die Umsätze der Käufe über denen der Verkäufe liegen.

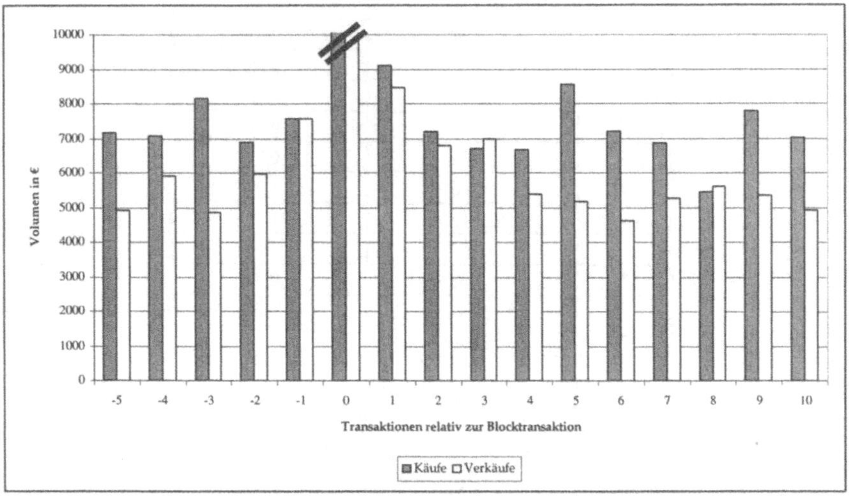

Abbildung 4-22: Handelsvolumen im Umfeld der SMAX-Blocks (FWB, fortlaufender Handel)

4.4.8.2 Außerbörsliche Blocktransaktionen

Die außerbörslichen Blocktransaktionen werden in Tabelle 4-28 betrachtet. Für verkäuferinitiierte Blocks liegt im Vergleich zur börslichen Stichprobe eine um rund 40% höhere negative abnormale Kursreaktion vor. Dahingegen fällt die Kursreaktion bei käuferinitiierten Blocks ähnlich hoch aus wie bei den börslichen Blocks.

Tabelle 4-28:Abnormale Renditen außerbörslicher Blocks der SMAX-Stichprobe

	Käuferinitiierte Blocks (N=174)				Verkäuferinitiierte Blocks (N= 157)			
T	AR	Z-Wilcoxon	t-Test	CAR	AR	Z-Wilcoxon	t-Test	CAR
-5	-0,09	-0,52	-0,94	-0,09	0,01	-0,61	0,16	0,01
-4	0,04	-0,03	0,45	-0,05	0,02	-0,77	0,25	0,03
-3	0,05	-1,02	0,74	0,00	-0,01	-0,18	-0,14	0,02
-2	-0,13	-1,78	-1,69	-0,13	0,02	-0,76	0,26	0,04
-1	-0,12	-2,87**	-1,83	-0,25	0,07	-1,56	1,44	0,11
0	1,14	-11,37***	11,26***	0,89	-1,32	-10,81***	-9,14***	-1,21
1	-0,79	-8,11***	-7,78***	0,10	1,01	-8,23***	7,31***	-0,2
2	0,06	-0,06	0,69	0,16	0,02	-0,29	0,35	-0,18
3	0,01	-0,63	0,06	0,17	0,02	-0,15	0,31	-0,16
4	-0,02	-0,34	-0,27	0,15	0,06	-0,23	0,56	-0,11
5	-0,06	-1,04	-0,91	0,09	-0,06	-0,56	-0,67	-0,16
6	0,07	-0,36	0,93	0,16	-0,01	-0,41	-0,09	-0,17
7	0,11	-1,04	1,39	0,27	-0,01	-0,51	-0,16	-0,19
8	-0,01	-0,06	-0,07	0,27	-0,12	-1,54	-1,59	-0,3
9	0,06	-1,12	0,91	0,32	-0,08	-0,92	-1,03	-0,39
10	-0,15	-1,96*	-1,87	0,17	-0,08	-0,96	-1,08	-0,47

* = 5% Signifikanzniveau, ** = 1% Signifikanzniveau *** = 0,1% Signifikanzniveau (jeweils zweiseitig)

Die starke Gegenreaktion, die in beiden Fällen unmittelbar auf das Ereignis erfolgt, zeigt dass der nächste Börsenkurs nicht unmittelbar auf die außerbörsliche Blocktransaktion reagiert, sondern dass es sich beim Börsenkurs des Blocks lediglich um einen Abschlag (für verkäuferinitiierte Blocks) bzw. um einen Aufschlag (für käuferinitiierte Blocks) auf den aktuellen Börsenkurs handelt. Die kumulierten Überrenditen des verkäuferorientierten Zeitfensters liegen zwar deutlich über denen der börslichen Stichprobe, allerdings können nach dem Zeitpunkt T=+1 keine signifikanten Überrenditen mehr festgestellt werden.

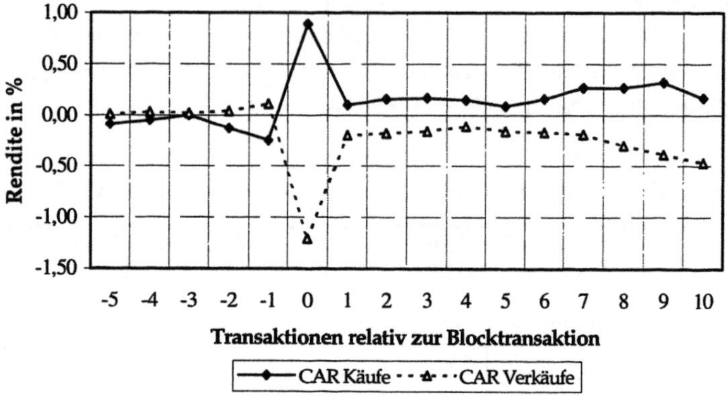

Abbildung 4-23: Kumulierte abnormale Renditen für außerbörsliche Blocktransaktionen der SMAX-Stichprobe

4.4.9 Zwischenfazit: Vergleich der Preiseffekte für die einzelnen Marktsegmente

Nachdem die Kursreaktionen im Umfeld von Blocktransaktionen für die jeweiligen Marktsegmente detailliert dargestellt wurden, erfolgt in diesem Kapitel ein erster zusammenfassender Vergleich der totalen, temporären und permanenten Preiseffekte nach der Definitionsfestlegung in Kapitel 4.4.1.7. Als bereits beschriebene Gleichgewichtskurse werden einmal der Kurs unmittelbar vor der Blocktransaktion und zum anderen der Kurs, der nach dem Block zum ersten Mal keine signifikant abnormale Rendite aufweist, gewählt. Die Blocktransaktionen wurden wie bisher üblich nach dem Volumenkriterium definiert.

Tabelle 4-29: Preiseffekte für die börsliche Stichprobe

	totaler Preiseffekt		temporärer Preiseffekt		permanenter Preiseffekt	
	K	V	K	V	K	V
DAX	0,34%	-0,31%	0,27%	-0,26%	0,07%	-0,05%
MDAX	0,88%	-0,71%	0,62%	-0,49%	0,26%	-0,22%
NEMAX	0,92%	-0,87%	0,61%	-0,60%	0,31%	-0,27%
SMAX	1,15%	-0,92%	0,57%	-0,56%	0,58%	-0,36%

Tabelle 4-30: Preiseffekte für die außerbörsliche Stichprobe

	totaler Preiseffekt		temporärer Preiseffekt		permanenter Preiseffekt	
	K	V	K	V	K	V
DAX	0,50%	-0,47%	0,48%	-0,44%	0,02%	-0,03%
MDAX	0,80%	-0,76%	0,65%	-0,60%	0,15%	-0,16%
NEMAX	1,13%	-1,09%	0,9%	-0,9%	0,23%	-0,19%
SMAX	1,14%	-1,32%	0,79%	-1,01%	0,35%	-0,31%

Bei der Gegenüberstellung in Tabelle 4-29 fällt für die börsliche Stichprobe auf, dass die Kaufblocks jeweils einen stärkeren totalen[406] Preiseffekt auslösen als die Verkaufsblocks. Ebenso lässt sich für das Verhältnis zwischen permanenten, also informationsbedingten und temporären (liquiditätsbedingten) Preiseffekten für die Marktsegmente, die nach absteigender Marktkapitalisierung angeordnet sind, ein deutlicher Zusammenhang feststellen.

Im Bereich der börslichen DAX-Stichprobe liegt das Verhältnis zwischen permanentem und temporären Effekt etwa bei 1:4, sinkt dann für die MDAX-Stichprobe weiter ab, die ein ähnliches Verhältnis aufweist wie die NEMAX-Stichprobe. Die SMAX-Werte erreichen als einziges Marktsegment einen permanenten Effekt, der den größten Anteil am totalen Preiseffekt innehat. In diesem Marktsegment kann also im Durchschnitt von einem überwiegenden Informationseffekt einer Blocktransaktion ausgegangen werden. Eine Erklärung hierfür kann im Vorliegen stärkerer Informationsasymmetrien bei kleinen Unternehmen gesehen werden, weshalb hinter einem derartigen Block eher ein besser informierter Marktteilnehmer vermutet wird.

[406] Dieser errechnet sich aus der Summe des permanenten und des temporären Preiseffektes und stellt die abnormale Rendite zum Zeitpunkt der Blocktransaktion dar. Vgl. Kapitel 4.4.1.7.

Über fast alle Marktsegmente hinweg, mit Ausnahme des MDAX, weisen die Kaufblocks einen höheren Anteil des permanentem Preiseffektes am totalen Preiseffekt auf als die Verkaufsblocks. Dies kann so interpretiert werden, dass bei einem großen Kauf eher das Ausnutzen privater Informationen angenommen wird als bei einem Verkauf.

Zwischen der NEMAX- und der MDAX-Stichprobe bestehen trotz ähnlicher Marktkapitalisierung Unterschiede hinsichtlich der gemessenen Preiseffekte. Die NEMAX-Werte weisen einen stärkeren totalen Preiseffekt und einen höheren permanenten Preiseffekt auf. Der Anteil der XETRA-Blocks ist in beiden Stichproben ähnlich hoch und kann daher nicht als Erklärung herangezogen werden. Obwohl das durchschnittliche Blockvolumen in der MDAX-Stichprobe wesentlich über dem der NEMAX-Stichprobe liegt, sind bei den NEMAX-Werten höhere Preisausschläge feststellbar. Die Unterschiede im permanenten Preiseffekt können dahingehend interpretiert werden, dass im NEMAX-Segment eher asymmetrisch verteilte Informationen bei einer insgesamt hohen Volatilität der gehandelten Fundamentalwerte vorliegen. Die Gefahr, dass Insider wie Unternehmensgründer oder das Management Blocktransaktionen ausführen, wird in diesem Marktsegment als höher erachtet.

Für die außerbörslichen Blocks in Tabelle 4-30 ist ebenfalls mit zunehmender Marktkapitalisierung ein Ansteigen des totalen Preiseffektes zu beobachten. Der Unterschied zwischen den Preiseffekten bei Kaufblocks der NEMAX- und der SMAX-Stichprobe fällt bemerkenswert niedrig aus im Vergleich zur börslichen Stichprobe. Der niedrigere totale Preiseffekt bei den SMAX-Werten im außerbörslichen Handel kann auf eine geringere Liquidität an der Börse oder auf Informationseffekte zurückzuführen sein. Für alle Marktsegmente steigt der permanente Preiseffekt im Vergleich zur börslichen Stichprobe zwar auch mit zunehmender Marktkapitalisierung an, allerdings bei wesentlich niedrigeren Werten als für die börsliche Stichprobe.

Die Ergebnisse der börslichen SMAX-Stichprobe können damit die Gültigkeit der Informations-Hypothese stützten. Gleichzeitig geht auch in diesem Marktsegment die Ausführung von Blocktransaktion mit einem gewissen Anteil an kurzfristig wirksamen Liquiditätseffekten einher. Im folgenden Unterkapitel wird dieser Liquiditätseffekt für alle Unterstichproben näher untersucht.

4.5 Regressions- und Korrelationsanalysen der Preiseffekte für börsliche Blocktransaktionen

Im Rahmen dieses Kapitels werden die zuvor separat betrachteten Stichproben der einzelnen Marktsegmente zusammengeführt und einander gegenübergestellt. Aufgrund der Tatsache, dass bei den außerbörslichen Blocktransaktionen keine direkte und sofortige Kurswirkung auf den Preisbildungsprozess an der Börse stattfindet, werden dabei ausschließlich börsliche Blocks betrachtet.

4.5.1 Lineare Einfachregression der Kursgegenbewegung

Zunächst wird das Ausmaß der Kursgegenreaktion unmittelbar nach Durchführung einer Blocktransaktion genauer untersucht. Eine starke Gegenbewegung kann als Anzeichen für hohe kurzfristige Liquiditätswirkungen des Blocks gesehen werden.

Das Vorzeichen der abnormalen Renditen für die Transaktion unmittelbar nach Ausführung des Blocks (Kursgegenbewegung zum Zeitpunkt T=+1) liefert erste Hinweise darauf, ob bei der kurzfristigen Liquiditätswirkung einer Blocktransaktion Unterschiede innerhalb der Gesamtstichprobe bestehen.

Tabelle 4-31: Verteilung der positiven und negativen abnormalen Renditen der Gesamtstichprobe zum Transaktionszeitpunkt T = +1

		DAX	MDAX	NEMAX	SMAX
Käufe	N	4.909	424	963	191
	$AR_{T=+1} < 0$	80,9%	68,4%	56,2%	51,8%
	$AR_{T=+1} = 0$	6,6%	13,7%	27,3%	31,4%
	$AR_{T=+1} > 0$	12,5%	17,9%	16,5%	16,8%
Verkäufe	N	4.362	536	980	179
	$AR_{T=+1} < 0$	14,8%	21,6%	17,2%	20,7%
	$AR_{T=+1} = 0$	6,3%	10,8%	27,4%	31,3%
	$AR_{T=+1} > 0$	78,9%	67,6%	55,4%	48,0%

Für fast alle Marktsegmente in Tabelle 4-31 weist die Mehrzahl der abnormalen Renditen das erwartete Vorzeichen auf (negatives Vorzeichen für Käufe und positives Vorzeichen für Verkäufe). Es zeigt sich, dass bei Marktsegmenten mit einem hohen Anteil des temporären Effektes am Gesamteffekt auch die Mehrzahl der Vorzeichen in die gewünschte Richtung zeigt.

Lediglich für die Verkaufsblocks der SMAX-Stichprobe ist das Vorzeichen der Kursgegenbewegung nicht ganz eindeutig. Die abnormalen Renditen in T=+1 weisen hier sogar in 52% der Fälle keinen positiven Wert auf. Als Gegenpol dazu fallen die Vorzeichen bei der DAX-Stichprobe am einheitlichsten aus, obwohl die durchschnittliche abnormale Rendite in T=+1 sowohl für Käufe als auch für Verkäufe unterhalb den Werten der SMAX-Stichprobe liegt. Dies deutet darauf hin, dass in der letztgenannten Stichprobe relativ wenige positive Kursreaktionen unmittelbar nach dem Ausführen eines Verkaufsblocks zu verzeichnen sind, die aber jeweils eine hohe abnormale Rendite aufweisen, so dass die durchschnittliche abnormale Rendite einen eindeutig positiven Wert annimmt.

Das Vorzeichen für die abnormale Rendite unmittelbar nach der Blocktransaktion ist nicht nur von der absoluten Höhe der abnormalen Rendite abhängig sondern auch davon, wie groß diese Gegenbewegung im Verhältnis zur abnormalen Rendite zum Zeitpunkt T = 0 ausfällt. Je stärker sie *relativ* zur vorherigen Kursbewegung ist, umso eindeutiger weist auch das Vorzeichen bei den meisten abnormalen Renditen in die entsprechende Richtung. Die Eindeutigkeit des Vorzeichens fällt bei der DAX-Stichprobe am höchsten aus, gefolgt von den Werten der MDAX-Stichprobe, der NEMAX-Stichprobe und schließlich der SMAX-Stichprobe.

Darauf aufbauend wird der lineare Zusammenhang zwischen der abnormalen Rendite zum Zeitpunkt der Blocktransaktion und der abnormalen Rendite der Gegenbewegung anhand einer einfachen Regressionsgleichung[407] näher untersucht. Dabei wird die abnormale Rendite zum Zeitpunkt T=0 als unabhängige, die Kursreaktion zum Zeitpunkt T=+1 als abhängige Variable betrachtet. Durch diese Regressionsanalyse lassen sich weitere Rückschlüsse auf das kurzfristige Kursverhalten unmittelbar nach einer Blocktransaktion ziehen.

[407] Die Gleichung lautet: $y = a + bx$, mit $AR_{T=0}$ als abhängiger und $AR_{T=1}$ als unabhängiger Variable.

Tabelle 4-32: Lineare Einfachregression der Gegenbewegung in T=+1 gegen AR der Blocktransaktion für alle Unterstichproben

		Konstante a	Koeffizient b	R^2	T-Wert	Sign.
DAX	Käufe	2,772E-02	-0,969	0,889	-198,077	***
	Verkäufe	-2,577E-02	-0,954	0,863	-165,927	***
MDAX	Käufe	5,370E-02	-0,77	0,57	-23,82	***
	Verkäufe	-4,897E-02	-0,755	0,542	-25,17	***
NEMAX	Käufe	0,221	-0,83	0,567	-35,576	***
	Verkäufe	-0,145	-0,766	0,503	-31,455	***
SMAX	Käufe	0,185	-0,507	0,279	-8,534	***
	Verkäufe	-9,755E-02	-0,538	0,31	-8,89	***

abhängige Variable (y) = $AR_{T=0}$, unabhängige Variable (x) = $AR_{T=+1}$

Auch bei der Regressionsanalyse zeigt sich für die DAX-Stichprobe der stärkste Zusammenhang zwischen den untersuchten Größen. Aus Tabelle 4-32 geht hervor, dass die Güte der Anpassung (R^2) für die Regression bei der DAX-Stichprobe mit Abstand am höchsten ausfällt und bei der SMAX-Stichprobe die niedrigste Anpassungsgüte erreicht wird. Für die letztgenannte Teilstichprobe kann mit einem Bestimmtheitsmaß von rund 0,3 eine nur geringe Anpassung der Regressionsgeraden an die ermittelten Werte festgestellt werden. Die Streuung der Werte um die Gerade fällt hier sehr hoch aus.

Das Signifikanzniveau der T-Statistik ist bei allen Marktsegmenten sehr hoch, so dass die Nullhypothese, dass in der Grundgesamtheit kein linearer Zusammenhang zwischen den beiden Variablen besteht, für Kaufblocks und Verkaufblocks zurückgewiesen werden kann. Die Höhe der Varianz, die durch die Regressionsgleichung erklärt wird, ist ebenfalls signifikant auf dem 0,1%-Niveau für alle Unterstichproben.

Der starke lineare Zusammenhang zwischen dem totalen Kurseffekt und der Kursgegenbewegung deutet auf eine hohe Relevanz kurzfristiger liquiditätsbedingter Effekte hin. Auch für die SMAX-Stichprobe kann, trotz der ermittelten Informationswirkung, von einem hohen Liquiditätseffekt bei der Durchführung einer Blocktransaktion ausgegangen werden.

4.5.2 Analyse der Einflussfaktoren auf den totalen Preiseffekt

Bereits im Rahmen der Ereignisstudie wurden wichtige Einflussfaktoren genannt, die sich auf die Höhe des totalen Preiseffekts auswirken, wie die Höhe des Blockvolumens und die Wahl des Handelssystems. An dieser Stelle sollen alle möglichen Einflussfaktoren einer ausführlichen Analyse bezüglich ihrer Relevanz für den totalen Preiseffekt eines Blocks unterzogen werden Ein verbreitetes Verfahren, um den linearen Zusammenhang mehrerer unabhängiger Variablen mit einer abhängigen Variable zu testen, besteht in der multiplen linearen Regression, die folgende Form besitzt:

(4-17) $$y = a + b_1 x_1 + b_2 x_2 + \ldots + b_n x_n$$

Für die Verwendung dieser Methode müssen, wie bereits bei der linearen Einfachregression, bestimmte Voraussetzungen wie eine fehlende Multikollinearität (keine Korrelation zwischen den unabhängigen Variablen) und Homoskedastizität erfüllt sein.[408] Die im folgenden angeführten Einflussvariablen erfüllen beide Voraussetzungen nicht, so dass auch die Anwendung einer „Weighted Least Squares"-Schätzung, um das Problem der Heteroskedastizität auszugleichen, nicht zu einer statistisch gesicherten Ausgangsbasis führen würde.[409]

Um zumindest die Stärke (nicht aber die genaue Art) des Zusammenhangs der Einflussfaktoren auf den totalen Preiseffekt untersuchen zu können, wird im folgenden die Methodik der partiellen Korrelationsanalyse angewandt. Dadurch sollen Scheinkorrelationen, die sich bei der Interpretation der Unterstichproben im Rahmen der Ereignisstudie ergeben können, aufgedeckt werden. Partielle Korrelationskoeffizienten stellen dabei die lineare Beziehung zwischen zwei Variablen dar, unter Eliminierung des linearen Einflusses einer oder mehrerer zusätzlicher Variablen.

Die berücksichtigten Einflussfaktoren für die Höhe des totalen Preiseffektes sind in Tabelle 4-33 dargestellt und werden im folgenden erläutert.[410]

---

408 Vgl. Kapitel 4.4.1.5 zu Voraussetzungen des OLS-Verfahrens.

409 Diese Methode wird im Rahmen der multiplen linearen Regression angewendet, um das Verfahren für den Fall veränderlicher Varianzen anzupassen. Vgl. z.B. Poddig/Dichtl/Petersmeier (2000), S. 318.

410 Für eine Einbeziehung des Einflussfaktors „Auktion" als Dummyvariable liegen in den einzelnen Stichproben zu wenig Werte für eine statistisch abgesicherte Untersuchung vor.

Tabelle 4-33: Darstellung potentieller Einflussvariablen auf den totalen Preiseffekt

Variable	Erläuterung	Erwartete Richtung des Zusammenhangs: (Kauf / Verkauf)
RVolumen	Blockvolumen je WKN, eingeteilt in 10 Rangklassen	+/-
Parkett	Dummyvariable (0 = XETRA, 1= Parkett Ffm.)	-/+
Seiten	Dummyvariable (2 = zweiseitiger Block, 1 = einseitig)	-/+
Eigenhandel	Dummyvariable (0 = Kundengeschäft, 1 = Eigenhandel)	-/+
H_Ende	Dummyvariable des „overnight" – Risikos für Verkaufsblocks (0 = Block vor 17 Uhr, 1 = nach 17 Uhr)	0/-

Die Variable *RVolumen* wird verwendet, um innerhalb der einzelnen Aktien eine Rangfolge der Blocks abbilden zu können. Für jede Aktie werden die Blockvolumina für Käufe und Verkäufe in 10 Größenklassen eingeteilt (1 für kleine Blocks bis 10 für sehr große Blocks). Der Grund für diese Vorgehensweise besteht darin, dass mit einer reinen Volumenbetrachtung die Unterschiede bei den gehandelten Volumina der einzelnen Aktien nicht berücksichtigen werden könnten.[411] Erwartet wird, dass mit zunehmender Ranghöhe des Volumens auch der totale Preiseffekt umso stärker ausfällt.

Bei der Variablen *Parkett* wird, den Ergebnissen der DAX-Stichprobe folgend, davon ausgegangen, dass der totale Preiseffekt bei Blocks, die auf dem Parkett gehandelt werden, wesentlich höher ausfällt. Dies liegt darin begründet, dass die anderen Marktteilnehmer, im Gegensatz zum fortlaufenden XETRA-Handel, nicht bereits im Vorfeld der Blocktransaktion darauf reagieren können.

Mit der Variablen *Seiten* wird davon ausgegangen, dass mit steigender Zahl der Marktteilnehmer auf der Gegenseite des Blocks die kurzfristigen Liquiditätskosten

[411] Vgl. zu dieser Einteilung in 10 Rangklassen Holthausen/Leftwich/Mayers (1990), S. 87.

bei dessen Ausführung sinken und dadurch auch der totale Preiseffekt tendenziell geringer ausfällt als bei einem einseitigen Block.[412]

Die Variable *Eigenhandel* prüft, ob die vermutete Hypothese zutrifft, dass Blocks, die im Rahmen des Eigenhandels von Banken durchgeführt werden einen niedrigeren Preiseffekt aufweisen als Blocks im Rahmen von Kundengeschäften. Dabei wird davon ausgegangen, dass Kreditinstitute einen besseren Einblick in das kurzfristige Marktgeschehen haben und dadurch ihre Blocktransaktionen kursschonender platzieren können als ihre Kunden.

Nach der „overnight-risk"-Hypothese wird mit einem stärkeren Preiseffekt bei Verkaufsblocks gerechnet, die zum Ende des Handelstages ausgeführt werden.[413] Diese Hypothese soll mit der Variable *H_Ende* bei großen Verkaufstransaktionen überprüft werden. Der Grund für dieses Phänomen wird darin gesehen, dass der Mehrzahl kurzfristig orientierter Anleger die Transaktionsunsicherheit bis zum nächsten Handelstag zu groß ist. Aufgrund der relativ langen Zeitspanne, innerhalb der über Nacht neue bewertungsrelevante Informationen auftreten können, besteht eine starke Präferenz zur Glattstellung offener Positionen. Es ist weiterhin anzunehmen, dass Marktteilnehmer, die das „overnight-risk" vermeiden wollen, ungeduldig Handeln und deshalb auch bereit sind, zu relativ niedrigen Kursen zu verkaufen.[414]

Zur Illustration des letztgenannten Einflussfaktors wird nachfolgend die zeitliche Verteilung der Blockvolumina im Verlauf des Handelstages dargestellt.

In Abbildung 4-24 ist die Verteilung *aller* Blocktransaktionen (also vor Anwendung der Filterregeln) nach dem Volumenkriterium abgebildet. Die Prozentangaben auf der y-Achse bezeichnen den durchschnittlichen Volumenanteil der Blocks je Handelsstunde für alle vier Marktsegmente.[415] Um die unterschiedlichen Handelszeiten innerhalb der Stichproben anzugleichen, werden bei den Transaktionen vor dem 20.9.1999 30 Minuten hinzuaddiert.[416]

---

412 Vgl. Keim/Madhavan (1996), S. 2.

413 Vgl. zu dieser Überlegung z.B. Holthausen/Leftwich/Mayers (1987), S. 248 – 249.

414 Vgl. dazu Kapitel 2.6. über das Transaktionsverhalten institutioneller Investoren.

415 Der Übersichtlichkeit halber werden die Blöcke in der Abbildung lediglich in Abstände von einer Handelsstunde unterteilt. Bei einer detaillierteren Unterteilung in 15-Minuten-Intervalle zeigt sich, dass der hohe Volumenanteil ab 17.00 Uhr nicht lediglich auf den Zeitpunkt der Schlussauktion an der Frankfurter Börse konzentriert ist, die auf das Handelsende fällt, sondern sich auf die gesamte letzte Handelsstunde verteilt.

416 Die offizielle Handelsdauer an der Frankfurter Börse dauerte bis einschließlich 17. September 1999 von 8.30 bis 17.15 Uhr. Ab dem 20. September wurde sie um eine halbe Stunde auf 9.00 Uhr bis 17.45 Uhr verschoben. Vgl. Deutsche Börse AG (1999), S 1. Die angegebene Zeitdauer in Abbildung 4-23 bis 17.50 Uhr ergibt sich durch teilweise verspätete Abrechungen der Schlussauktion an der Frankfurter Börse und die teilweise längeren Handelszeiten an den Regionalbörsen.

Neben der leichten Häufung der Blockvolumina zur Mittagsauktion zeigt sich ab 17.00 Uhr in allen vier Marktsegmenten eine deutliche Häufung des Blockvolumens innerhalb des Handelstages. Die Spannweite liegt hier bei einem Anteil von 29,45% (DAX-Stichprobe) bis 34,22% (MDAX-Stichprobe), obwohl sich das Volumen ab 17.00 Uhr nur auf den kürzeren Zeitraum von 50 Minuten verteilt. Eine Gleichverteilung über alle Gruppen wäre bei einem Wert von jeweils rund 11,11% erreicht. Daraus lässt sich eine höhere Wahrscheinlichkeit dafür ableiten, dass eine Blocktransaktion am Ende eines Handelstages durchgeführt wird.

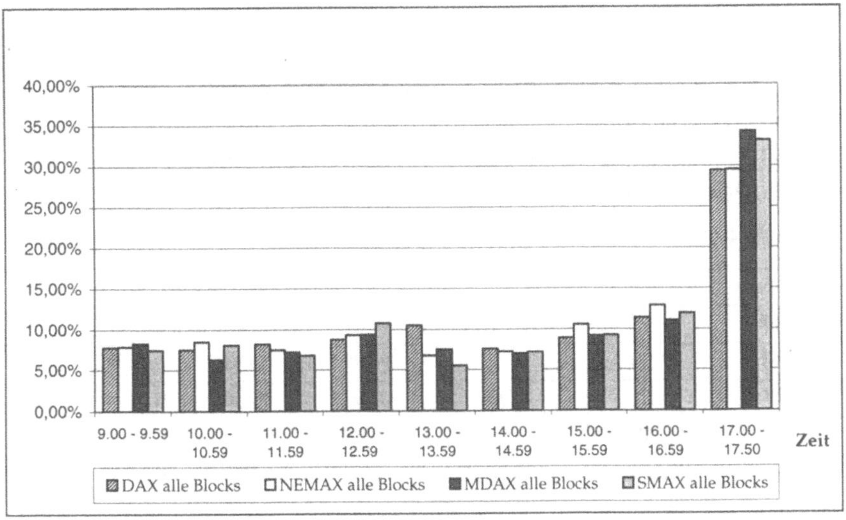

Abbildung 4-24: Verteilung der Handelsvolumina aller Blocktransaktionen innerhalb eines Handelstages

Tabelle 4-34: Verteilung der durchschnittlichen Blockvolumina innerhalb eines Handelstages

	9.00 – 9.59	10.00 – 10.59	11.00 – 11.59	12.00 – 12.59	13.00 – 13.59	14.00 – 14.59	15.00 – 15.59	16.00 – 16.59	17.00 – 17.50
DAX	1.596	1.558	1.597	1.599	1.777	1.668	1.666	1.717	2.002
MDAX	530	529	499	507	530	532	522	527	642
NEMAX	273	290	268	295	283	296	319	301	398
SMAX	158	154	150	189	146	181	174	187	212

Zahlenangaben gerundet, jeweils in Tausend Euro

Der Vergleich zwischen Tabelle 4-34 und der Abbildung 4-24 zeigt, dass der größere Volumenanteil in den letzten 50 Handelsminuten nur bedingt auf ein höheres Durchschnittsvolumen bei den Blocktransaktionen zurückzuführen ist, da das mittlere Volumen ab 17.00 Uhr in wesentlich geringerem Ausmaß ansteigt wie das gesamte Handelsvolumen. Die Verteilung der Blocktransaktionen innerhalb eines Tages deutet darauf hin, dass zumindest die Tendenz besteht, Blocks bevorzugt gegen Ende des Handelstages durchzuführen. Über die unterschiedliche Wirkung von Verkaufsblocks zum Ende des Handelstages kann aber erst im Rahmen der folgenden Analyse eine Aussage getroffen werden.

Für diese Korrelationsanalyse werden ausschließlich Blocktransaktionen auf dem Frankfurter Parkett oder dem Handelssystem XETRA verwendet, um den Einflussfaktor „Parkett" eindeutig zuordnen zu können. Da die identifizierten Variablen in Tabelle 4-33 die Normalverteilungsannahme nicht erfüllen, wird der nichtparametrische Korrelationskoeffizient nach Spearman verwendet.[417]

Tabelle 4-35: Korrelationsmatrix für die Einflussfaktoren der DAX-Stichprobe

Kaufblocks						
Variablen	AR (T=0)	EIGENHANDEL	PARKETT	RVOLUMEN	SEITEN	H_ENDE
AR (T=0)	1,000	-0,151**	0,249**	0,183**	-0,167**	-0,031
EIGENHANDEL	-0,151 **	1,000	-0,591**	-0,209**	0,054*	0,024
PARKETT	0,249 **	-0,591**	1,000	0,406**	-0,262**	-0,075**
RVOLUMEN	0,183 **	-0,209**	0,406**	1,000	-0,115**	0,001
SEITEN	-0,167 **	0,054*	-0,262**	-0,115**	1,000	0,011
H_ENDE	-0,031	0,024	-0,075**	0,001	0,011	1,000
Verkaufsblocks						
AR (T=0)	1,000	0,203**	-0,306**	-0,159**	0,172**	0,048*
EIGENHANDEL	0,203 **	1,000	-0,583**	-0,178**	0,095**	0,049*
PARKETT	-0,306 **	-0,583**	1,000	0,370**	-0,311**	-0,098**
RVOLUMEN	-0,159 **	-0,178**	0,370**	1,000	-0,061*	-0,006
SEITEN	0,172 **	0,095**	-0,311**	-0,061*	1,000	0,025
H_ENDE	0,048 *	0,049*	-0,098**	-0,006	0,025	1,000

* = 5% Signifikanzniveau der Korrelation (zweiseitig), ** = 1% Signifikanzniveau der Korrelation (zweiseitig)

[417] Vgl. zur Anwendung und Berechnung des Rangkorrelationskoeffizienten nach Spearman z.B. Bamberg/Bauer (1998), S. 38-39.

Anhand der verbreiteten Darstellungsform einer Korrelationsmatrix sollen die gegenseitigen Abhängigkeiten der Einflussvariablen aufgezeigt werden. Die angegebenen Korrelationen dürfen dabei aber nicht automatisch als Kausalitäten gedeutet werden, sondern bedürfen einer sorgfältigen Interpretation.

Die Auswertung der Koeffizienten für die DAX-Stichprobe in Tabelle 4-35 weist nach, dass sowohl bei Käufen als auch bei Verkäufen die Variable „Parkett" den größten Zusammenhang mit dem totalen Preiseffekt, also der abnormalen Rendite zum Zeitpunkt der Blocktransaktion (T=0) aufweist. Die Richtung dieses Zusammenhangs bestätigt die Ergebnisse der Ereignisstudie: Blocks, die auf dem Frankfurter Parkett gehandelt werden, zeigen für Käufe und Verkäufe stärkere totale Preiseffekte als vergleichbare Blocktransaktionen auf dem XETRA-System.[418]

Für die Variable Eigenhandel lässt sich nur ein schwacher Zusammenhang in die vorhergesagte Richtung erkennen. D.h. Blocktransaktionen, die im Rahmen des Eigenhandels durchgeführt werden, weisen tendenziell einen niedrigeren totalen Preiseffekt auf als Kundengeschäfte. Die Volumenvariable RVolumen weist insgesamt den zweitstärksten Zusammenhang mit der Höhe des totalen Preiseffektes auf.

Die Variable Seiten (Transaktionsverhältnis bei einem Block) zeigt nur einen sehr schwachen Zusammenhang auf, der aber in die erwartete Richtung zeigt. Demnach entstehen bei einem zweiseitigen Block niedrigere Preiseffekte als bei einem einseitigen Block. Die geringste Rolle scheint hingegen der Faktor des „overnight"-Risikos (H_Schluss) zu spielen, der als einziger kein hohes Signifikanzniveau aufweist und für die Verkäufe nicht in die gewünschte Richtung weist. Somit hat das Durchführen eines Verkaufsblocks in der letzten Handelsstunde keinen höheren negativen totalen Preiseffekt zur Folge.

Der stärkste Zusammenhang (mittelstark) der Einflussfaktoren untereinander besteht mit fast ±0,6 zwischen den Variablen Parkett und Eigenhandel. Dies scheint darauf hinzudeuten, dass Blocks, die dem Eigenhandel zuzurechnen sind, eher über das XETRA-System und Blocks von Kunden größtenteils über das Frankfurter Parkett ausgeführt werden. Eine eindeutige Kausalität kann aus diesem Korrelationskoeffizienten aber nicht abgeleitet werden.

Untersucht man die Korrelationen aller Einflussfaktoren untereinander, fallen insbesondere die hohen Werte zwischen den Variablen Volumen, Eigenhandel und Par-

[418] Ein absoluter Wert des Korrelationskoeffizienten von 0,2 bis 0,4 wird bereits als leichter Zusammenhang interpretiert. Vgl. z.B. Brosius (1998), S.503.

kett auf. Anhand des partiellen Korrelationskoeffizienten müssen diese noch auf das Vorliegen von Scheinkorrelationen *zwischen* den Variablen überprüft werden.[419]

Dabei zeigt sich, dass die Variable Parkett bezüglich des totalen Preiseffektes – berücksichtigt man den Einfluss der beiden anderen Variablen – einen Korrelationskoeffizienten von 0,0898 (Käufe) und einen signifikanten Wert von –0,199 (Verkäufe) aufweist. Bei der gleichen Vorgehensweise besteht für die Variable RVolumen (Korrelationskoeffizient von 0,0879) bei Kaufblocks eine ähnlich hohe Korrelation mit dem totalen Preiseffekt wie für die Variable Parkett. Allerdings liegt der Wert für Verkaufsblocks deutlich unter dem partiellen Korrelationskoeffizienten der Parkett-Variable.

Dieses Ergebnis legt nahe, dass die Höhe des Volumens nur für Verkaufsblocks den stärksten Einfluss auf den totalen Preiseffekt hat. Auf Verkäufe hat hingegen die Art des Handelssystems (Parkett oder XETRA) einen größeren Einfluss. Der partielle Korrelationskoeffizient der Variablen Eigenhandel (bei Elimination des Einflusses der beiden Variablen Parkett und RVolumen) weist keinen signifikanten Wert auf.[420] Für sich genommen scheint die Geschäftsart (Kunden- oder Eigenhandel) damit einen vernachlässigbar geringen Einfluss auf das Ausmaß des totalen Preiseffektes zu haben.

Die Korrelationsmatrix für die MDAX-Stichprobe ist in Tabelle 4-36 abgebildet. Aufgrund der wesentlich längeren Zeitabstände zwischen den Transaktionen sind keine Blocks nach 17.00 Uhr in der Stichprobe enthalten, weshalb die Variable H_Ende hier keine Verwendung mehr findet. Die Variable RVolumen hat insgesamt den größten Einfluss auf die Höhe des totalen Preiseffektes, für die Verkäufe erreicht sie sogar als einzige signifikante Werte. Die Parkett-Variable nimmt wiederum für Kaufblocks den höchsten Korrelationskoeffizienten an. Die beide letztgenannten Variablen zeigen in die vorhergesagte Richtung.

[419] Von einer Scheinkorrelation wird gesprochen, wenn die Korrelation zweier Variablen sich lediglich daraus ergibt, dass eine der beiden Variablen mit einer dritten Variablen korreliert, die den eigentlichen Bestimmungsfaktor darstellt.

[420] Der partielle Korrelationskoeffizient beträgt lediglich –0,0046 (Käufe) bzw. 0,0141 (Verkäufe).

Tabelle 4-36: Korrelationsmatrix für die Einflussfaktoren der MDAX-Stichprobe

Kaufblocks					
Variablen	AR (T=0)	EIGENHANDEL	PARKETT	RVOLUMEN	SEITEN
AR (T=0)	1,000	-0,108	0,196**	0,162*	-0,118
EIGENHANDEL	-0,108	1,000	-0,244**	0,111	-0,148
PARKETT	0,196 **	-0,244**	1,000	0,163*	-0,347**
RVOLUMEN	0,162 *	0,111	0,163*	1,000	0,089
SEITEN	-0,118	-0,148	-0,347**	0,089	1,000
Verkaufsblocks					
AR (T=0)	1,000	-0,031	-0,085	-0,154*	0,103
EIGENHANDEL	-0,031	1,000	-0,124	0,091	-0,079
PARKETT	-0,085	-0,124	1,000	0,059	-0,347 **
RVOLUMEN	-0,154 *	0,062	0,091	1,000	0,019
SEITEN	,0103	-0,079	-0,347**	0,019	1,000

* = 5% Signifikanzniveau der Korrelation (zweiseitig), ** = 1% Signifikanzniveau der Korrelation (zweiseitig)

Die partielle Korrelation für Variablen mit einem hohen Zusammenhangsmaß (RVolumen, Eigenhandel und Parkett) ergibt für RVolumen einen niedrigeren partiellen Korrelationskoeffizienten von 0,0209 (Käufe) und –0,1111 (Verkäufe). Hier erhält man bei Käufen für die Variable Parkett den höchsten Wert mit 0,1048, für Verkäufe zeigt sich allerdings fast kein Zusammenhang. Dort liefert die Variable Eigenhandel mit 0,1311 den höchsten Wert.

In der NEMAX-Stichprobe (vgl. Tabelle 4-37) erreichen die Variablen Parkett und RVolumen bei erwartetem Vorzeichen insgesamt die höchsten Werte für das Zusammenhangsmaß. Auch hier wird für Variablen mit einer hohen gegenseitigen Korrelation (RVolumen, Seiten und Parkett) der partielle Korrelationskoeffizient berechnet. Dabei zeigt sich für die Variable RVolumen ein etwas niedrigerer Wert von 0,0211 bei den Käufen bzw. ein ähnlich hoher Wert von –0,0787 für die Verkäufe. Der Einflussfaktor mit dem stärksten Wert für den partiellen Korrelationskoeffizienten ist wiederum die Variable Parkett.[421]

[421] Für diesen Parameter werden Werte von 0,0918 (Käufe) bzw. –0,0889 (Verkäufe) erreicht.

Tabelle 4-37: Korrelationsmatrix für die Einflussfaktoren der NEMAX-Stichprobe

Kaufblocks					
Variablen	AR (T=0)	EIGENHANDEL	PARKETT	RVOLUMEN	SEITEN
AR (T=0)	1,000	-0,064	0,069*	0,063	0,024
EIGENHANDEL	-0,064	1,000	-0,218**	0,037	-0,118**
PARKETT	0,069 *	-0,218**	1,000	0,139**	-0,417**
RVOLUMEN	0,063	0,037	0,139**	1,000	-0,102**
SEITEN	0,024	-0,118**	-0,417**	-0,102**	1,000
Verkaufsblocks					
AR (T=0)	1,000	0,039	-0,100**	-0,069*	0,060
EIGENHANDEL	0,039	1,000	-0,215**	0,098**	-0,126**
PARKETT	-0,100 **	-0,215**	1,000	0,136**	-0,466**
RVOLUMEN	-0,069 *	0,098**	0,136**	1,000	-0,141**
SEITEN	0,060	-0,126**	-0,466**	-0,141**	1,000

* = 5% Signifikanzniveau der Korrelation (zweiseitig), ** = 1% Signifikanzniveau der Korrelation (zweiseitig)

Für die Korrelationsmatrix der SMAX-Stichprobe werden ausschließlich Blocks auf dem Frankfurter Parkett betrachtet, da die Anzahl der Blocktransaktionen auf XETRA für eine sinnvolle Auswertung des Ergebnisses wesentlich zu niedrig ist.[422] In dieser Stichprobe lassen sich praktisch keine signifikanten Werte für die ermittelten Korrelationen finden. Die Variable RVolumen weist lediglich für Käufe eindeutig das erwartete Vorzeichen auf. Für die beiden Variablen mit dem höchsten Zusammenhangsmaß (RVolumen und Eigenhandel) wird wiederum der partielle Korrelationskoeffizient berechnet. Dabei zeigt sich für die Variable RVolumen ein noch größerer Wert des Korrelationskoeffizienten bei Käufen (0,121) und Verkäufen (-0,87) mit den erwarteten Vorzeichen. Allerdings handelt es sich dabei nicht um statistisch signifikante Werte.

422 Nur rund 5% der Blocks werden in dieser Stichprobe auf XETRA gehandelt.

Tabelle 4-38: Korrelationsmatrix für die Einflussfaktoren der SMAX-Stichprobe

Kaufblocks				
Variablen	AR (T=0)	EIGENHANDEL	RVOLUMEN	SEITEN
AR (T=0)	1,000	0,003	0,079	-0,095
EIGENHANDEL	0,003	1,000	0,134 *	-0,128
RVOLUMEN	0,079	0,134	1,000	-,090
SEITEN	-0,095	-0,128	-,090	1,000
Verkaufsblocks				
AR (T=0)	1,000	0,068	-0,002	0,094
EIGENHANDEL	0,068	1,000	0,193	-0,103
RVOLUMEN	-0,002	0,193	1,000	0,000
SEITEN	0,095	-0,103	0,000	1,000

* = 5% Signifikanzniveau der Korrelation (zweiseitig), ** = 1% Signifikanzniveau der Korrelation (zweiseitig)

Zusammenfassend kann für die ersten drei betrachteten Stichproben (DAX, MDAX, NEMAX) festgehalten werden, dass hier das Handelssystem, auch unter Berücksichtigung anderer Faktoren einen entscheidenden Einfluss auf den totalen Preiseffekt eines Blocks hat. Dies konnte bereits in den Ergebnissen der Ereignisstichprobe, die dort allerdings nur für die DAX-Werte vorlagen, wieder. In der Tendenz können diese Ergebnisse somit auch für die MDAX- und NEMAX-Stichprobe festgestellt werden.

Als zweiter, insgesamt wichtiger Einflussfaktor über alle Stichproben hinweg, kristallisiert sich das Volumen bzw. die Einteilung in Volumenklassen heraus. Der Volumeneinfluss wird daher in der folgenden Untersuchung weiter nach den verschiedenen Preiseffekten differenziert und das Vorliegen eines linearen Zusammenhanges überprüft.

4.5.3 Volumenabhängigkeit des totalen, temporären und permanenten Preiseffektes

Im vorhergehenden Kapitel wurden mögliche Einflussfaktoren auf den totalen Preiseffekt untersucht. Dabei konnte festgestellt werden, dass das Handelsvolumen bzw. die Volumenkategorie je Aktie zu den wichtigsten Einflussfaktoren gehören. An dieser Stelle werden die einzelnen Preiseffekte aus Kapitel 4.4.9 für die vier Marktsegmente getrennt auf ihre Volumenabhängigkeit untersucht. Aufgrund der sehr unterschiedlichen Eigenschaften und Ergebnisse der Unterstichproben wird lediglich eine grafische Interpretation verfolgt. Die eingezeichneten Regressionsgeraden dienen lediglich der optischen Unterscheidung der drei Preiseffekte.

Die eingezeichneten Punkte in Abbildung 4-25 und Abbildung 4-26 stellen jeweils Durchschnittsvolumina der 10 Volumengruppen dar, in die jede Aktie der DAX-Stichprobe eingeteilt wurde. Die Schätzgeraden beschreiben den Verlauf eines linearen Zusammenhangs der drei Preiseffekte. Um die Gültigkeit der Preisdruck-Hypothese bestätigen zu können, muss ein linearer Zusammenhang zwischen dem temporären Preiseffekt und dem Volumen bestehen.

Die DAX-Stichprobe als erste Gruppe weist für den temporären und totalen Preiseffekt in den einzelnen Volumenklassen einen positiven linearen Zusammenhang auf, sowohl für die Kauf- als auch für die Verkaufsblocks (vgl. Abbildung 4-25 und Abbildung 4-26). Der permanente Effekt hingegen nimmt mit zunehmendem Volumen des Blocks ab und beschreibt dabei ebenfalls einen leicht negativen linearen Zusammenhang. Der lineare Zusammenhang zwischen dem totalen Preiseffekt und dem Volumen ist demzufolge ausschließlich auf den temporären liquiditätsbedingten Preiseffekt zurückzuführen, der den Rückgang des permanenten Effektes sogar ausgleichen kann.

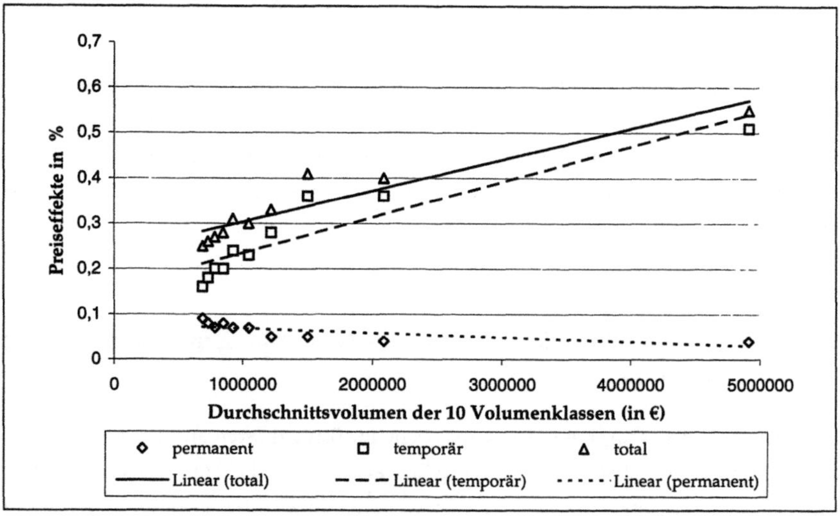

Abbildung 4-25: Totale, permanente und temporäre Preiseffekte der DAX- Kaufblocks für die Volumenklassen

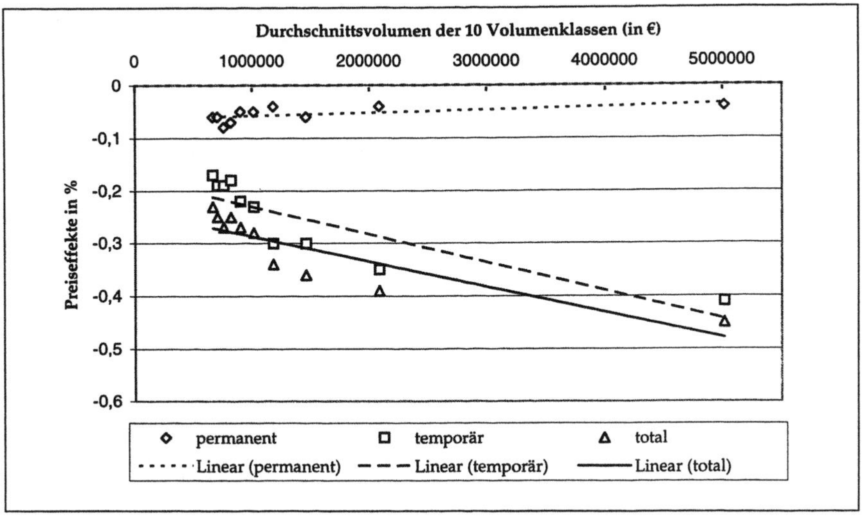

Abbildung 4-26: Totale, permanente und temporäre Preiseffekte der DAX-Verkaufsblocks für die Volumenklassen

Damit liegt für Kauf- und Verkaufsblocks in dieser Stichprobe ein annähernd linearer Zusammenhang zwischen Volumenklassen und dem temporären Preiseffekt vor, was für die Gültigkeit der Preisdruck-Hypothese spricht. Eine mögliche Erklärung für den Rückgang des permanenten Preiseffektes bei höheren Volumina kann in dem zunehmenden Anteil des Parketthandels bei großen Blocks gesehen werden. Dort besteht nämlich die Möglichkeit, ein nicht informationsbasiertes Handeln zu signalisieren. Mit dieser Argumentation lässt sich auch der symmetrische Verlauf des permanenten Preiseffektes bei den Kauf- und Verkaufsblocks erklären.

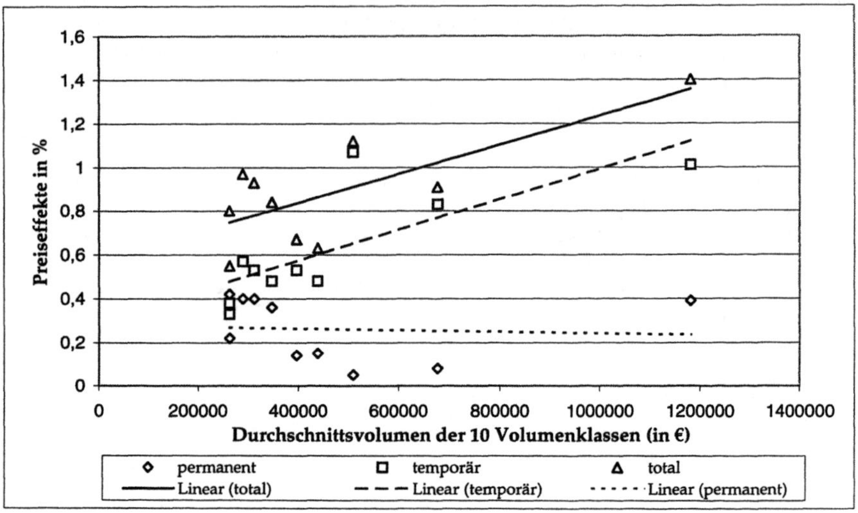

Abbildung 4-27: Totale, permanente und temporäre Preiseffekte der MDAX-Kaufblocks für die Volumenklassen

Bei den Kaufblocks der MDAX-Stichprobe in Abbildung 4-27 lässt sich ein positiver linearer Zusammenhang zwischen dem temporären Preiseffekt und dem zugrundeliegenden Volumen erkennen. Der lineare Verlauf ist allerdings nicht so eindeutig feststellbar wie bei der DAX-Stichprobe. Der permanente Preiseffekt sinkt wiederum konstant bis zur zweithöchsten Volumenklasse ab um dann bei der höchsten Volumenklasse auf den Ausgangswert anzusteigen. Hier scheint erst bei der Gruppe der größten Kaufblocks ein Signal für einen höheren Informationsgehalt des Blocks im Vergleich zu den mittleren Volumenklassen vorzuliegen.

Für die Verkaufsblocks zeigt sich in Abbildung 4-28 dagegen ein ähnliches Bild wie bei der DAX-Stichprobe. Der permanente Preiseffekt nimmt mit steigendem Volumen konstant ab. Das Ausführen von Kaufblocks wird demzufolge eher mit informationsbasiertem Verhalten in Verbindung gebracht als dies bei Verkaufsblocks der Fall ist.

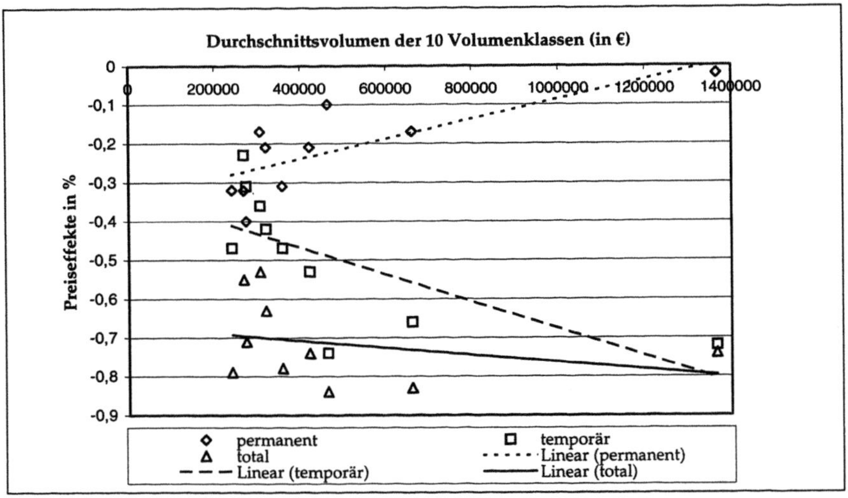

Abbildung 4-28: Totale, permanente und temporäre Preiseffekte der MDAX-Verkaufsblocks für die Volumenklassen

In der NEMAX-Stichprobe in Abbildung 4-29 und Abbildung 4-30 verläuft der permanente Preiseffekt für Käufe und Verkäufe analog zur MDAX-Stichprobe, lediglich auf einem insgesamt höheren Renditeniveau. Der lineare Zusammenhang ist ähnlich stark wie bei den MDAX-Werten. Bis auf die Höhe der Durchschnittseffekte weisen die Stichproben dieser beiden Marktsegmente mit ähnlicher Marktkapitalisierung somit auch fast identische Zusammenhänge für die einzelnen Preiseffekte auf.

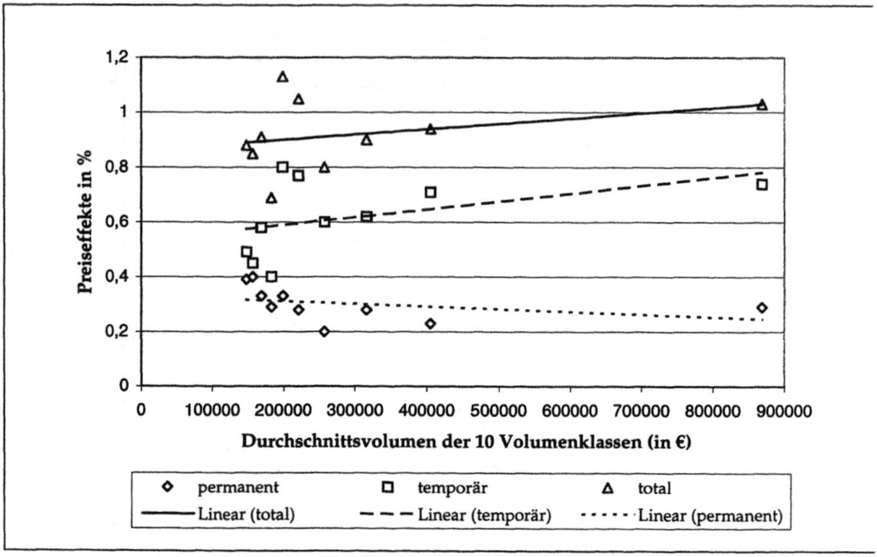

Abbildung 4-29: Totale, permanente und temporäre Preiseffekte der NEMAX-Kaufblocks für die Volumenklassen

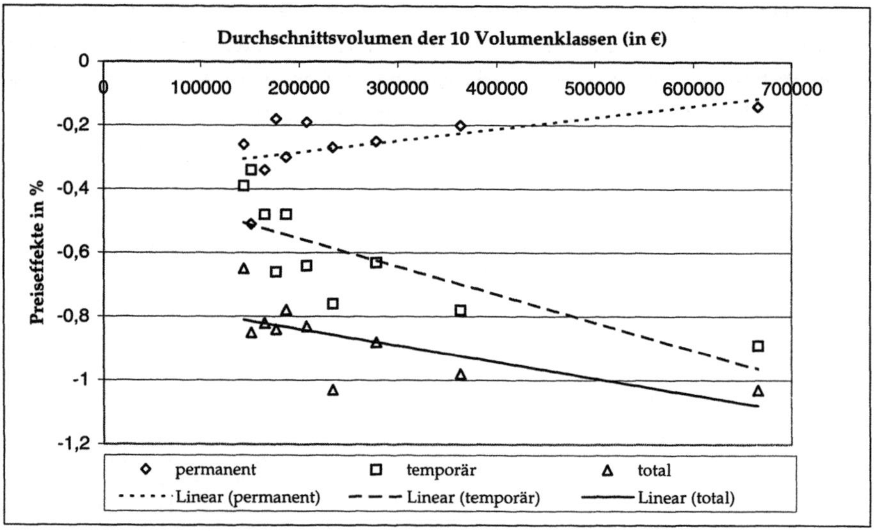

Abbildung 4-30: Totale, permanente und temporäre Preiseffekte der NEMAX-Verkaufsblocks für die Volumenklassen

Die SMAX-Stichprobe in Abbildung 4-31 und Abbildung 4-32 beinhaltet bei den Kaufblocks einen stark negativen Zusammenhang zwischen dem permanenten Preiseffekt und den Volumenklassen. Dieser verläuft allerdings nur schwach linear. Insgesamt liegen die Durchschnittswerte der einzelnen Volumenklassen jeweils höher als bei der NEMAX-Stichprobe. Der temporäre Effekt weist insbesondere für Käufe eine starke Streuung um die Gerade auf. Bei den Verkaufsblocks liegt ein ähnlich hoher temporärer Effekt wie für die NEMAX-Stichprobe vor.

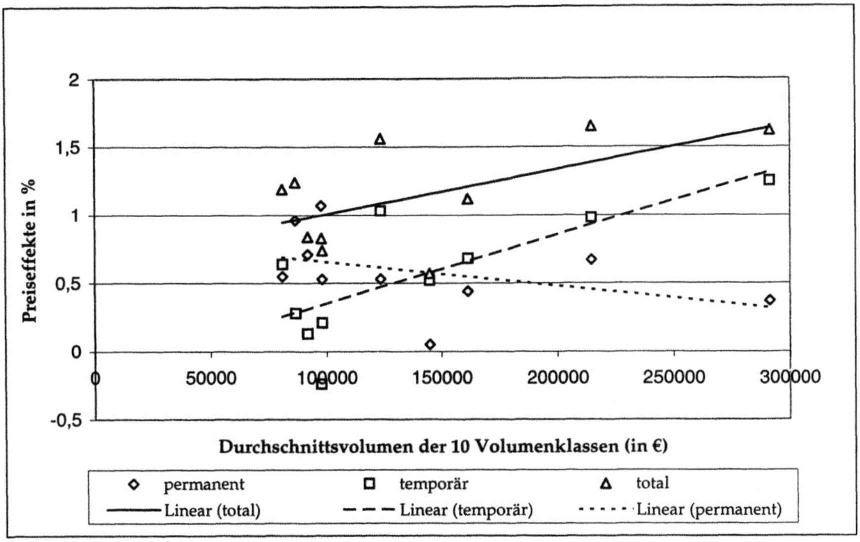

Abbildung 4-31: Totale, permanente und temporäre Preiseffekte der SMAX-Kaufblocks für die Volumenklassen

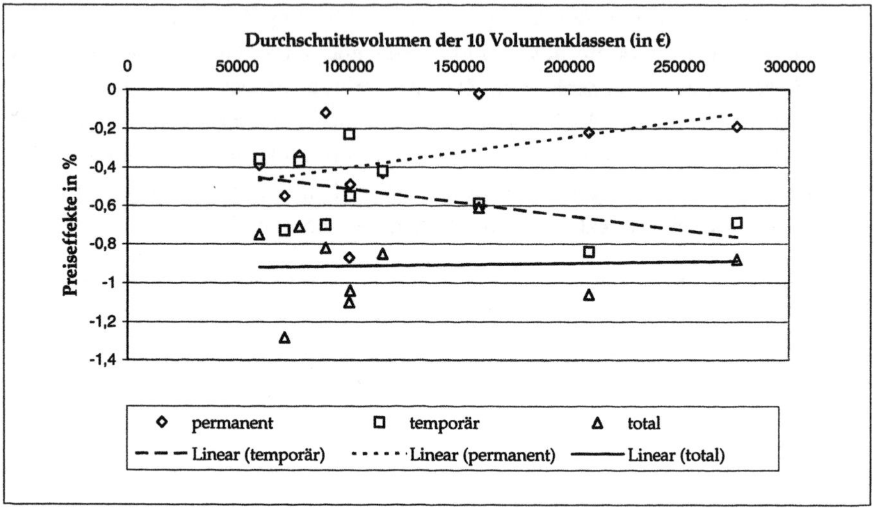

Abbildung 4-32: Totale, permanente und temporäre Preiseffekte der SMAX-Verkaufsblocks für die Volumenklassen

4.5.4 Zusammenfassung der Korrelations- und Regressionsanalysen

Die Untersuchung der linearen Einfachregression belegt, dass in Unterstichproben mit hoher Marktkapitalisierung auch mit größerer Wahrscheinlichkeit kurzfristige Gegenbewegungen des Aktienkurses nach Ausführung der Blocktransaktion auftreten. Dieses Ergebnis im Rahmen des totalen Preiseffektes kann als Beleg für die Relevanz kurzfristig wirksamer Liquiditätseffekte gesehen werden.

Eine detaillierte Regressionsanalyse ermittelt als wesentliche Einflussfaktoren auf den totalen Preiseffekt das Volumen bzw. die Volumenränge und das verwendete Handelssystem. Tendenziell sind ein hohes Blockvolumen und die Durchführung von Blocks auf dem Parkett mit einem höheren totalen Preiseffekt verbunden.

Die Untersuchung temporärer, totaler und permanenter Preiseffekte auf deren Volumenabhängigkeit zeigt für die DAX-Stichprobe einen stark linearen Zusammenhang zwischen temporären Effekten und Volumen, für die NEMAX- und MDAX-Werte hingegen einen schwächeren linearen Zusammenhang. Dies deutet auf eine abnehmende Gültigkeit der Preisdruck-Hypothese bei niedrigerer Marktkapitalisierung hin. Der permanente Effekt weist dagegen in keinem der Unterstichproben einen eindeutig linearen Verlauf auf. Tendenziell ist der negativ-lineare Zusammenhang allerdings bei Käufen stärker ausgeprägt als bei Verkäufen.

4.6 Handelsanweisungen für die Implementierung eines Agentensystems

Im Rahmen dieses Unterkapitels sollen die bisherigen Ergebnisse der empirischen Studie als Entscheidungsgrundlage für Orderplatzierungsstrategien eines Softwareagenten im Umfeld von Blocktransaktionen aufgearbeitet werden. Zusätzlich werden in diesem Zusammenhang auch Handelsstrategien auf Basis der identifizierten Blocks durchgeführt. Diese Untersuchungsmethodik stellt eine weitere Herangehensweise dar, um die Kurswirkung von Blocktransaktionen zu analysieren. An Wertpapiermärkten wird eine Vielzahl von Handelsstrategien eingesetzt mit dem Ziel, eine bessere Performance bei der Geldanlage zu erreichen.[423] Diese Strategien verwenden dabei sehr unterschiedliche Informationen, um daraus kurz- oder längerfristige Handelssignale abzuleiten.

Die Untersuchungsergebnisse der Ereignisstudie weist besonders für die SMAX- und MDAX-Stichprobe kumulierte abnormale Renditen auf, die auch einige Transaktionen nach dem Block noch signifikant über (Käufe) bzw. unter (Verkäufe) Null liegen. Diese starken Kursbewegungen innerhalb eines Tages sollen zunächst mittels einer Handelsstrategie ausgenutzt werden, die ein Softwareagent automatisch umsetzt. Dabei wird untersucht, ob eine Strategie in der Lage ist, die sehr kurzfristigen Preisbewegungen in Überrenditen nach Transaktionskosten umzusetzen. Wird die Annahme getroffen, dass sich Preiswirkungen der Blocktransaktionen über mehrere Tage erstrecken können, so ist prinzipiell auch eine langfristig orientierte Handelsstrategie als denkbare Alternative durchführbar. Im Folgenden wird deshalb die Vorteilhaftigkeit einer kurzfristigen und einer längerfristig orientierten Handelsstrategie für die einzelnen Unterstichproben der Marktsegmente überprüft.[424]

Kurzfristige Handelsstrategie eines Softwareagenten

In enger Anlehnung an die Überlegungen von **Dann/Mayers/Raab (1977)** kann ein Softwareagent im günstigsten Fall dergestalt agieren, dass jeweils zum Kurs der Blocktransaktion ein bestimmter Betrag in die entsprechende Aktie investiert wird

[423] Vgl. Sullivan/Timmermann/White (1999), S. 1647. Die Autoren testen in ihrer Studie die Vorteilhaftigkeit von 26 gebräuchlichen Handelsstrategien („technical trading rules").

[424] Die Zeitdimensionen kurz- und längerfristig werden hier lediglich anhand der relativen zeitlichen Unterschiede gewählt. Je nach Untersuchungsgegenstand können bei der Untersuchung von Handelsregeln auch andere Zeitdimensionen als lang- und kurzfristig unterschieden werden. So umfasst z.B. bei der Studie von Schiereck/Weber (1994) eine kurzfristige Handelsstrategie eine Betrachtungsperiode von bis zu 12 Monaten und die langfristige Strategie einen Zeitraum von fünf Jahren.

und diese Position zu einem späteren Zeitpunkt geschlossen wird.[425] Für die Umsetzung der Handelsstrategie werden alle analysierten Verkaufsblocks (nach dem Volumenkriterium) aus den jeweiligen Unterstichproben der Ereignisstudie verwendet.

Tabelle 4-39: Durchschnittliche abnormale Renditen einer kurzfristig orientierten Handelsstrategie in den Unterstichproben

	CAR (T=0 , T=+1)	nach Transaktionskosten von 0,1%	CAR (T=0, T=+2)	nach Transaktionskosten von 0,1%	CAR (T=+1, T=+2)	nach Transaktionskosten von 0,1%
DAX (N=4362)	0,27%	0,07%	0,27%	0,07%	0,00%	-0,2%
MDAX (N=536)	0,49%	0,29%	0,53%	0,33%	0,04%	-0,16%
NEMAX (N=980)	0,52%	0,32%	0,60%	0,40%	0,08%	-0,12%
SMAX (N=179)	0,40%	0,20%	0,56%	0,36%	0,16%	-0,04%

N=Anzahl der Verkaufsblocks (=Handelssignale)

Es wird eine Strategie getestet, die ausschließlich mit dem Eingehen von Long-Positionen verbunden ist. Dabei gilt die einfache Regel: *Kauf einer Aktie zum Zeitpunkt eines Verkaufsblocks, Verkauf zu einem späteren Zeitpunkt.* Die dabei erzielte durchschnittliche abnormale Rendite bei jedem Handelssignal ist in Tabelle 4-39 dargestellt. Als Transaktionskosten werden für jede Kauf- und Verkaufstransaktion einheitlich 0,1% angesetzt.[426] In der mittleren Tabellenspalte fällt die durchschnittliche abnormale Rendite am höchsten aus, wobei die NEMAX-Stichprobe insgesamt die größte Profitabilität aufweist. Sobald die optimalen Bedingungen (Kauf zum Kurs der Blocktransaktion, Verkauf zwei Transaktionen später) nicht mehr gewährleistet sind und die Position z.B. erst eine Transaktion später eröffnet werden kann, (vgl. die rechte Spalte in Tabelle 4-39) nimmt die Vorteilhaftigkeit der Handelsstrategie rapide ab, bzw. gerät sogar in den Verlustbereich. Die Risiken bei der praktischen Umsetzung der beschriebenen, sehr kurzfristig orientierten Handelsstrategie in der Umgebung eines Softwareagenten, liegen in folgenden Bereichen:

---

[425] Vgl. zur ausführlichen Darstellung der genannten Studie Kapitel 3.

[426] Beim Handel auf dem Parkett fallen je DAX30-Titel 0,04% Courtage und bei sonstigen Werten 0,08% an. Vgl. Freihube/Kehr/Krahnen/Theissen (1998), S. 5. Außerdem entstehen weitere, meist fixe Gebühren, die für institutionelle Anleger weitaus niedriger liegen als für Privatanleger. Der unterstellte Gebührensatz von 0,1% gilt auch für Privatanleger, die größere Aktienvolumina über einen Direct Broker handeln.

- *Verzerrung des Market Impact durch erhöhte Handelsaktivität:* Das Handelsvolumen in der Umgebung der Blocktransaktion hat für die empirische Untersuchung lediglich durchschnittlich hohe Umsätze ergeben. Bei der Durchführung einer Handelsstrategie können sich diese Volumina zu den entsprechenden Transaktionszeitpunkten erhöhen. Größere Handelsvolumina können sich bei einem angenommenen Zusammenhang zwischen Volumen- und Preisänderungen in veränderten Kursreaktionen niederschlagen und damit zu abweichenden Ergebnissen führen.
- *Ausschluß vieler Blocktransaktionen aufgrund der angewandten Filterregeln im Rahmen der Untersuchung:* Je nach Marktsegment werden lediglich rund 13% - 19% aller identifizierten Blocks untersucht. Um diese Ergebnisse in einer realen Handelssituation verwenden zu können, müsste im voraus bekannt sein, ob im Zeitfenster des Blocks eine weitere Blocktransaktion auftreten wird oder nicht.
- *Eindeutigkeit des Handelssignals:* Um die Handelsstrategie exakt zum Zeitpunkt der Blocktransaktion durchführen zu können, müssen bereits Informationen über eine bevorstehende Blockorder vorliegen. Wenn diese Information existiert, wie z.B. in einem offenen Orderbuch des XETRA-Systems der Fall ist, kann dieser Zeitpunkt zumindest abgeschätzt werden.[427]

Diese Ausführungen machen die vielfältigen Risiken einer sehr kurzfristig angelegten Handelsstrategie deutlich, die auf den Ergebnissen der empirischen Untersuchung fußt. Eine gewinnbringende Implementierung dieser Strategie durch einen Softwareagenten erscheint damit bestenfalls in der Umgebung eines offenen Orderbuches oder für Handelsabteilungen in Kreditinstituten umsetzbar, die auch größere institutionelle Kundenaufträge durchführen und dadurch einen besseren Einblick in den zukünftigen Orderstrom von Blocks haben. Ein zusätzlicher Vorteil ist in den niedrigen Transaktionskosten dieser Marktteilnehmer zu sehen, die meist deutlich unter dem verwendeten Gebührensatz von 0,1% liegen. Sind bei der Suche nach dem optimalen Einstiegszeitpunkt für die Handelsstrategie noch nicht ausgeführte Blockorders eines Kunden vorhanden, besteht allerdings die Problematik eines möglichen Front-Running-Tatbestandes.[428]

---

[427] Dies geschieht durch die zusätzliche Berechnung von Orderausführungswahrscheinlichkeiten in bestimmten Marktsituationen, was gleichzeitig zu einem erhöhten Risiko bei der Anwendung der Handelsstrategie führt. Vgl. dazu die Studien Handa/Schwartz (1996), Gerke/Breuer/Beck/Mager (2002).

[428] Front-Running beinhaltet das Durchführen von Eigengeschäften, die in Kenntnis eines vorliegenden Kundenauftrags erfolgen.

Zusammenfassend kann festgestellt werden, dass die angeführten durchschnittlichen Überrenditen in Tabelle 4-39 als Werte einzustufen sind, die in der Praxis nur beim gleichzeitigen Eingehen hoher Risiken erzielt werden können. Prinzipiell ist die Durchführung einer kurzfristigen Handelsstrategie zwar auch an Terminmärkten denkbar, so wie dies häufig bei der Ausnutzung von Insiderwissen empirisch festgestellt wurde.[429] Allerdings ist aufgrund der sehr kurzfristig erwarteten Kursbewegung und der eingeschränkten Verfügbarkeit und Liquidität der entsprechenden Terminkontrakte das Risiko der eingegangenen Position als weitaus höher einzuschätzen als bei einer Handelsstrategie, die auf den Kassamarkt beschränkt ist.

Längerfristige Handelsstrategie eines Softwareagenten

Neben dieser kurzfristigen Handelsstrategie soll an dieser Stelle anhand einer längerfristigen Handlungsanweisung überprüft werden, inwieweit aus den festgestellten Blocktransaktionen eine Kurswirkung auch über mehrere Tage ermittelt werden kann. Die Ergebnisse können verwendet werden, um eine Anlageentscheidung über einen etwas längeren Zeithorizont zu treffen und sind damit als Wissensbasis für einen Softwareagenten einsetzbar. Die Kurswirkung wird anhand einer einfachen Handelsregel getestet. Unter der Annahme, dass von den identifizierten Blocks eine längerfristige Kurswirkung ausgeht, hat ein Übergewicht an Kaufblocks im Verhältnis zu Verkaufsblocks für den weiteren Kursverlauf positive Auswirkungen und vice versa. Auf dieser Überlegung basierend kann ein einfaches Verhältnismaß entwickelt werden:[430]

$$\text{(4-18)} \qquad Blockverhältnis = \frac{Volumen\lfloor Kaufblocks_{s,H} \rfloor - Volumen\lfloor Verkaufsblocks_{s,H} \rfloor}{Volumen\lfloor Kaufblocks_{s,H} \rfloor + Volumen\lfloor Verkaufsblocks_{s,H} \rfloor}$$

Das Blockverhältnis aus Gleichung (4-18) mit s = Aktie und H = Handelstag kann Werte im Bereich von –1 bis +1 annehmen. Anhand dieses Indikators wird folgende Handelsregel operationalisiert: Ein *Kaufsignal* entsteht für jede Aktie s, wenn das Volumen der Kaufblocks eines Tages H über dem der Verkäufe liegt und es gilt: Blockverhältnis > 0. Dementsprechend wird ein Wert für das Blockverhältnis < 0 als *Verkaufsignal* interpretiert. Die beschriebene Handelsregel kann auch als Test auf das Herdenverhalten institutioneller Anleger interpretiert werden, wenn man diesen

[429] So untermauern empirische Ergebnisse die Hypothese, dass Insider ihren Wissensvorsprung hauptsächlich durch Transaktionen am Optionsmarkt umsetzen. Vgl. Arneth (2001), S. 80.

[430] Das folgende Verhältnismaß basiert auf empirischen Untersuchungen zum Herdenverhalten institutioneller Anleger. Vgl. z.B. Lakonishok/Shleifer/Vishny (1992), die diese Formel leicht abgewandelt für einen längeren Zeithorizont verwenden.

Begriff als gleichgerichtetes, von den Fundamentaldaten unabhängiges Verhalten versteht.[431] Den institutionellen Anlegern, die diese Blocktransaktionen durchführen, wird dabei ein starker Einfluss auf die allgemeine Kursentwicklung zugesprochen.

Damit der vorgestellte Blockindikator für möglichst viele Tage berechnet werden kann, werden *alle* Blocks nach dem Volumenkriterium in die Untersuchung miteinbezogen.[432] Dadurch kann die Grundgesamtheit erheblich gesteigert und die Validität der Handelsstrategie besser überprüft werden. Aufgrund der täglichen Berechnungsbasis ist von starken Schwankungen der obigen Verhältniszahl auszugehen, was zu unnötig vielen Handelssignalen und damit verbundenen Transaktionskosten führen würde. Um dies zu vermeiden, wird das Blockverhältnis anhand unterschiedlich langer gleitender Durchschnitte berechnet.[433] Als Referenzkurs für den Ein- oder Ausstieg im Rahmen der Handelsstrategie gilt der Tagesschlusskurs zum Zeitpunkt des eines Handlungssignals.[434] Bei der Berechnung werden tägliche logarithmierte Renditen der Tagesschlusskurse verwendet. Wie bei Handelsstrategien üblich, besteht auch hier eine Trade Off-Beziehung zwischen der Treffgenauigkeit des Handelssignals und der Höhe der anfallenden Transaktionskosten. Bei der Wahl eines zu langen gleitenden Durchschnitts nimmt die Genauigkeit des Handelssignals ab, im Gegenzug dazu fallen weniger Transaktionskosten an und vice versa.

Die Profitabilität der Handelsstrategie wird für alle vier Marktsegmente der Stichprobe getrennt ermittelt. Damit kann auch die qualitative Fragestellung untersucht werden, ob sich durch die vorgestellte Handelsstrategie überhaupt Renditevorteile realisieren lassen und welche relativen Unterschiede zwischen den einzelnen Unterstichproben bestehen. Es werden unterschiedliche gleitende Durchschnitte getestet, um die Strategie an die jeweilige Marktdynamik anpassen zu können. Als Vorteilhaftigkeitskriterium wird in diesem Fall, wie bei längeren Renditevergleichen üblich, die erzielte logarithmierte Rendite der Kauf- und Verkaufsignale mit der Rendite einer

---

[431] Vgl. Deutsche Bundesbank (2001), S. 55. Vgl. zu anderen Definitionen des Herdenverhaltens z.B. Hirth/Walter (2001), S. 17.

[432] Aufgrund der Filterregeln mussten in der bisherigen Untersuchung je nach Marktsegment bis zu 87% der Blocks aus der Stichprobe ausgeschlossen werden.

[433] Unter gleitenden Durchschnitten versteht man in der Statistik das arithmetische Mittel einer Zeitreihe, welches aus dem Zeitreihenwert selbst, sowie aus k vorangehenden und k nachfolgenden Zeitreihen besteht. Vgl. Bamberg/Bauer (1998), S. 76. Da im vorliegenden Fall einer Handelsregel die zukünftigen Werte nicht bekannt sind, kommt eine modifizierte Durchschnittsbildung zur Anwendung, indem lediglich der Mittelwert aus den letzten k Werten errechnet wird. Vgl. Poddig/Dichtl/Petersmeier (2000), S. 95. Die ausgewählten gleitenden Durchschnitte in der Tabelle wurden so gewählt, dass die jeweiligen Wendepunkte in der Vorteilhaftigkeit der Handelsstrategie abgebildet werden.

[434] Es wird davon ausgegangen, dass zum Zeitpunkt der Schlussauktion bereits die Volumenverhältnisse der Blocktransaktionen auf beiden Handelsseiten bekannt sind.

Buy & Hold-Strategie verglichen.[435] Damit wird für die langfristige Handelsstrategie lediglich eine eindimensionale Performancemessung durchgeführt.[436]

Zu Beginn der Beobachtungsperiode wird für jede Stichprobe ein Portefeuille aus den entsprechenden Aktientiteln gekauft, in dem alle Aktien mit dem gleichen Betrag gewichtet sind. Sobald für eine Aktie ein Verkaufssignal erzeugt wird, kommt es zum ersten Mal zu einem Verkauf dieses Titels. Ab diesem Zeitpunkt wird für jede Transaktion zusätzlich die Rendite nach Transaktionskosten in Höhe von 0,1% berechnet.

Die Werte in Tabelle 4-40 beinhalten die Profitabilität der Strategie für die vier Unterstichproben. Bei allen gleitenden Tagesdurchschnitten der DAX-Stichprobe schneidet die Handelsstrategie in keinem einzigen Fall besser ab als die Buy & Hold-Strategie. Auch die Verwendung eines längeren 25-Tage Durchschnitts zieht keine besseren Ergebnisse für das DAX-Portfolio nach sich. In dieser Stichprobe scheint das Verhältnis zwischen Kauf- und Verkaufsblocktransaktionen – wie bereits bei der Ereignisstudie – keine längerfristig profitabel nutzbare Information darzustellen. Der Renditenachteil einer Handelsstrategie ohne Transaktionskosten gegenüber der Buy & Hold Strategie liegt hier selbst bei einer weiteren Vergrößerung des gleitenden Durchschnittes nicht unter -80% und damit beständig im negativen Bereich.[437]

Für die MDAX-Stichprobe erreicht die Handelsstrategie deutlich bessere Werte. Unter Verwendung eines gleitenden Durchschnitts von 10 Tagen liegt der Renditevorteil nach Transaktionskosten bei rund 38%. Allerdings wird auch bei diesem gleitenden Durchschnitt lediglich in sieben von 16 Fällen eine bessere Rendite als für die Buy & Hold-Strategie erreicht.[438]

---

[435] Der Vergleich einer Handelsstrategie mit der Rendite einer Buy & Hold-Strategie hat ihren Ursprung bei Fama/Blume (1966).

[436] Bei der eindimensionalen Performancemessung wird lediglich die erzielte Rendite einer Handelsstrategie ermittelt. Berücksichtigt man zusätzlich das eingegangene Risiko, wird auch von einer zweidimensionalen Performancemessung gesprochen. Vgl. dazu ausführlich Poddig/Dichtl/Petersmeier (2000), S. 418-428.

[437] Bei einem gleitenden 15-Tage-Durchschnitt, der noch einige Handelssignale produziert, erhält man z.B. eine insgesamt um 104,28% schlechtere Rendite (vor Transaktionskosten) als bei der Buy & Hold-Strategie, ein gleitender Durchschnitt von 25 Tagen führt zu einem um rund 81% besseren Ergebnis als eine Buy & Hold-Strategie.

[438] Eine Verwendung längerfristiger gleitender Durchschnitte führt zu keiner Verbesserung des Ergebnisses.

Tabelle 4-40: Profitabilität der langfristigen Handelsstrategie bei den Aktien der vier Marktsegmente im Vergleich zu Buy & Hold

	ohne Transaktionskosten										mit Transaktionskosten				
	GLD* (2)		GLD (4)		GLD (6)		GLD (8)		GLD (10)		GLD (2)	GLD (4)	GLD (6)	GLD (8)	GLD (10)
Portfolio	Rendite-vorteil in %	N	Rendite-vorteil in %	N	Rendite-vorteil in %	N	Rendite-vorteil in %	N	Rendite-vorteil in %	N	Rendite-vorteil in %	Rendite-vorteil in %	Rendite-vorteil in %	Rendite-vorteil in %	Rendite-vorteil in %
DAX	-226,26%	588	-153,73%	344	-134,41%	285	-106,95%	219	-108,19%	207	-285,06%	-188,13%	-162,91%	-128,85%	-128,89%
MDAX	0,90%	322	7,83%	203	13,73%	145	24,54%	107	47,21%	96	-31,3%	-12,47%	0,77%	13,84%	37,61%
NEMAX	-245,38%	391	-199,44%	207	8,22%	145	-1,28%	96	50,33%	83	-284,48%	-220,14%	-6,28%	-10,88%	42,03%
SMAX	77,44 %	98	-13,71%	45	-29,33%	26	-47,74%	17	-13,34%	13	67,64%	-18,21%	-31,93%	-49,44%	-14,64%

* GLD = Gleitender Durchschnitt über die entsprechende Anzahl von Tagen (in Klammern), N = Anzahl der Handelssignale

Auffällig ist im Vergleich zur DAX-Stichprobe, dass hier für das gesamte Portefeuille und bei allen gleitenden Durchschnitten vor Transaktionskosten die Handelsstrategie besser als die Buy & Hold-Strategie abschneidet. Daraus lässt sich ableiten, dass die Handelsrichtung von Blocktransaktionen in der MDAX-Stichprobe einen stärkeren langfristigen Einfluss auf die Aktienkurse ausübt. Dieses Ergebnis kann auch als weiterer Beleg für den größeren Informationsgehalt und den damit verbundenen stärkeren längerfristigen Preiseffekt bei der MDAX-Stichprobe im Vergleich zur DAX-Stichprobe gewertet werden.

Die Handelsstrategie erreicht für die NEMAX-Stichprobe bei einem gleitenden Durchschnitt von 10 Tagen eine etwas höhere Profitabilität als die MDAX-Stichprobe. Dieser Vorteil bleibt auch nach Transaktionskosten bestehen. Auffällig sind die stark negativen Renditen von bis zu -245% bei der Anwendung kurzfristiger gleitender Durchschnitte. Dies liegt vermutlich in der extrem schnellen Aufwärtsbewegung dieses Marktsegmentes im Beobachtungszeitraum begründet. Die Handelsstrategie ist dadurch oft in Phasen nicht investiert, in denen der Markt sich nach oben bewegt. Aufgrund der vielen kurzfristigen Verkaufsignale werden hohe Verluste angehäuft. Eine Verwendung längerfristiger gleitender Durchschnitte als in der Tabelle führt auch für dieses Segment nicht zu einer höheren Profitabilität. Die Ergebnisse der beiden Stichproben mit mittlerer Marktkapitalisierung legen nahe, dass für MDAX- und NEMAX-Werte ein ähnlich hoher langfristiger Einfluss von Verkaufsblocktransaktionen auf die Aktienkurse besteht. Dies bestätigen die Ergebnisse im Rahmen der Ereignisstudie, wo in beiden Marktsegmenten für Verkaufsblocks vergleichbar hohe langfristige Preiseffekte ermittelt wurden. Für die NEMAX-Stichprobe erzeugt die Handelsstrategie bei der Wahl des optimalen gleitenden Durchschnitts in neun von 16 Fällen einen Renditevorteil, hingegen ist sie für den MDAX lediglich in sieben Fällen überlegen.

Die SMAX-Stichprobe weist schließlich lediglich für den zweitägigen gleitenden Durchschnitt eine bessere Wertentwicklung als die Buy & Hold-Strategie auf. Mit einem Renditevorteil für das gesamte Portfolio von rund 68% (nach Transaktionskosten) schneidet die Handelsstrategie in diesem Marktsegment mit Abstand am besten ab. Der Renditevorteil ist in neun von 16 Fällen positiv und damit ebenso einheitlich wie bei der NEMAX-Stichprobe. Das Ergebnis für die SMAX-Stichprobe kann die Resultate aus der Ereignisstudie aus längerfristiger Betrachtung untermauern. Demnach hat in diesem Marktsegment die Handelsrichtung der Blocktransaktionen den höchsten Einfluss auf die längerfristige Aktienkursentwicklung und damit auch den höchsten Informationsgehalt.

Die erstmals in dieser Form eingesetzte Handelsregel stellt einen Ansatz dar, um am Markt identifizierte Blocktransaktionen institutioneller Investoren als Indikator für Anlageentscheidungen zu verwenden. Der Untersuchungszeitraum von sechs Monaten ist für eine derartige Handelsstrategie relativ kurz, weshalb die Aussagen dieser Ergebnisse lediglich als vorläufig bezeichnet werden können. Für die weitere Forschung wird empfohlen, die untersuchten Regeln für längere Untersuchungszeiträume und auf andere Aktientitel anzuwenden. Ebenfalls ist eine Verfeinerung des Handlungsindikators z.B. durch die Berücksichtigung von Veränderungsraten oder der durchschnittlichen Größe der Blocktransaktionen denkbar. Zudem muss angemerkt werden, dass im vorliegenden Fall lediglich die langfristige Wirkung von *Verkaufsblocks* anhand der Handelsregel getestet wird, da von Leerverkaufsmöglichkeiten kein Gebrauch gemacht wurde.

Handelsanweisungen für einen Softwareagenten zur kursschonenden Unterbringung einer großvolumigen Blocktransaktion

Neben den besprochenen Handelsstrategien kann ein intelligentes Agentensystem auch bei der Platzierung große Aktienaufträge an der Börse zum Einsatz gelangen. Es geht dabei um die Entscheidungsunterstützung bei der Umsetzung komplexer Platzierungsstrategien, welche die unterschiedlichen Ergebnisse bei den temporären und permanenten Preiseffekten in den einzelnen Marktsegmenten berücksichtigt. So kann beispielsweise beachtet werden, dass bei Mid-cap und Small-cap- Werten der Einfluss des permanenten Preiseffektes bei einer Platzierungsstrategie, die sukzessive Blocktransaktionen ausführt, am größten ist, weil dadurch der Kurs auch nach Ausführung des Blocks auf einem höheren (Kauf) bzw. niedrigeren (Verkauf) Niveau verweilt.

Bei der Durchführung einer Blocktransaktion lässt sich am folgenden Beispiel einer börslichen Blockorder aufzeigen, wie eine Minimierung der impliziten Transaktionskosten umgesetzt werden kann. Als Eingabedaten, die von einem Softwareagenten aufgenommen werden, müssen zumindest folgende Variablen vorliegen um zu einer Entscheidung zu gelangen:

- Blockvolumen
- Marktsegment (DAX, MDAX, NEMAX, SMAX)
- Marktseite (Kauf/Verkauf)
- evtl. fixe Transaktionskosten des Blockhändlers

Die Höhe des Blockvolumens wird einem der 10 Volumenränge aus der empirischen Analyse zugeordnet. Die weitere Entscheidung erfolgt unter der Annahme, dass der entsprechende Block möglichst umgehend am Markt untergebracht wird, wobei als Zielbedingung in diesem Fall die Minimierung der expliziten und impliziten Transaktionskosten gilt. Die grundsätzliche Frage ist somit, ob und wenn ja wie dieser Block unter den genannten Bedingungen aufgeteilt werden soll.

In Tabelle 4-41 werden die gesamten Kosten eines Transaktionswunsches, der den Durchschnitt des obersten Volumenranges bildet, aufgezeigt. Dieser hohe Wert wird verwendet, um sicherzustellen, dass auch nach einer weiteren Aufteilung des Gesamtvolumens die einzelnen Transaktionen als Block definiert werden können und somit der Preiseffekt berechenbar ist. Ist dies nicht der Fall, können auch keine prognostizierten Preiseffekte durch den Softwareagenten ausgewertet werden. Das Gesamtvolumen in Tabelle 4-41 wurde auf Tausenderstellen gerundet. Da bei hohen Transaktionsvolumina in der Praxis eventuell entstehende Fixkosten praktisch vernachlässigbar sind, werden diese auch für das folgende Beispiel nicht berücksichtigt. Verglichen werden die impliziten Transaktionskosten bei unterschiedlicher Aufstückelung eines Blocks (bzw. genauer gesagt, eines Transaktionswunsches) im börslichen Handel.

Tabelle 4-41: Höhe der impliziten Transaktionskosten bei unterschiedlicher Aufteilung einer Blocktransaktion an der Börse

Stichprobe	Kauf/ Verkauf	Gesamtvolumen des Blocks in € (höchster Volumenrang)	implizite Transaktionskosten bei Aufteilung des Gesamtvolumens in ...			
			1 Block	2 Blocks	3 Blocks	4 Blocks
DAX	K	4.920.000	0,51%	0,39%	0,42%	0,34%
	V	5.050.000	0,41%	0,37%	0,36%	0,35%
MDAX	K	1.195.000	1,01%	0,86%	0,67%	1,18%
	V	1.382.000	0,72%	0,77%	0,74%	0,57%
NEMAX	K	875.000	0,76%	0,82%	0,88%	1,20%
	V	680.000	0,91%	0,89	1,00	1,13%
SMAX	K	290.000	1,25%	0,52%	0,73%	1,35%
	V	272.000	0,71%	0,62%	0,71%	1,02%

Aus der obigen Tabelle geht hervor, dass eine generelle Aufteilung des Transaktionswunsches in der verwendeten Ausgangsgröße nur für die DAX-Stichprobe zu eindeutig niedrigeren impliziten Transaktionskosten führt. Dies gilt sowohl für Kaufals auch für Verkaufstransaktionen. Bei MDAX-Werten erscheint eine Aufteilung nur bei den Verkäufen als tendenziell vorteilhaft, bei Käufen führt eine zu starke Aufsplittung dagegen aufgrund der langfristigen Preiseffekte zu steigenden Transaktionskosten. Die einzige Stichprobe mit eindeutig höheren Transaktionskosten bei zunehmender Aufteilung des Auftrages ist die des NEMAX, wohingegen bei SMAX-Werten zumindest eine Halbierung des Blockvolumens noch zu eindeutig sinkenden Transaktionskosten führt.

Auf der Grundlage derartiger Überlegungen kann das Agentensystem einem Blockhändler bereits im voraus eine Platzierungsstrategie vorschlagen, die die erwarteten impliziten Transaktionskosten minimiert. Das Entscheidungsergebnis hängt dabei allerdings auch stark vom Ausgangsvolumen der ursprünglichen Blocktransaktion und der zusätzlichen Aufteilung des Auftrages auf XETRA und den Parketthandel ab.

Tabelle 4-41 enthält die Ausführungsmöglichkeiten für börsliche Blocktransaktionen, wobei davon ausgegangen wird, dass die einzelnen Teilblocks in relativ kurzen Zeitabständen voneinander ausgeführt werden können. Über die tatsächliche Dauer, bis die Gesamtzahl der aufgesplitteten Transaktionen am Markt untergebracht ist, kann dagegen nichts ausgesagt werden.

Implikationen für die Entwicklung eines Softwareagenten für Market-Maker und Designated Sponsors

Auf Basis der obigen Ergebnisse kann auch ein Agentensystem für Market-Maker und Designated Sponsors weiterentwickelt werden. Ein derartiges System bietet die Möglichkeit, Empfehlungen zur Entscheidungsunterstützung für Market-Maker auszusprechen, in dem angegeben wird, bei welcher Ordergröße in den einzelnen Volumenkategorien mit einem besonders starken permanenten Preiseffekt zu rechnen ist. Wie bereits bei der empirischen Studie deutlich wurde, existiert in allen Marktsegmenten außer dem DAX bei kleineren Blocktransaktionen ein verhältnismäßig hoher langfristiger Preiseffekt. Wenn nun ein Marktteilnehmer sukzessive kleinere Blocktransaktionen in den Markt gibt, kann dies zu einem ständig ansteigenden permanenten Preiseffekt führen, wohingegen bei vergleichsweise größeren Orders mit einem geringeren langfristigen Effekt zu rechnen ist.

Für Designated Sponsors beinhaltet das Risiko, mit besser informierten Marktteilnehmern zu handeln, eine Kostengröße. Die in der Untersuchung ermittelten langfristigen Kurseffekte der Blocktransaktionen weisen besonders bei Werten aus dem NEMAX und dem SMAX auf ein hohes derartiges Risiko hin.

Ein speziell auf den Einsatz bei Market-Makern trainiertes Agentensystem muss allerdings auf die Ebene einzelner Aktienwerte heruntergebrochen werden, weil sich hier der Handlungsrahmen meist auf nur wenige Aktien beschränkt, die dafür umso genauer beobachtet werden müssen. Durch eine derartige Software kann die Stellung von Bid-Ask-Spreads unterstützt werden. Im Vergleich zur momentanen Situation erhalten Market-Maker dadurch genauere Informationen über mögliche Zusammenhänge, die es ermöglichen, die Volumenabhängigkeit permanenter Kurseffekte, die mit einer Blocktransaktion verbunden sind, im voraus abzuschätzen.

5 Zusammenfassung und Schlussbetrachtung

5.1 Zusammenfassung der Ergebnisse

In der vorliegenden Arbeit wurden Preiseffekte von Blocktransaktionen an vier Marktsegmenten des deutschen Aktienmarktes sowie im Rahmen des außerbörslichen Handels untersucht.

Im Laufe des theoretischen Teils haben sich dabei zwei mögliche Kurswirkungen für Blocktransaktionen herauskristallisiert: ein kurzfristiger, liquiditätsbedingter und ein langfristiger, informationsbasierter Preiseffekt. Daraufhin wurden die Transaktionsmotive institutioneller Anleger beschrieben, die einen Großteil der Blocktransaktionen durchführen. Aus dem Trend zur Institutionalisierung der Kapitalmärkte lassen sich auch bestimmte Anforderungen an die Ausgestaltung der Marktmikrostruktur von Börsen ableiten wie z.B. hohe Anonymität und niedrige Transaktionskosten bei der Durchführung von Blocktransaktionen.[439]

Um diesen Anforderungen gerecht zu werden, existieren getrennte und hochspezialisierte Blockhandelseinrichtungen wie bspw. der Upstairs Market an der NYSE. Parallel dazu versuchen etablierte Börsen durch spezielle Orderfunktionen wie teilweise verdeckte Iceberg Orders in XETRA oder die verspätete Veröffentlichung von durchgeführten Blocktransaktionen wie z.B. an der LSE, den Blockhandel möglichst an der Börse zu halten. Trotz dieser Anstrengungen ist jedoch eine Zunahme des außerbörslichen Blockhandels festzustellen.

Im Rahmen der vorliegenden empirischen Studie lassen sich in den einzelnen Unterstichproben insgesamt recht unterschiedliche Kursreaktionen auf die Durchführung von Blocktransaktionen feststellen. Angefangen von der Stichprobe mit der höchsten Marktkapitalisierung, den DAX-Werten, wo lediglich ein deutlicher kurzfristiger Preiseffekt messbar ist, steigt der Informationsgehalt bei der MDAX- und NEMAX-Stichprobe leicht an, um für Aktien der SMAX-Stichprobe die höchsten Werte zu erreichen. Hier macht der langfristige Preiseffekt rund die Hälfte des totalen Preiseffektes aus. In Nebenwerten ist somit eindeutig ein höherer Informationsgehalt von Blocktransaktionen feststellbar.

Vergleicht man die Kursbewegungen im Umfeld einer Blocktransaktion auf dem XETRA-System mit dem Frankfurter Parkett, so fällt auf, dass es aufgrund des offe-

[439] Vgl. Steiger (2000), S. 22.

nen Orderbuches in XETRA bereits vor der Ausübung des Blocks zu starken Kursbewegungen kommt und dafür zum Transaktionszeitpunkt die Kursreaktion wesentlich schwächer ausfällt als auf dem Parkett. Die Preiseffekte an der Börse, die zum Zeitpunkt eines außerbörslichen Blocks entstehen, sind lediglich von kurzfristiger Natur und liegen bei wesentlich höheren umgesetzten Durchschnittsvolumina über den Kursreaktionen der börslichen Stichproben.

Es zeigt sich, dass in den angeführten börslichen Handelssystemen beachtliche Preiseffekte bei der Ausführung von Blocktransaktionen gemessen werden können. Um Nachteile aufgrund adverser Signale zu vermeiden, sind viele Auftraggeber großer Orders offenbar bereit, einen längeren Such- und Verhandlungsprozess zur Unterbringung ihres Aktienauftrages in Kauf zu nehmen.

In einer detaillierten Untersuchung konnte kein Zusammenhang zwischen der Höhe des Volumens eines Blocks und dessen permanentem Preiseffekt festgestellt werden. Vielmehr scheint dagegen die Aussage zuzutreffen, dass der permanente Preiseffekt mit zunehmendem Volumen zunächst leicht ansteigt, um dann kontinuierlich abzufallen. Für alle untersuchten Marktsegmente ist der temporäre Preiseffekt allerdings in etwa linear von der Größe des Blocks abhängig. Zumindest für Aktien mit hoher Marktkapitalisierung besteht ein sehr starker Zusammenhang, so dass für diese Werte die Gültigkeit der Preisdruck-Hypothese bestätigt werden kann.

Die im Zusammenhang mit den untersuchten Blocktransaktionen gemessenen Preiseffekte lassen sich mit dem Vorliegen unelastischer Nachfragekurven, der lang andauernden Suche nach einem Transaktionspartner und dadurch höheren Kosten für einen sofortigen Abschluss oder mit dem Vorliegen von Informationseffekten begründen. Dabei sind sowohl kurzfristige Abweichungen als auch längerfristig anhaltende Verschiebungen des Gleichgewichtspreises möglich. Beide Formen des Preiseffektes führen kurzfristig zu einer höheren Volatilität der entsprechenden Aktie.

Die Ergebnisse der empirischen Studie werden in einem letzten Schritt zur Formulierung von Handelsregeln im Rahmen eines Agentensystems aufbereitet. Der Einsatz eines Softwareagenten kann zur Minimierung der erwarteten impliziten Transaktionskosten bei der Durchführung großer Orders führen was insofern als bedeutsam erscheint, als diese Kostenart bei institutionellen Anlegern den größten Anteil an den gesamten Transaktionskosten einnimmt. Die zusätzlich durchgeführte längerfristige Handelsstrategie zur Erzielung von Überrenditen zeigt dass bei den SMAX-Werten die langfristige Wirkung von Blocktransaktionen am stärksten ausfällt. Für den Untersuchungszeitraum kann somit nicht vom Vorliegen eines informationseffizienten Marktes im mittelstrengen Sinne gesprochen werden. Dagegen fällt das Ergebnis dieser Strategie bei der DAX-Stichprobe nicht profitabel aus.

5.2 Schlussbetrachtung

Die Einsatzmöglichkeiten für intelligente Agentensystemen zur Durchführung von Blocktransaktionen werden in den nächsten Jahren höchstwahrscheinlich weiter zunehmen. Der Grund liegt im steigenden Bedarf nach einer möglichst kursschonenden Ausführung von Blocktransaktionen bei Kunden von Wertpapierdienstleistungsunternehmen und im Rahmen des Eigenhandels der Kreditinstitute. Als Anlass für solche Transaktionen können mit zunehmender Etablierung von Indexfonds auf dem deutschen Kapitalmarkt auch der Zeitpunkt von Indexanpassungen gesehen werden. In diesem Zusammenhang stellt wird ebenso die Forderung nach einer Reputationsmöglichkeit für offensichtlich uninformierte Indexfonds laut.

Als Erweiterung für die dargestellte Handlungsanweisung des Softwareagenten ist ein Algorithmus denkbar, der für den Fall großer Portfolioumschichtungen (Portfolio bids bzw. Programmhandel), die meist mit Blocktransaktionen verbunden sind, Entscheidungshilfen gibt. Dafür müssten zusätzlich die Korrelationen der Market Impacts zwischen den einzelnen Aktientiteln berücksichtigt werden. Bei dieser Entscheidungssituation besteht die erweiterte Zielvorgabe darin, beim Handel den optimalen Preis für das gesamte Portfolio zu erhalten.[440]

Aufgrund des verschärften Wettbewerbs der letzten Jahre ist es für die Deutsche Börse wichtiger denn je, ihre Handelssegmente an den Bedürfnissen der Marktteilnehmer und hier insbesondere an der hohen Anzahl institutioneller Anleger auszurichten. Ansonsten besteht die Gefahr, dass noch größere Handelsvolumina an andere Börsen oder den außerbörslichen Handel abwandern.[441] Dies hätte auch negative Folgen für die Gesamtmarkteffizienz.

Der Vorteil des außerbörslichen Blockhandels liegt darin begründet, dass die eigenen Handelsabsichten nicht für alle anderen Marktteilnehmer sichtbar werden.[442] Seit der Version XETRA Release 5 wird diese Möglichkeit auch auf dem XETRA-System angeboten. Unter der Zuhilfenahme von Iceberg Orders, die in das Orderbuch eingegeben werden, ist es - wie auf dem CATS-Handelssystem an der Börse Toronto -

[440] Vgl. Bertsimas/Lo (1998), S. 43.
[441] Vgl. Schmidt/Oesterhelweg/Treske (1997), S. 373.
[442] Vgl. Schmidt/Oesterhelweg/Treske (1997), S. 379.

möglich, Limitaufträge ab einer bestimmten Stückzahl teilweise verdeckt aufzugeben. Sobald der offen sichtbare Teil der Order ausgeführt ist, werden weitere Teilaufträge sukzessive in das Orderbuch übertragen. Allerdings werden alle auf diesem Wege neu eingestellten Orders mit einer niedrigen Zeitpriorität versehen. Geht man von einer hohen Präferenz der institutionellen Handelsteilnehmer für eine sofortige Abwicklung aus, dann wird diese Orderform selten genutzt. Bei dieser Art der Orderplatzierung fließen keine Erkenntnisse über empirische Zusammenhänge ein, wie bei einem Softwareagenten, was diese Vorgehensweise als ungenau und damit risikoträchtig erscheinen lässt.

Als Gegenpol zum Blockhandel auf dem elektronischen XETRA-System erscheint es überlegenswert, für den deutschen Aktienmarkt Erfahrungen aus dem US-amerikanischen Upstairs Market, der als spezielles Suchmarktsegment gekennzeichnet ist, heranzuziehen. Allerdings müssten für eine Umsetzung dieser Organisationsform erst die Privilegien der dort eingeführten Intermediäre dem zusätzlichen Nutzen, der dadurch entsteht, gegenübergestellt werden.

Die vorgestellten Studien hinsichtlich der Orderbuchtransparenz bei der Einstellung von Blockorders legen nahe, dass es den Auftraggebern im fortlaufenden XETRA-Handel selbst überlassen werden sollte, ob sie ihre Orders offenlegen oder nicht. Marktteilnehmer mit größeren Aufträgen bevorzugen Marktstrukturen, in denen sie selbst beeinflussen können, ob ihr Ordervolumen sichtbar ist und gegenüber wem es aufgedeckt werden soll.[443] Deren Entscheidung wird dann davon abhängig sein, ob ihnen der Schutz vor Folgegeboten auf der gleichen Marktseite wichtiger ist als die Aussicht auf eine positive Reaktion auf der anderen Marktseite.[444] Der vielzitierte Vorschlag von **Madden (1993)**, der anregt, allen Marktteilnehmern sofort anzuzeigen, dass sich eine große Order am Markt befindet, ohne anzugeben, ob es sich dabei um eine Kauf- oder Verkaufsorder handelt, produziert dagegen lediglich eine erhöhte Unsicherheit am Markt in Form steigender Volatilitäten.[445]

Das von der Deutschen Börse eingeführten Crossing-System XETRA XXL ist aus Sicht des Gesamtmarktes kritisch zu beurteilen, da es tendenziell eine Fragmentierung des Orderstromes an der Börse zur Folge hat. Diese Entwicklung wird durch die aktuellen Vorhaben verstärkt, auch den Orderstrom der Privatanleger zu internalisieren, indem kleinere Aufträge direkt innerhalb des jeweiligen Kreditinstituts zusammengeführt werden, ohne zur Preisbildung an der Börse beizutragen.[446] Werden Geschäfte außerhalb des normalen XETRA-Systems zu Kursen abgeschlossen,

---

[443] Vgl. Harris (1995), S. 297.
[444] Vgl. Schmidt/Küster Simić (1998), S. 27.
[445] Vgl. zu diesem Konzept des „yellow light trading" bei Madden (1993), S. 23.
[446] Vgl. Keidel, S. (2002), S. 16.

die nicht innerhalb der Spanne des elektronischen Handelssystems liegen, sollte außerdem die Preis- und Zeitpriorität der Aufträge im Orderbuch gewahrt bleiben.[447] Zudem erscheinen die vorgegebenen Mindestordergrößen bei XETRA XXL zu starr gewählt. Sie sollten kontinuierlich nach dem Vorbild einer „normal market size" wie an der LSE angepasst werden.

[447] Vgl. Schmidt/Oesterhelweg/Treske (1997), S. 378.

Anhang

Tabelle A1: DAX – Stichprobe (fett markiert), nach Börsenumsatz

Aktientitel	DAX	Rang Turnover 12/99	Turnover in Mio. EURO (Jan 99-Dec 99)	Rang Marktkap. 12/99	Marktkap. in Mio. EURO, 30. Dez. 99
Mannesmann AG	Ja	1	69.643,33	2	120.137,83
DaimlerChrysler AG	Ja	2	63.987,18	4	78.057,46
Deutsche Telekom AG	Ja	3	47.716,04	1	215.101,89
SAP AG	Ja	4	43.359,33	6	56.090,75
Deutsche Bank AG	Ja	5	41.822,49	7	51.445,04
Siemens AG	Ja	6	39.106,61	5	75.544,80
Allianz AG	Ja	7	37.355,13	3	81.920,18
Volkswagen AG	Ja	8	24.544,53	15	20.684,38
VEBA AG	Ja	9	20.168,39	13	24.360,55
Bayer AG	Ja	10	20.140,96	9	34.399,10
BASF AG	Ja	11	19.836,23	10	32.205,89
Muenchener Rueck	Ja	12	17.457,29	8	45.789,56
Hoechst AG	no		17.067,22		590,62
Commerzbank AG	Ja	13	15.529,78	17	19.181,52
Dresdner Bank AG	Ja	14	15.353,23	11	30.072,52
Bay. Hypo- und Vereinsbank AG	Ja	15	14.747,76	12	26.827,86
RWE AG	Ja	16	13.821,48	14	20.870,95
Bayerische Motoren Werke AG	Ja	17	12.579,42	16	19.981,40
METRO AG	Ja	18	10.164,21	18	16.877,72
VIAG AG	Ja	19	8.344,50	20	12.594,07
Thyssen Krupp AG	Ja	20	8.330,74	19	15.511,84
Deutsche Lufthansa AG	Ja	21	8.316,52	23	9.043,92
PREUSSAG AG	Ja	22	6.989,87	21	10.869,83
Schering AG	Ja	23	6.123,69	25	8.235,20
adidas-Salomon AG	Ja	24	5.781,18	38	3.370,35
Henkel KGaA	Ja	25	4.675,50	24	8.737,68
Linde AG	Ja	26	4.314,59	27	6.547,49
MAN AG	Ja	27	3.723,18	32	5.018,20
KARSTADT QUELLE AG	Ja	28	2.751,97	39	3.354,96
Degussa-Huels AG	Ja	29	2.401,85	29	6.245,58
Fresenius Medical Care AG	Ja	30	2.247,74	28	6.452,96

Tabelle A2: MDAX- Stichprobe (fett markiert), nach Börsenumsatz

Aktientitel	MDAX	Rang Turnover 12/99	Turnover in Mio. EURO (Jan 99-Dez 99)	Rang Marktkap. 12/99	Marktkap. in Mio. EURO, 30. Dez. 99
EPCOS AG	Nein	31	2.118,05	33	4.897,50
Continental AG	Ja	32	1.823,06	46	2.624,00
Metallgesellschaft AG	Ja	33	1.523,07	36	3.745,95
Dr. Ing. h.c. F. Porsche AG	Ja	34	1.267,68	50	2.292,50
Celanese AG	Nein	35	1.169,52	70	1.009,27
SGL CARBON AG	Ja	36	1.008,36	64	1.369,34
Kamps AG	Ja	37	963,07	44	2.774,25
MLP AG	Ja	38	910,86	31	5.400,55
WCM Beteiligungs- und Grundbesitz AG	Ja	39	834,07	26	6.602,42
Philipp Holzmann AG	Ja	40	778,23	124	197,47
DePfa Deutsche Pfandbriefbank AG	Ja	41	749,07	45	2.637,36
Douglas Holding AG	Ja	42	747,26	63	1.389,45
Merck KGaA	Ja	43	740,40	62	1.395,00
Fresenius AG	Ja	44	732,88	48	2.449,95
GEHE AG	Ja	45	710,88	43	2.806,65
Software AG	Ja	46	640,10	58	1.578,45
ALTANA AG	Ja	47	627,49	47	2.593,50
ProSieben Media AG	Ja	48	597,78	71	988,75

Tabelle A3: NEMAX -Stichprobe (fett markiert), nach Börsenumsatz

Aktientitel	NEMAX 50	Rang Turn-over 12/99	Turnover in Mio. EURO (Jan 99-Dez 99)	Rang Marktkap. 12/99	Marktkap. in Mio. EURO, 30. Dez. 99
EM.TV & Merchandising AG	Ja	1	3.833,91	2	7.842,28
MobilCom AG	Ja	2	3.432,82	4	3.876,00
ConSors Discount-Broker AG	Ja	3	1.963,07	5	3.652,00
Direkt Anlage Bank AG	Nein	4	1.947,76	15	1.279,73
INTERSHOP Communications AG	Ja	5	1.287,90	3	4.657,52
LHS Group Inc.	Ja	6	1.242,81	18	1.235,78
PIXELPARK AG	Nein	7	1.125,74	10	2.035,62
AIXTRON AG	Ja	8	978,92	7	2.188,78
Singulus Technologies AG	Ja	9	975,00	20	1.125,45
SCM Microsystems Inc.	Ja	10	927,33	28	760,57
STEAG HamaTech AG	Ja	11	877,48	21	1.077,00
PANDATEL AG	Nein	12	865,06	49	495,64
Kinowelt Medien AG	Ja	13	864,60	13	1.730,74
EVOTEC BioSystems AG	Nein	14	858,73	56	402,78
MEDION AG	Ja	15	843,62	9	2.108,40
Qiagen N.V.	Ja	16	741,33	6	2.618,37
POET Holdings Inc.	Nein	17	664,06	91	232,33
TELES AG Informationstechnologien	Ja	18	659,78	34	673,03
SER Systeme AG	Ja	19	651,69	41	570,15
NorCom Information Technology AG	Nein	20	626,91	53	460,00
BROKAT Infosystems AG	Ja	21	602,03	11	1.766,32
Intertainment AG	Ja	22	583,94	17	1.241,14
ricardo.de AG	Nein	23	548,58	27	819,28
TelDaFax AG	Ja	24	543,68	57	394,10

Tabelle A4: SMAX-Stichprobe (fett markiert), nach Börsenumsatz

Aktientitel	SDAX	Rang Turnover 12/99	Turnover in Mio. EURO (Jan 99-Dez 99))	Rang Marktkap. 12/99	Marktkap. in Mio. EURO, 30. Dez. 99
VCL Film + Medien AG	Ja	1	367,50	5	587,65
RSE Grundbesitz und Beteiligungs-AG	Ja	2	220,22	1	1.544,39
Baader Wertpapierhandelsbank AG	Ja	3	199,59	4	633,44
TFG Venture Capital AG	Ja	4	117,13	39	126,00
Gontard & MetallBank AG	Ja	5	109,84	8	462,40
bmp AG	Ja	6	108,62	31	142,13
KOENIG & BAUER AG	Ja	7	91,98	16	256,80
Norddeutsche Affinerie AG	Ja	8	84,59	12	329,60
KNORR CAPITAL PARTNER AG	Ja	9	74,94	44	117,54
Winkler + Duennebier AG	Ja	10	69,06	51	97,93
WEDECO AG Water Technology	Nein	11	67,96	54	80,00
B.U.S Berzelius Umwelt-Service AG	Ja	12	65,50	22	192,51
Spuetz AG	Ja	13	63,15	74	56,93
plettac AG	Ja	14	62,51	82	49,56
Moebel Walther AG	Ja	15	56,94	52	97,32
Hornbach Holding AG	Ja	16	56,11	23	192,00
BERU AG	Ja	17	53,98	14	285,00

Literaturverzeichnis

Admati, A., Pfleiderer, P. (1988): A theory of intraday patterns: volume and price variability, in: Review of Financial Studies, Vol. 1, S. 3-40.

Alexander, G., Chervany, N. L. (1980): On the Estimation and Stability of Beta, in: Journal of Financial and Quantitative Analysis, Vol.15, Nr. 1, S. 123-137.

Arneth, S. (2001): Die Marktwirkung von Insiderhandel an Wertpapierbörsen, Wiesbaden, zugl. Erlangen-Nürnberg, Univ., Diss., 2001.

Ball, R., Finn, F. J. (1983): The effect of block transactions on share prices in a pure auction market, unveröffentlichtes Arbeitspapier, University of Queensland.

Ball, R., Finn, F. J. (1989): The effect of block transactions on share prices: Australian evidence, in: Journal of Banking and Finance 13, S. 397 - 419.

Bamberg, G., Baur, F. (1998): Statistik, 10. Aufl., München, Wien.

Bank, M. (1998): Gestaltung von Finanzierungsbeziehungen: Diversifikation und Liquidität als Aktionsparameter, Wiesbaden, zugl. Erlangen-Nürnberg, Univ., Diss., 1997.

Barclay, M. J., Holderness, C. G. (1991): Negotiated Block Trades and Corporate Control, in: Journal of Finance, 46, S. 861-878.

Barclay, M. J., Warner, J. B. (1993): Stealth Trading and Volatility: Which Trades Move Prices?, in: Journal of Financial Economics, Vol. 34, S. 281-305.

Bauer, C. (1992): Das Risiko von Aktienanlagen - Die fundamentale Analyse und Schätzung von Aktienrisiken, Köln, zugl. Münster, Univ., Diss. 1991.

Bundesaufsichtsamt für den Wertpapierhandel (BAWe) (1998): Informationsblatt über die Meldepflichten nach §9 des WpHG für Finanzdienstleistungsinstitute, Frankfurt a. M.

Beaver, W. H. (1968): The Information Content of Annual Earnings Announcements, in: Supplement of the Journal of Accounting Research, Vol. 6, S. 67-92.

Beaver, W. H. (1981): Market Efficiency, in: Accounting Review, Vol. 61, S. 23-37.

Becker, T. (2000): Historische versus fundamentale Betafaktoren: Theoretische Grundlagen und empirische Ermittlungsverfahren, Stuttgart.

Berkowitz, S., Logue, D., Noser, E. (1988): The Total Cost of Transactions on the NYSE, in: Journal of Finance, Vol. 43:1 (March), S. 97-112.

Bertsimas, D., Lo, A. W. (1998): Optimal control of execution costs, in: Journal of Financial Markets, Nr. 1, S. 1 - 50.

Black, F., Scholes, M. (1972): The Valuation of Option contracts and a Test of Market Efficiency, in: Journal of Finance, Vol. 27, S. 349-417.

Black, F., Scholes, M. (1973): The Pricing of Options and Corporate Liabilities, in: Journal of Political Economy, Vol. 81, S. 637-654.

Bloomfield, R., O` Hara, M. (2000): Can transparent markets survive?, in: Journal of Financial Economics, Vol. 55, S. 425-459.

Blume, M., Mackinlay, A., Terker, A. (1989): Order Imbalances and Stock Price Movements on October 19 and 20, 1987, in: Journal of Finance, 44, 1989, S. 827-848.

Board, J., Sutcliffe, C. (1995): The effects of trade transparency in the London Stock Exchange: A summary, in: London School of Economics, Financial Markets Group.

Boehmer, E., Löffler, Y. (1999): Kursrelevante Ereignisse bei Unternehmensübernahmen: Eine empirische Analyse des deutschen Kapitalmarktes, in: Zeitschrift für Betriebswirtschaft, Nr. 51, S. 299-324.

Börsenaufsichtsbehörde des hessischen Ministeriums (1999): Rundschreiben an alle skontroführenden Makler und übrigen Handelsteilnehmer an der Frankfurter Wertpapierbörse, Frankfurt a. M., 29.04.1999.

Bosch, R. (2001): Market-Maker als liquiditätsspendende Intermediäre in Börsenmärkten, Wiesbaden, zugl. Erlangen-Nürnberg, Univ., Diss., 2001.

Brealey, R. A., Myers, S. C. (2000): Principles of Corporate Finance, 6. Aufl., Boston u.a.

Brosius, F. (1998): SPSS 8. Professionelle Statistik unter Windows, Bonn.

Brown, S. J., Warner, J. B. (1985): Using daily Stock Returns: The Case of Event Studies, in: Journal of Financial Economics, Vol. 14, S. 3-31.

Brown, S. J., Warner, J.B. (1980): Measuring Security Price Performance, in: Journal of Financial Economics, Vol. 8, S. 205-258.

Bühl, A., Zöfel, P. (2000): SPSS Version 10. Einführung in die moderne Datenanalyse unter Windows, 7. Aufl., München u.a.

Büning, H., Trenkler, G. (1994): Nichtparametrische statistische Methoden, 2. Aufl., Berlin, New York.

Burdett, K., O' Hara, M. (1987): Building Blocks. An Introduction to Block Trading, in: Journal of Banking and Finance, Vol. 11, S. 193-212.

Campbell, J. , LaMaster, S., Smith, V. L., Van Boening, M. (1991): Off-Floor trading, Disintegration, and the Bid-Ask Spread in Experimental Markets, in: Journal of Business, Nr. 4, Vol. 64, S. 495-522.

Campbell, J., Y., Lo, A.W. (1997): The econometrics of financial markets, New Jersey.

Chakravarty, S. (2001): Stealth-trading: Which traders' trades move stock prices?, in: Journal of Financial Economics, Vol 61, S. 289-307.

Chan, L. K. C., Lakonishok, J. (1993): Institutional Trades and Intraday Stock Price Behavior, in: Journal of Financial Economics, Vol. 33, S. 173-199.

Chan, L. K. C., Lakonishok, J. (1995): The Behavior of Stock Prices around institutional Trades, in: Journal of Finance, Vol. 50, S. 1147-1174.

Clemons, E. K., Weber, B. W. (1998): Restructuring Institutional Block Trading: An Overview of the OptiMark System, in: Journal of Management Information Systems, Vol. 15, Nr. 2, S. 41-60.

Cohen, K. et al. (1986): The Microstructure of Securities Markets, Englewood Cliffs.

Collins, B.M., Fabozzi, F. J. (1991): A methodology of measuring transaction costs, in: Financial Analysts Journal, 47. Jg., S. 27-36.

Copeland, T. E., Weston, J. F. (1992): Financial Theory and Corporate Policy, 3. Aufl., Reading u. a.

Corrado, C. J. (1989): A Nonparametric Test for Abnormal Security Price Performance in Event Studies, in: Journal of Financial Economics, Vol. 23, S. 385-395.

Dann, Larry Y., Mayers, D., Raab, Robert J., Jr. (1977): Trading Rules, Large Blocks And The Speed Of Price Adjustment, in: Journal of Financial Economics, Vol. 4, S. 3-22.

Del Guerico, D., Hawkins, J. (1999): The motivation and impact of pension fund activism, in: Journal of Financial Economics, Vol. 52, S. 293-340.

Denzin, M. O. (2001): Händler und Makler sehen in XETRA XXL "eine Totgeburt", in: Vereinigte Wirtschaftsdienste, 1.3.2001, o. S.

Deutsche Bank Research (2001): Abschied von der "Deutschland AG" ?, in: Themen international, Frankfurt a. M., Nr. 218, 6. 9. 2001.

Deutsche Börse AG (1998): Marktmodell Aktienhandel Xetra Release 3, Frankfurt a. M.

Deutsche Börse AG (1999a): Fact Book 1999, Frankfurt a. M.

Deutsche Börse AG (1999b): Alternative Handelssysteme in den USA und in Europa, Frankfurt a. M.

Deutsche Börse AG (1999c): Pressemitteilung: Xetra Information, 30. August 1999, Frankfurt a. M.

Deutsche Börse AG (2001a): Xetra XXL Market Model, Frankfurt a. M.

Deutsche Börse AG (2001b): Xetra XXL - The New Dimension, Frankfurt a. M.

Deutsche Börse AG (2001c): Leitfaden zu den Aktienindizes der Deutschen Börse, Version 4.2, Frankfurt a. M.

Deutsche Börse AG (2001d): Xetra Release 6.0, Frankfurt a.M.

Deutsche Börse AG (2001e): Xetra XXL bietet erstmals börslichen, vollelektronischen Blockhandel, in: Xetra Informationen, 28.2.2001, o. S.

Deutsche Bundesbank (1997): Die Aktie als Finanzierungs- und Anlageinstrument, in: Monatsberichte der Deutschen Bundesbank, Nr. 1, S. 27-41.

Deutsche Bundesbank (2001): Rolle und Verhalten deutscher Fondsmanager auf dem Aktienmarkt, in: Monatsbericht der Deutschen Bundesbank, April 2001, S. 45-60.

Deutsches Aktieninstitut (2000): DAI-Factbook 2000, Frankfurt a. M.

Dimson, E., Marsh, P. (1983): The Stability of UK Risk Measures and the Problem of Thin Trading, in: Journal of Finance, Vol. 38, Nr. 3, S. 753-783.

Drummen, M., Zimmermann, H. (1992): The structure of european stock returns, in: Financial Analysts Journal, Juli -August, S. 15-26.

Durand, D. (1959): The Cost of Capital, Corporation Finance, and the Theory of Investment: Commment, in: American Economic Review, Vol. 49, S. 639-655.

Easley, D., O' Hara, M. (1987): Price, Quantity, and Information in Securities Markets, in: Journal of Financial Economics, Vol. 19, S. 69-90.

Easly, D., Kiefer, N.M., O' Hara, M. (1997): One Day in the Life of a Very Common Stock, in: Review of Financial Studies, Vol. 10, S. 805-835.

Echterbeck, H. (1991): Marktzinsorientierte Ergebnisspaltung des Eigenhandels von Kreditinstituten, Frankfurt a. M., zugl. Münster, Univ., Diss. 1990.

Economides, N., Schwartz, R. A. (1995): Equity Trading Practices and Market Structure: Assessing Asset Managers' Demand for Immediacy, Financial Markets, Institutions, and Instruments, Nr. 4.

Ellis, K., Michaely, R., O' Hara, M. (2000): The Accuracy of Trade Classification Rules: Evidence from Nasdaq, in: Journal of Financial and Quantitative Analysis, Vol. 35, No. 4, S. 529-551.

Ellul, A. (1999): Inter-market price and volatility impacts generated by large trades: The case of European cross-quoted securities, in: Financial Markets Group.

Fama, E. F. (1970): Efficient Capital Markets. A Review of Theory and Empirical Work, in: Journal of Finance, Vol. 25, S. 383-417.

Fama, E.F. (1991): Efficient Capital Markets II, in: Journal of Finance, Vol. 46, S. 1575-1617.

Fama, E. F., Blume, M. (1966): Filter Rules and Stock-Market Trading, in: Journal of Business, January, S. 226-241.

Finucane, T., J. (2000): A Direct Test of Methods for Inferring Trade Direction from Intra-Day Data, in: Journal of Financial and Quantitative Analysis, Vol. 35, No. 4, S. 553-576.

Fischer, Ch. (2000): Motive des Börsengangs am Neuen Markt, München, Univ, Diss., 2000.

Fisher, L. (1966): Some New Stock Market Indices, in: Supplement to Journal of Business, Vol. 39, Nr. 1, Part I, S. 191-225.

Francioni, R. (1998): Eine schnelle und zuverlässige Handelsplattform, in: Handelsblatt Nr. 234, vom 3.12.1998, S. 55.

Frantzmann, H. J. (1990): Zur Messung des Marktrisikos deutscher Aktien, in: Zeitschrift für betriebswirtschaftliche Forschung, 01/90, S. 67-83.

Freihube, T., Kehr, C.-H., Krahnen, J. P., Theissen, E. (1998): Was leisten die Kursmak-ler ? Eine empirische Untersuchung am Beispiel der Frankfurter Wertpapierbörse, Working Paper Nr. 26, Universität Frankfurt a. M..

Gallant, R., Rossi, P., Tauchen, G. (1992): Stock prices and volume, in: Review of Financial Studies, Vol. 5, S. 199-242.

Gammil, J. (1985): The Design of Financial MarketsMassachusetts Institute of Technology, Univ., Diss., 1985.

Garz, H. (2000): Prognostizierbarkeit von Aktienrenditen, Wiesbaden, zugl. Erlangen-Nürnberg, Univ., Diss. 1999.

Gemmill, G. (1996): Transparency and liquidity: a study of block transactions in the london stock exchange under different publication rules, in: Journal of Finance, Vol. 51, Nr 5, S. 1765-1790.

George, T., Kaul, G., Nimalendran, M. (1991): Estimation of the bid-ask spread and it's components: a new approach, in: Review of Financial Studies, Vol. 4, S. 623-656.

Gerke, W. (1991): Gutachten zur Fortentwicklung des deutschen Börsenwesens durch Einführung eines elektronischen Handelssystems (EHS), Mannheim.

Gerke, W. (1992): Block Trading on Stock Exchanges, paper presented at the FIBV Conference in Luxembourg May 4th, 1992.

Gerke, W. (1997): Open and Closed Orderbook and its Effect on Liquidity and Volatility - Market Microstructure of Stock Exchanges in Experiments and in the "Neuer Markt", in: Equity Market Structure for Large- and Mid-Cap Stocks, Symposium der Deutschen Börse AG vom 12. Dezember 1997, S. 99 -125.

Gerke, W. (2001): Strukturen und Regulierung von Investment- und Pensionsfonds in ausgewählten Ländern, Gutachten für die Enquete-Kommission "Globalisierung der Weltwirtschaft".

Gerke, W., Bank, M. (1998): Finanzierung, Stuttgart.

Gerke, W., Beck, C., Breuer, F., Mager, F. (2002): Xetra limit Order Trading, working paper, Lehrstuhl für Bank- und Börsenwesen, Universität Erlangen-Nürnberg.

Gerke, W., Fleischer, J. (2001): Die Performance der Börsengänge am Neuen Markt, in: Schmalenbachs Zeitschrift für betriebswirtschaftliche Forschung, 12/2001, S. 827-839.

Gerke, W., Garz, H., Oerke, M. (1995): Die Bewertung von Unternehmensübernahmen auf dem deutschen Aktienmarkt, in: Zeitschrift für betriebswirtschaftliche Forschung, 47. Jg., Nr. 9, S. 805-820.

Gerke, W., Oerke, M. (1998): Marktbeeinflussung durch Analystenempfehlungen - eine empirische Studie, in: ZfB-Ergänzungsheft 2/98, S. 1-14.

Gerke, W., Rapp, H.-W. (1994): Strukturveränderungen im internationalen Börsenwesen, in: Die Betriebswirtschaft, 54. Jg., Nr. 1, S. 5-24.

Gerke, W., Rasch, S. (1992a): Gestaltungsvorschläge für den Blockhandel im Elektronischen Handelssystem (EHS), Arbeitspapier Nr. 3, Lehrstuhl für Bank- und Börsenwesen der Universität Erlangen- Nürnberg.

Gerke, W., Rasch, S. (1992b): Ausgestaltung des Blockhandels an der Börse, in: Die Bank, Nr. 4, S. 193-201.

Gervais, S., Kaniel, R., Mingelgrin, H. (2001): The High-Volume Return Premium, in: Journal of Finance, Vol. 56, S. 877 - 919.

Gesetz über den Wertpapierhandel (Wertpapierhandelsgesetz, WpHG) (1998), in der Fassung der Bekanntmachung vom 9. September 1998.

Glosten, L. (1994): Is the Electronic Open Limit Order Book Inevitable?, in: Journal of Finance, Vol. 49, S. 1127-1161.

Glosten, L., Harris, L. (1988): Estimating the components of the bid-ask spread, in: Journal of Financial Economics, Vol. 4, S. 3-22.

Gonedes, N. J. (1973): Evidence on the Information Content of Accounting Numbers, in: Journal of Financial and Quantitative Analysis, Vol. 8, Nr. 3, S. 407-443.

Goodhart, C. A. E., Ito, T., Payne, R. (1996): One Day in June 1993: A study of the Working of the Reuters 2000-2 Electronic Exchange Trading, in: National Bureau of Economic Research, o. S.

Grammig, J., Schiereck, D., Theissen, E. (2000): Informationsbasierter Aktienhandel über IBIS, in: Zeitschrift für betriebswirtschaftliche Forschung, Nr. 52, November, S. 619-642.

Grier, P. C., Albin, P. S. (1973): Nonrandom Price Changes in Association with Trading in Large Blocks, in: Journal of Business, XLVI, Juli, S. 425-433.

Grill, W., Perczynski, H. (1990): Wirtschaftslehre des Kreditwesens, Bad Homburg.

Grossman, S. (1992): The informational Role of Upstairs and Downstairs Markets, in: Journal of Business, Vol. 65, S. 509-529.

Grossman, S. J. (1990): The Information Role of Upstairs and Downstairs Trading, Working Paper, Wharton School, University of Pennsylvania.

Gruber, A., Grünbichler, A. (2000): Electronic Communication Networks - Börsen der Zukunft ?, in: Österreichisches Bankarchiv, Nr. 9, S.769 - 774.

Handa, P., Schwartz, R. A. (1996): Limit Order Trading, in: Journal of Finance, Vol. 51, S. 1835-1862.

Hansch, O., Neuberger, A. (1995): Block Trading on The London Stock Exchange, in: Schwartz, R. A., Global Equity Markets (Hrsg.), S. 436-459.

Harbrecht, W. (1973): Bedeutung und Problematik der Substitutionselastizität in der neoklassischen Theorie, Erlangen-Nürnberg, Univ., Diss., 1973.

Harris, L. (1989): A day-end transaction price anomaly, in: Journal of Financial and Quantitative Analysis, Vol. 24, S. 29-45.

Harris, L. (1995): Consolidation, Fragmentation, Segmentation, and Regulation, in: Schwartz, R. A. (Hrsg.), Global Equity Markets, Technological, Competitive, and Regulatory Challenges, New York, S. 269 - 301.

Harris, L., Gurel, E. (1986): Price and volume effects associated with changes in the S&P 500: New evidence for the existence of price pressure, in: Journal of Finance, Vol. 41, S. 815-830

Hartung, J., Elpelt, B., Klösener, K.-H. (1991): Statistik, 8. Aufl., München, Wien.

Hasbrouck, J. (1988): Trades, Quotes, Inventories, and Information, in: Journal of Financial Economics, 22, 1988, S. 229-252.

Hasbrouck, J. (1991): Measuring the information content of stock trades, in: Journal of Finance, Vol. 46, S. 178-208.

Hasbrouck, J. (1993): Assessing the Quality of a Securities Market: A New Approach to Transation-Cost Measurement, in: The Review of Financial Studies , Vol. 6, S. 191-212.

Hasbrouck, J. (1995): One Security, Many Markets: Determining the Contributions to Price Discovery, in: Journal of Finance, Vol. 50, Nr. 4, S. 1175-1199.

Hasbrouck, J., Schwartz, R. (1988): Liquidity and Execution Costs in Equity Markets, in: Journal of Portfolio Management, spring, S. 10 - 16.

Hirth, H., Walter, A. (2001): Rationales Herdenverhalten, in: Wirtschaftswissenschaftliches Studium, Nr. 1, S. 17 - 22.

Holthausen, R., W., Leftwich, R., W., Mayers, D. (1987): The effect of large block transactions on security prices: A cross sectional analysis, in: Journal of Financial Economics, Vol. 21, S. 237 - 268.

Holthausen, R., W., Leftwich, R., W., Mayers, D. (1990): Large Block Transactions, the Speed of Response and Temporary and Permanent Stock-Price Effects, in: Journal of Financial Economics, Vol. 26, S. 71-95.

Instinet (1999): Instinet and The Global Equity Trading Environment, www.instinet.com/perspectives/instinet_and_the_global.html, 2.12.1999.

Jain, P., Joh, G. (1988): The Dependence between Hourly Prices and Trading Volume, in: Journal of Financial and Quantitative Analysis, Vol. 23, Nr. 3, S. 269-283.

Kaul, A., Mehrotra, V., Morck, R. (1999): Demand Curves For Stocks Do Slope Down: New Evidence From An Index Weights Adjustment, Discussion Paper Nr. 1884, Harvard Institute of Economic Research, Harvard University.

Keidel, S. (2002): Eine für alle, in: DMEuro, März 2002, S. 16-17.

Keim, D. B., Madhavan, A. (1994): Execution costs and investment performance: An empirical analysis of institutional equity trades, Working Paper, University of Pennsylvania.

Keim, D.B., Madhavan, A. (1995): The Anatomy of the Trading Process, in: Journal of Financial Economics, Vol. 37, S. 391-398.

Keim, D.B., Madhavan, A. (1996): The Upstairs Market for Large Block Transactions: Analysis and Measurement of Price Effects, in: Review of Financial Studies, Vol. 9, S. 1-36.

Keim, D.B., Madhavan, A. (1997): The Cost of Institutional Equity Trades, in: Financial Analysts Journal, Juli/August, S. 50 - 69.

Kempf, A., Korn, O. (1999): Market depth and order size, in: Journal of Financial Markets, Vol. 2, S. 29-48.

Kirchner, T. (1999): Segmentierte Aktienmärkte: Informationsverarbeitung und Preisfindung, Wiesbaden, zugl. Karlsruhe, Univ., Diss., 1999.

Kirchner, T., Schlag, C. (1998): An explorative investigation of intraday trading on the German Stock Market, in: Finanzmarkt und Portfolio Management, o. S.

Kiss, P. (2001): Viele Smax-Titel führen an der Wertpapierbörse ein Schattendasein, in: Handelsblatt Nr. 180 vom 18.9.2001, S.B 4.

Klemkosky, R. C., Martin, J. D. (1975): The Adjustment of Beta Forecasts, in: Journal of Finance, Vol. 30, Nr. 4, S. 1123 - 1128.

Kraus, A., Stoll, H. R. (1972): Price impacts of block trading on the New York Stock Exchange, in: Journal of Finance, Vol. 27, S. 569 - 588.

Kyle, A. (1985): Continous auctions and insider trading, in: Econometria, Vol. 53, S. 1315-1335.

La Plante, M., Muscarella, C. J. (1997): Do institutions receive comparable execution in the NYSE and Nasdaq markets? A transaction study of block trades, in: Journal of Financial Economics, Vol. 45, S. 97-134.

Lakonishok, J., Vermaelen, T. (1986): Tax-Induced Trading Around Ex-Dividend Days, in: Journal of Financial Economics, Vol. 16, S. 287-319.

Lakonishok, J., Shleifer, A., Vishny, R. W. (1992): The impact of institutional trading on stock prices, in: Journal of Financial Economics, Vol. 32, S. 23-44.

Le Roy, S. F. (1976): Efficient Capital Markets: Comment, in: Journal of Finance, Vol. 31, S. 139-141.

Lee, C., Ready, M. (1991): Inferring Trade Direction from Intradaily Data, in: Journal of Finance, Vol. 46, S. 733-746.

Lee, P. (1991): The Most Macho Game in Town, in: Euromoney, Mai, S. 65-70.

Levhari, D., Levi, H. (1977): The Capital Asset Pricing Model and the investment horizon, in: Review of Economic Studies, Vol. 59, Nr. 1, S. 92-104.

Loderer, C., Cooney, J. W., Van Drunen, L. D. (1991): The Price Elasticity of Demand for Common Stock, in: Journal of Finance, Vol. 46, S. 621-651.

London Stock Exchange (2001a): SEAQ Crosses, London.

London Stock Exchange (2001b): Regelwerk der LSE, London, Stand: 30. April 2001, o. S.

Lüdecke, T. (19996): Struktur und Qualität von Finanzmärkten, Wiesbaden, zugl. Karlsruhe, Univ., Diss., 1995.

Lüdecke, T. (1998): Zur Verfügbarkeit von Transaktionsdaten aus Handelssystemen deutscher Börsen, in: Weinhardt, Ch., Meyer zu Selhausen, H., Morlock M. (Hrsg.), Informationssysteme in der Finanzwirtschaft, Berlin, u. a., S. 299-308.

Madden, B. J. (1993): Structural changes in trading stocks, in: Journal of Portfolio Management, Vol. 20, S. 19 - 27.

Madhavan, A. (1992): Trading mechanisms in securities markets, in: Journal of Finance, Vol. 47, S. 607 - 641.

Madhavan, A. (1996): Security prices and market transparency, in: Journal of Financial Intermediation , Vol. 5, S. 255 - 283.

Madhavan, A., Cheng, M. (1997): In Search of Liquidity: Block Trades in the Upstairs and Downstairs Markets, in: Review of Financial Studies, Vol. 10, S. 175 - 203.

McInsh, T., Wood, R. (1990): A Transactions Data Analysis of the Variability of Common Stock Returns during 1980-1984, in. Journal of Banking and Finance, Vol. 14, S. 99-112.

Micheler, E. (2000): Europas Aktienmärkte im Umbruch, in: Österreichisches Bankarchiv, Nr. 11, S. 990 - 999.

Nelling, E. F. (1992): Large Block Trades and Positive Feedback Investment Strategies, working paper, University of Pennsylvania.

Neumann, M. (1995): Theoretische Volkswirtschaftslehre II: Produktion, Nachfrage und Allokation, München.

O' Hara, M. (1995): Market Microstructure Theory, Cambridge und Oxford.

o. V. (2000): So selektieren die Profis. Interview mit Armin Ingerl, Fondsmanager der Deka-Gruppe, in: Börse Online, Nr. 46, S. 23.

o. V. (2002): Analysten erwarten neuen Verkaufsdruck für Infineon-Aktie, in: Handelsblatt Nr. 6 vom 9.1.2002, S. 17.

o. V. (2002): Nyse gewährt Einblick in Orderbücher, in: Handelsblatt Nr. 19 vom 28.1.2002, S. 22.

OECD (1997): The Impact of Institutional Investors on OECD Financial Markets, in: Financial Market Trends, Nr. 68, S. 15-54.

OECD (2000): Institutional Investors, Statistical Yearbook, Paris.

Oerke, M. (1999): Ad-Hoc-Mitteilungen und deutscher Aktienmarkt, Wiesbaden, zugl. Erlangen-Nürnberg, Univ., Diss., 1999.

Oertmann, P. (1994): Firm-Size-Effekt am deutschen Aktienmarkt, in: Zeitschrift für betriebswirtschaftliche Forschung, 46. Jahrgang, Nr. 3, S. 229-259.

Pagano, M., Roell, A. (1996): Transparency and Liquidity: A Comparison of Auction and Dealer Markets with Informed Trading, in: Journal of Finance, Vol. 51, Nr. 2, S. 579-611.

Pagano, M., Steil, B. (1996): Equity Trading I: The Evolution of European Trading Systems, in: The European Equity Markets. The State of the Union and an Agenda for the Millenium, London, S. 1 -58.

Peterson, P. P. (1989): Event Studies: A Review of Issues and Methodology, in. Quarterly Journal of Business and Economics, Vol. 28, S. 36 -66.

Picot, A., Bortenlänger, Ch., Röhrl, H. (1996): Börsen im Wandel - Der Einfluss von Informationstechnologie und Wettbewerb auf die Organisation von Wertpapiermärkten, Frankfurt a. M.

Plenum Systems (2002): Xetra Treibeis Order, Frankfurt a. M.

Poddig, T., Dichtl, H., Petersmeier, K. (2000): Statistik, Ökonometrie, Optimierung, Bad Soden.

Röckemann, Ch. (1995): Börsendienste und Anlegerverhalten, Wiesbaden, zugl. Giessen, Univ., Diss., 1994.

Röder, K., Bamberg, G. (1995): Intraday-Volatilität und Expiration-Day-Effekte am deutschen Aktienmarkt, Arbeitspapier des Instituts für Statistik und Mathematische Wirtschaftstheorie, Universität Augsburg, Heft 123.

Röhrl, H. (1996): Börsenwettbewerb: die Organisation der Bereitstellung von Börsenleistungen, Wiesbaden, zugl. München, Univ., Diss., 1996.

Ross, S.A. (1976): The Arbitrage Theory of Capital Asset Pricing, in: Journal of Economic Theory, Dezember, S. 343-362.

Rubinstein, M. (1975): Securities Market Efficiency in an Arrow-Debreu Economy, in: American Economic Review, Vol. 65, S. 812-824.

Rudd, A., Clasing, H. K., Jr. (1988): Modern Portfolio Theory, 2. Aufl., Orinda.

Schiereck, D. (1995): Internationale Börsenplatzentscheidungen institutioneller Investoren, Wiesbaden, zugl. Mannheim, Univ., Diss., 1995.

Schiereck, D., Weber, M. (1995): Zyklische und antizyklische Handelsstrategien am deutschen Aktienmarkt, in: Schmalenbachs Zeitschrift für betriebswirtschaftliche Forschung, Nr. 1, S. 3-24.

Schmidt, H., Oesterhelweg, O., Treske, K. (1996): Deutsche Börsen im Leistungsvergleich - IBIS und BOSS - CUBE, in: Kredit und Kapital, Jg. 29, S. 90 - 122.

Schmidt, H., Oesterhelweg, O., Treske, K. (1997): Der Strukturwandel im Börsenwesen: Wettbewerbstheoretische Überlegungen und Trends im Ausland als Leitbilder für den Finanzplatz Deutschland, in: Kredit und Kapital, 30 Jg., S. 369-411.

Schmidt, H., Schleef M. (2001): Schlägt sich die Prinzipal-Agent-Beziehung zwischen Anlageinstitution und Bank in überhöhten Transaktionskosten nieder?, in: Zeitschrift für betriebswirtschaftliche Forschung, Jg. 53, Nov. 2001, S. 663-689.

Schmidt, H., Simić, A. K. (1998): Bietverhalten nach Einstellen attraktiver und umfangreicher Gebote in ein offenes Orderbuch, Arbeitspapier des Instituts für Geld- und Kapitalverkehr an der Universität Hamburg.

Schneeweiß, H. (1990): Ökonometrie, 4. Aufl., Heidelberg.

Scholes, M., Williams, J. (1977): Estimating Beta from Non-synchronous Data, in: Journal of Financial Economics, Vol. 5, Nr. 3, S. 309 - 327.

Scholes, M., S. (1972): The Market for Securities: Substitution versus Price Pressure and the Effects of Information on Share Prices, in: Journal of Business, April, S. 179-211.

Schwartz, R. A. (1991): Reshaping the Equity Markets - A Guide for the 1990s, New York.

Schwartz, R. A. (1995): Institutional Investors: An Emerging Force Determining Trading Structures in The Global Equity Markets, in: Deutsche Börse (Hrsg.), Instituitional Investor Needs, Trading Costs and Equity Market Structure, Symposium im Dezember 1995.

Schwartz, R., Shapiro, J. (1990): The challenge of institutionalization for the equity markets, Working Paper, New York University.

Schwartz, R. A., Steil, B. (1996): Equity Trading III: Institutional Investor Trading Practices and Preferences, in: Steil, B. (Hrsg.), The European Equity Markets: The State of the Union and an Agenda for the Millenium, London, S. 81-105.

Schwert, G. (1989): Why does stock volatility change over time?, in: Journal of Finance, Vol. 44, S. 1115-1154.

Seppi, D. (1990): Equilibrium Block Trading and Asymmetric Information, in: Journal of Finance, Vol. 45, S. 73-94.

Seppi, D. (1992): Block Trading and Information Revelation around Quarterly Earnings Announcements, in: Review of Financial Studies, 5, S. 281 - 305.

Sharpe, W. F. (1963): A Simplified Model for Portfolio Analysis, in: Management Science, Vol. 9, S. 277-293.

Sharpe, W.F. (1964): Capital Asset Prices: A Theory of Market Equilibrium under Conditions of Risk, in: Journal of Finance, Sept., S. 425-442.

Shleifer, A. (1986): Do demand curves for stocks slope down?, in: Journal of Finance, Vol. 41, S.579-590.

Sincich, T. (1994): A Course in Modern Business Statistics, 2. Aufl., New York u.a.

Smith, K. V. (1978): The Effect of Intervaling on Estimation Parameters of the Capital Asset Pricing Model, in: Journal of Financial and Quantitative Analysis, Vol. 13, Nr. 2, S. 313-332.

Snell, A., Tonks, I. (2000): The Profitability of Block Trades in Auction and Dealer Markets, in: Discussion Paper Series, Februar 2000, LSE Financial Markets Group, London.

Steiger, M. (1998): Institutionelle Investoren und Corporate Governance - eine empirische Analyse, Arbeitspapier, ZEW Mannheim, Mai 1998.

Steiger, M. (2000): Institutionelle Investoren im Spannungsfeld zwischen Aktienmarktliquidität und Corporate Governance, Baden-Baden, zugl., Erlangen-Nürnberg, Univ., Diss., 1999.

Steil, B. (Hrsg.) (1996): The European Equity Markets. The State of the Union and an Agenda for the Millenium, London und Kopenhagen.

Steiner, M., Bruns, C. (1994): Wertpapiermanagement, 2. Aufl., Stuttgart.

Stenzel, S. (1995): Umfang und Ursachen des außerbörslichen Aktienhandels, Teilband 1: Umfang und Ursachen, Berlin, zugl. Darmstadt, Univ. Diss., 1995.

Stoll, H. R. (1989): Inferring the components of the bid-ask spread: theory and empirical tests, in: Journal of Finance, Vol. 44, S. 115-134.

Stoll, H. R. (1992): Principles of Trading Market Structure, in: Journal of Financial Services Research, 6. Jg., S. 75-106.

Stoll, H. R. (1993): Equity Trading Costs in-the-Large, in: Journal of Portfolio Management, Summer, S. 41-50.

Sullivan, R., Timmermann, A., White, H. (1999): Data-Snooping, Technical Trading Rule Performance, and the Bootstrap, in: Journal of Finance, Vol. 54, S. 1647 - 1691.

Syha, C. (1999): Orderbuchtransparenz und Anlegerverhalten, Wiesbaden, zugl. Erlangen-Nürnberg, Univ., Diss., 1998.

Theissen, E. (1998): Organisationsformen des Wertpapierhandels, Wiesbaden, zugl. Frankfurt a. M., Univ., Diss., 1997.

Thiele, D., Cremers, H., Robé, S. (2000): Beta als Risikomaß - Eine Untersuchung am europäischen Aktienmarkt. Arbeitsbericht der Hochschule für Bankwirtschaft, Frankfurt a. M., Nr. 19.

Tobin, J. (1984): On the Efficiency of the Financial System, in: Lloyds Bank Review, July, S. 1-15.

Treynor, J. (1961): Toward a Theory of the Market Value of Risky assets, Discussion Paper, o. O.

Trost, W. (2001): Blockhandelssystem Xetra XXL auf dem Weg zum Flop, in: Financial Times Deutschland, 24.4.2001, o. S.

Uhlir, H., Steiner, H. (1994): Wertpapieranalyse, 3. Aufl., Heidelberg.

Vickers, D. (1968): The theory of the Firm: Production, Capital and Finance, New York.

Wermers, R. (1999): Mutual Fund Herding and the Impact on Stock Prices, in: Journal of Finance, Vol. 54, Nr. 2, S. 581-622.

Witt, M. (1994): Der Eigenhandel von Universalbanken, Wiesbaden, zugl. Passau, Univ., Diss., 1993.

Wood, R., McInsh, T., Ord, J. (1985): An Investigation of Transactions Data for NYSE Stocks, in: Journal of Finance, Vol. 41, S. 723-739.

Wurgler, J., Zhuravskaya, K. (1999): Does arbitrage flatten demand curves for stocks?, Yale School of Management, working paper, Version vom 11. November 1999.

GPSR Compliance

The European Union's (EU) General Product Safety Regulation (GPSR) is a set of rules that requires consumer products to be safe and our obligations to ensure this.

If you have any concerns about our products, you can contact us on ProductSafety@springernature.com

In case Publisher is established outside the EU, the EU authorized representative is:

Springer Nature Customer Service Center GmbH
Europaplatz 3
69115 Heidelberg, Germany

Batch number: 10815964

Printed by Printforce, the Netherlands